Fremd und doch zu Hause

Qualitätsentwicklung in der Fremdunterbringung

Herausgegeben von

Werner Hilweg und Christian Posch

Schneider Verlag Hohengehren GmbH

Umschlag und Umschlaggestaltung: Hot Design
Umschlagbild: Katerina Ilievska
Redaktionelle Mitarbeit: Karin Demuth, Karin Salchegger, Elisabeth Ullmann

Gedruckt auf umweltfreundlichem Papier (chlor- und säurefrei hergestellt).

Bibliografische Information der Deutschen Nationalbibliothek

Die Deutsche Nationalbibliothek verzeichnet diese Publikation in der Deutschen Nationalbibliografie; detaillierte bibliografische Daten sind im Internet über ›http://dnb.d-nb.de‹ abrufbar.

ISBN 978-3-8340-00368-3 – **2. unveränderte Auflage**
Schneider Verlag Hohengehren, D-73666 Baltmannsweiler
Homepage: www.paedagogik.de

Inhaltsverzeichnis

Vorwort · **Vladimir Spidla** 07

Einleitung · **Werner Hilweg / Christian Posch** 09

Was fremd untergebrachte Kinder brauchen

Mein Leben leben · **Sandra Bürger** 17

Was Kinder brauchen. Aspekte zur psychosozialen Entwicklung von fremd untergebrachten Kindern · **Helmut und Ursula Johnson** 25

Mein neues Zuhause. Vom Glück oder/und Unglück, in unterschiedlichen Systemen aufzuwachsen · **Regina Wintersperger** 49

Gemeinsam geht es leichter. Stationen eines Lebens in der norwegischen Jugendfürsorge · **Svein-Even Borgen** 63

Im Angesicht der Kinderrechte

Die UN-Kinderrechtskonvention: ein Rahmen für den Schutz von Kindern in Fremdbetreuung · **Véronique Lerch** 69

Warum Erziehung ohne Teilhabe nicht möglich ist · **Klaus Wolf** 83

Partizipation: Eine Herausforderung in der Kinder- und Jugendhilfe · **Liane Pluto** 97

Wie Jugendliche Fremdunterbringung erleben. Ein Forschungsbericht · **Tanja Gregorec** 111

Zur Verbesserung der Fremdunterbringung: Qualitätsstandards entwickeln

Der lange Weg zu international anerkannten Standards · **Nigel Cantwell** 127

Quality4Children. Qualitätsstandards zur Verbesserung der Lebenssituation von fremd untergebrachten Kindern in Europa
Oscar Germes, Werner Hilweg, Christian Posch 143

Forschung als Beitrag zur Qualitätsentwicklung in einer Non-Profit-Organisation · **Barbara Lill-Rastern** 157

Qualitätsbetreuung für Kinder in Ost- und Zentralafrika
Diane M. Swales, Rena Geibel, Neil McMillan 173

Wissen umsetzen: Qualitätsstandards anwenden

Die Ungeschützten schützen. Stärkenorientierte Planung bei der Betreuung von fremd untergebrachten Kindern und Jugendlichen
Yvonne Kachel 195

Von der Kunst, pädagogisches Geschick zu lehren. Zukunftsweisende Qualitätsmerkmale aufgezeigt am Beispiel der Ausbildung im Colleg für FamilienPädagogik · **Rosa Heim** 211

Herausgeber, Autorinnen und Autoren 230

Vorwort

Kinder sind die Bürger des heutigen Europas und des Europas von morgen. Sie stellen etwa ein Drittel der Gesamtbevölkerung der EU. Indem wir ihnen eine Zukunft bauen, schaffen wir eine Zukunft für uns alle. Ohne Kinder wird die demographische Situation uns weiterhin Anlass zur Sorge geben. Wir alle haben als Gemeinschaft die Verantwortung, die Vorarbeit für künftige Generationen zu leisten.

Die Kindheit ist eine ganz besondere Zeit und muss deshalb geschützt werden. Seit 1989 hat dieser Schutz eine konkrete juristische Form bekommen: die UN-Konvention über die Rechte des Kindes, die es wirksam zu fördern und einzuhalten gilt. Darüber hinaus hat die EU die Rechte der Kinder in der Grundrechtscharta ausdrücklich festgehalten.

Dennoch sind die Rechte der Kinder noch weit davon entfernt, universell gewahrt zu werden, und Grundbedürfnisse von Kindern sind noch unerfüllt. Jedes fünfte Kind in der EU ist von relativer Armut stärker bedroht als die Gesamtbevölkerung.

In diesem Zusammenhang leistet die EU im Sinne ihrer langjährigen Tradition politischer und juristischer Verpflichtungen einen entscheidenden Beitrag zu den Menschenrechten allgemein und zu den Rechten der Kinder im Besonderen. Die EU arbeitet beständig darauf hin, dass bei allen Tätigkeiten, die Kinder betreffen, die Wahrung der Interessen der Kinder im Vordergrund steht.

Die EU hat eine umfassende Strategie entwickelt. In zahlreichen Maßnahmen und Programmen stellt die EU auf höchstmöglicher Ebene ihren politischen Willen unter Beweis, der Förderung und dem Schutz der Rechte der Kinder auf der Agenda der EU jenen Stellenwert zukommen zu lassen, der ihnen gebührt. Konkret hat die EU in ihrer Mitteilung "Im Hinblick auf eine EU-Kinderrechtsstrategie" von Juni 2006 auf die Notwendigkeit hingewiesen, Maßnahmen zur schnellen und deutlichen Reduzierung der Armut unter Kindern zu setzen, die allen Kindern Chancengleichheit garantieren, unabhängig von sozialer Herkunft.

Von der Geburt bis zum Erwachsenenalter haben Kinder je nach Entwicklungsphase unterschiedliche Bedürfnisse. Die Maßnahmen der EU berücksichtigen dies und decken ein breites Spektrum an Themen ab, etwa den Handel mit Kindern und Kinderprostitution, Gewalt gegen Kinder, Diskriminierung, Armut, Marginalisierung, Kinderarbeit, Gesundheit und Bildung. Insbesondere der Lösung des Problems der Armut bei Kindern haben die Kommission und die Mitgliedsstaaten höchste Priorität eingeräumt.

Fremdunterbringung ist ein zentrales Thema in einem notwendigerweise umfassenderen Gesamtansatz. Nicht alle Kinder haben die gleichen Voraussetzungen, manche bedürfen einer besonderen Betreuung. Initiativen, die Kindern ohne elterliche Betreuung eine zweite Chance bieten, können auf die volle Unterstützung der EU zählen.

Trotz der Fortschritte, die auf manchen Gebieten bereits erreicht worden sind, gibt es noch viel zu tun und Qualitätsbetreuung in der Fremdunterbringung verlangt nach kontinuierlicher Verbesserung. Die Kommission befürwortet diese Qualitätsentwicklung, deren Bedeutung für jene, die heute aufwachsen und morgen als Erwachsene eine Rolle in unserer Gesellschaft spielen werden, gar nicht hoch genug bewertet werden kann.

Dieses Werk ist ein Schritt in diese Richtung. Die Mitgliedsstaaten werden darin eine wertvolle Hilfestellung für die Entwicklung angemessener Strukturen in der Fremdunterbringung finden.

Kinder und Jugendliche ohne elterliche Unterstützung verdienen es, durch die ersten, entscheidenden Jahre ihres Lebens begleitet zu werden. Unsere Pflicht besteht darin, uns ihrer Situation bewusst zu sein und die notwendigen Rahmenbedingungen für eine bestmögliche persönliche Entwicklung zu schaffen.

Vladimir Spidla
EU-Kommissar für Beschäftigung,
soziale Angelegenheiten und Chancengleichheit

Einleitung

In Europa wachsen hunderttausende Kinder und Jugendliche ohne elterliche Betreuung auf. Um die Entwicklungschancen dieser Kinder zu sichern und zu verbessern, wurde von den drei internationalen Organisationen IFCO (International Foster Care Organisation), FICE (Féderation Internationale des Communautés Educatives) und SOS-Kinderdorf das Projekt „Quality4Children“ initiiert. Quality4Children hat sich folgender Leitidee verpflichtet: Alle Kinder und Jugendlichen, die nicht bei ihren Eltern aufwachsen können, sollen ihr Leben so gestalten können, dass sie zu selbständigen, selbstverantwortlichen und aktiven Mitgliedern der Gesellschaft heranwachsen. Durch ein unterstützendes, schützendes und fürsorgliches Umfeld wird die volle Entfaltung ihres Potentials gefördert.

Die Betroffenen selbst waren an der Entwicklung der Standards im Rahmen des Quality4Children-Projekts beteiligt. Diese Qualitätsstandards bilden einen relevanten Referenzrahmen für die Betreuung von fremd untergebrachten Kindern und Jugendlichen in Europa.

Das vorliegende Buch entstand aus dem Wunsch, wesentliche fachliche Beiträge, die im Umfeld des Projektes „Quality4Children“ entstanden sind, einer breiteren Öffentlichkeit zugänglich zu machen.

Im ersten Abschnitt **Was fremd untergebrachte Kinder brauchen** lässt uns Sandra Bürger an ihrem *„Langen Weg zur Selbstbestimmung“* teilhaben. Sie erzählt die Geschichte ihrer persönlichen Lebenskrise und wie sie mit Hilfe ihrer Betreuer/innen aus der Krise heraus in ein selbstbestimmtes Leben fand.

Helmut und Ursula Johnson stellen in *„Was Kinder brauchen. Aspekte zur psychosozialen Entwicklung von fremd untergebrachten Kindern“* Bindung und Identität als zentrale Faktoren für die Entwicklung der Persönlichkeit in den Mittelpunkt.

In *„Mein neues Zuhause. Vom Glück oder/und Unglück in unterschiedlichen Systemen aufzuwachsen“* beleuchtet Regina Wintersperger das Dilemma von Kindern, die außerhalb ihrer biologischen Familie aufwachsen. Wem gegenüber sind sie verpflichtet, ihrer Herkunftsfamilie oder ihrem neuen Bezugssystem?

In *„Gemeinsam geht es leichter. Stationen eines Lebens in der norwegischen Jugendfürsorge“* beschreibt Svein-Even Borgen die förderlichen Entwicklungsbedingungen in seiner Pflegefamilie.

Im zweiten Abschnitt **Im Angesicht der Kinderrechte** beschäftigt sich zunächst Véronique Lerch im Artikel *„Die UN-Kinderrechtskonvention: ein Rahmen für den Schutz von Kindern in Fremdbetreuung“* mit jenen Kinderrechtsstandards, die für Kinder in Fremdunterbringung relevant sind. Im Gegensatz zu anderen Bereichen der Kinderrechte fehlt es auf dem Gebiet der Fremdunterbringung an Standards und Koalitionen, um für die Rechte der fremd untergebrachten Kinder einzutreten.

Klaus Wolf geht der Frage nach, *„Warum Erziehung ohne Teilhabe nicht möglich ist“*. Kinder sollen ihr Leben in den Einrichtungen, in denen sie leben, mitgestalten können. Sie sollen an den Entscheidungen beteiligt sein, die in ihren Lebenslauf eingreifen. Und sie sollen die Erfahrung machen, dass sie als Partner ernst genommen werden.

Auf die Schwierigkeiten, die der Anspruch an Beteiligung im Alltag der Jugendhilfe erfährt, geht Liane Pluto in *„Partizipation: Eine Herausforderung in der Kinder- und Jugendhilfe“* ein.

Tanja Gregorec stellt in *„Wie Jugendliche Fremdunterbringung erleben. Ein Forschungsbericht“* die Ansichten und Meinungen von fünf Jugendlichen zur Fremdunterbringung vor. Aus deren Antworten leitet sie Empfehlungen für den Aufnahme- und Betreuungsprozess ab.

Im dritten Abschnitt **Zur Verbesserung der Fremdunterbringung: Qualitätsstandards entwickeln** zeichnet Nigel Cantwell den *„Langen Weg zu international anerkannten Standards"* nach. Ende 2004 begann eine Arbeitsgruppe aus internationalen, nichtstaatlichen Organisationen auf Basis der UN-Kinderrechtskonvention Richtlinien zur Fremdunterbringung weltweit zu entwickeln. Nigel Cantwell beschreibt die besonderen Herausforderungen, die sich dabei gestellt haben.

An der Umsetzung von Quality4Children waren Oscar Germes, Werner Hilweg und Christian Posch wesentlich beteiligt. In *„Quality4Children. Qualitätsstandards zur Verbesserung der Lebenssituation von fremd untergebrachten Kindern in Europa"* beschreiben sie den besonderen methodischen Ansatz für die Entwicklung der 18 Qualitätsstandards und gehen auf deren Inhalte ein.

In *„Forschung als Beitrag zur Qualitätsentwicklung in einer Non-Profit-Organisation"* ist Barbara Lill-Rastern überzeugt, dass Forschung und Evaluation wichtige Bestandteile einer lernenden und sich kontinuierlich weiterentwickelnden Organisation sind. Sie beschreibt Qualitätskriterien, die die Unabhängigkeit und Intersubjektivität von Forschung sicherstellen sollen.

In *„Qualitätsbetreuung für Kinder in Ost- und Zentralafrika"* beschreiben Diane. M. Swales, Rena Geibel und Neil McMillan, wie sie in einem zweijährigen Prozess nach praktischen Antworten auf die Frage suchten, wie eine hochwertige Kinderbetreuung in den unterschiedlichen Kontexten Ost- und Zentralafrikas ermöglicht werden kann.

Im vierten Abschnitt **Wissen umsetzen: Qualitätsstandards anwenden** analysiert Yvonne Kachel in ihrem Artikel *„Die Ungeschützten schützen. Stärkenorientierte Planung bei der Betreuung von fremd untergebrachten Kindern und Jugendlichen"* eine Anzahl von Betreuungsplänen in New South Wales, Australien. Dem potentiellen Gefährdungsrisiko, das die meisten Betreuungspläne aufweisen, stellt sie alternative bzw. weiterführende Ansätze gegenüber.

In *„Von der Kunst, pädagogisches Geschick zu lehren. Zukunftsweisende Qualitätsmerkmale aufgezeigt am Beispiel der Ausbildung im Colleg für FamilienPädagogik"* denkt Rosa Heim darüber nach, wie ein (post)modernes Verständnis von Erziehung umsetzbar ist. Wie kann man in der Ausbildung jener, die von Berufs wegen mit der Erziehung von Kindern betraut sind, den Ansatz stärken, Kinder als Subjekte mit eigenen Kompetenzen und Stärken wahrzunehmen?

„Fremd und doch zu Hause" spannt einen Bogen über die im Kontext von Fremdunterbringung relevanten Themen. Von der fachlichen Seite her ist man offensichtlich in der Lage, den besonderen Herausforderungen für eine angemessene Qualität in der Betreuung fremd untergebrachter Kinder und Jugendlicher gerecht zu werden. Was es aber braucht, ist ein politisches Bekenntnis, die gesamteuropäischen Kräfte nicht nur für wirtschaftspolitische Interessen, sondern auch für sozialpolitische Anliegen zu bündeln. Es geht darum, gemeinsame, verbindliche Standards festzulegen und die notwendigen Ressourcen für deren Erfüllung zu sichern. Wir hoffen sehr, dass die am Wohl des Kindes interessierten Leser/innen sich (weiterhin) für die Verbesserung der Entwicklungschancen von benachteiligten Kindern engagieren und Teil einer breiten Lobby für die Umsetzung der Kinderrechte werden.

Gerne möchten wir uns bei all jenen bedanken, die wesentlich zum Gelingen des Buches beigetragen haben. Es sind dies vor allem die Autor(inn)en, die uns ihre Beiträge zur Verfügung gestellt haben. Wir danken Elisabeth Ullmann für ihre Expertise bei der Auswahl und Redaktion der Beiträge. Dass das Buch nun vorliegt, ist vor allem das Verdienst von Karin Demuth und Karin Salchegger, die sich der Mühe der redaktionellen Arbeit und der Organisation unterzogen. Dafür sei ihnen herzlich gedankt.

Innsbruck, im November 2007

Werner Hilweg
Christian Posch

Was fremd untergebrachte Kinder brauchen

Mein Leben leben

Hallo, ich bin Sandra. Ich bin heute 20 Jahre alt und lebe ein wundervolles Leben:

- Ich studiere seit drei Jahren Betriebswirtschaft - ein Studium, das mir gut gefällt, in dem ich mich gefordert fühle und das mir tolle Berufsmöglichkeiten eröffnet.

- Ich habe einen Freund, der in guten wie in schlechteren Zeiten zu mir steht. Gegenseitig verschönern und bereichern wir unser Leben.

- Ich habe eine tolle Wohnung in Innsbruck, in der alles genauso ist, wie ich es gerne möchte. Ich habe alles selbst eingerichtet und gestaltet, sodass ich mich in „meinem Reich" rundum wohlfühlen kann.

- Ich kann nach wie vor meiner Leidenschaft Reiten nachgehen - ich habe eine Reitbeteiligung in der Nähe von Innsbruck. Hier kann ich zweimal in der Woche meinen „Merry Legs" reiten. Beim Reiten vergisst man einfach alle Sorgen, egal wie groß oder klein!

- Dank einiger Förderungen bin ich auch finanziell abgesichert.

Mit einem Wort: Ich bin glücklich! Das war bei Gott nicht immer so! Es war ein langer Weg dorthin, auf dem mir viele Menschen und Einrichtungen geholfen haben.

Zu Hause: Chaos

Als ich acht Jahre alt war, starb meine Mutter. Damit hatte wirklich niemand gerechnet, denn sie war ganze 18 Jahre jünger als mein Vater. Ich war ein absoluter Nachzügler: Als ich auf die Welt kam, war mein Vater bereits 61 Jahre alt und meine Mutter 43. Sie waren sich natürlich bewusst, dass sie ziemlich alt für ein weiteres Kind waren, aber da meine Mutter so viel jünger war, dachten sie sich, dass, auch wenn Papa mal nicht mehr so fit ist, ich ja immer noch Mama hätte …

Als Mama starb, brach für uns alle eine Welt zusammen, aber fatale Auswirkungen hatte ihr Tod auf meinen Vater. Er ließ sich nur noch gehen und baute vor allem geistig sehr schnell ab. Meine zwei älteren Brüder zogen rasch aus und ich war allein mit einem alten, kranken, depressiven Menschen, der es sein Leben lang gewöhnt war, bedient zu werden. Nach kurzer Zeit ähnelte die Wohnung einer Müllhalde. Es war eine richtige Messie[1]-Wohnung. Ich unternahm einige Versuche, sie wieder in Ordnung zu bringen, aber es war hoffnungslos. Nach ein bis zwei Wochen sah es wieder gleich aus. Mein Vater war nicht imstande, sich angemessen um mich zu kümmern. Ich war nicht imstande, mich angemessen um ihn zu kümmern. Je älter und kränker er wurde, umso schlimmer wurde meine Situation. Das Einzige, was mich vor dem Untergang bewahrte, war der Gedanke an die Zukunft. Ich wollte endlich auf eigenen Beinen stehen und mein Leben so gestalten, dass es wieder lebenswert war. Ich zählte die Tage bis zu meiner Volljährigkeit - es waren noch sehr viele!

Auf der Suche nach Hilfe

Mit 14 Jahren hielt ich es schließlich nicht mehr aus. Ich fotografierte die ganze Wohnung und ging auf eigene Faust zum Jugendamt. Ich zeigte der Dame die Fotos, beschrieb ihr die furchtbare Lage und bat sie um Hilfe. Ich gab offen und ehrlich zu: „Ich kann nicht mehr!“ Doch sie meinte nur: „Tut mir leid, ich kann dir nicht helfen! Das Problem ist dein Vater, doch wir hier sind das Jugendamt, nicht das Altersheim! Und schau: Da auf dem Foto liegen auch Sachen von dir herum!“

Nicht gerade eine vorbildhafte Reaktion des Jugendamtes! Da kommt schon einmal ein Kind selbst und bittet um Hilfe, und die sagen nur, sie könnten nichts machen. Nicht

[1] Das Messie-Syndrom ist eine psychische Störung. Das Wort „Messie“ ist abgeleitet von mess (englisch für Chaos, Unordnung, Schwierigkeit).

einmal zur Wohnung gefahren oder mit meinem Vater geredet haben sie! Muss erst was passieren, dass etwas unternommen wird? Hier sind meine Bedürfnisse ganz und gar nicht ernst genommen worden! Ich hab sie sogar klar artikuliert: „Holt mich hier raus!" Aber nichts ...

Ich hab dann dafür gesorgt, dass mein Vater zur Behandlung in die Psychiatrie kommt, aber als wir dort waren, ist er sofort wieder abgehauen, ohne mich. Da stand ich dann, allein im Regen vor der psychiatrischen Anstalt. Ich rief eine Bekannte an, ob sie mich holen könnte. Sie hatte sich dieses Dilemma jahrelang anschauen müssen, also packte sie mich und brachte mich bei sich unter. Ich suchte mir neben der Schule einen Job, für den Rest kam meine Bekannte auf. Sie war meine Retterin in der Not und für diese Rettung war es höchste Zeit!

Betreut wohnen

Ich lief dann von einer Beratungsstelle zur nächsten, bis mich eine über die Möglichkeit des betreuten Wohnens aufklärte. Das SOS-Kinderdorf hat in Innsbruck ein Haus mit sieben Garçonnièren, in denen Mädchen von 15 Jahren aufwärts wohnen. Auch ein Betreuer wohnt in dem Haus; er passt auf die Mädchen auf und hilft ihnen, wenn es nötig ist. Es gab eine Warteliste für diese Wohnungen. Mein Fall wurde als dringend eingestuft, darum wurde ich vorgereiht. Bald konnte ich mir eine frei gewordene Wohnung anschauen. Norbert, der Betreuer, zeigte mir alles und klärte mich über die Hausordnung und dergleichen auf. Trotzdem zwang man mir nichts auf. Ich konnte es mir unverbindlich anschauen und sagen, was ich davon hielt, und ob ich hier leben möchte. Das ist (Mit)Bestimmung über das eigene Leben - so soll es sein, finde ich.

Finanzieren musste mich das Jugendamt, das dann auch eingewilligt hat und ganz stolz auf seine Vorzugsschülerin war.

Norbert erklärte mir gleich, dass Vertrauen bei ihm alles sei. Je mehr er einem vertrauen könne, desto mehr dürfe man auch. Eine sehr gute Haltung, finde ich. Mir hat er sehr vertraut. Ein Grund dafür waren meine guten Noten. Ein großes Ziel jedes Betreuers und Pflegers in der Fremdunterbringung ist es nun mal, uns Jugendlichen eine gute Zukunft zu ermöglichen. Eine wichtige Voraussetzung für eine erfolgreiche Zukunft sind gute Noten, darum legt man so viel Wert darauf. Außerdem ist in den meisten Köpfen wohl die Theorie verankert, dass Noten auf das Wohlbefinden des Schülers schließen lassen. Man meint, solange die Noten stimmen, stimmt auch die Psyche, und umgekehrt: Wenn es einem schlecht geht, dann sieht man das an den Noten. In meinem Fall war das aber nicht so.

Auf der Suche nach Verständnis

Natürlich ging es mir nicht immer toll. Ich hatte bis dahin viel durchgemacht und ich litt sehr unter der Einsamkeit des alleine Wohnens. Und nicht zu vergessen: Ich steckte mitten in der Pubertät. Über meine Probleme redete ich kaum mit Norbert. Wenn doch, schilderte ich nur die oberflächlichen Fakten. Nicht, dass ich ihm nicht vertraute, aber ich konnte nicht von mir aus darüber reden. Er hat im Glauben, dass es mir gut gehe, auch nicht nachgebohrt. Es ist sicherlich sehr schwierig für einen Betreuer, individuell abzuschätzen, wer ein wenig Nachbohren braucht und wer das überhaupt nicht mag. Ich habe mir damals gewünscht, dass sich jemand nicht von meinen Noten und meinem nach außen hin souveränen Auftreten blenden lassen und ein bisschen tiefer gegraben hätte. Das soll allerdings kein Vorwurf an meinen Betreuer sein. Ihm ist es ergangen, wie all meinen Bekannten und Verwandten. Alle haben so gedacht und agiert wie er.

Erst mit 18 Jahren, also nach meinem Auszug aus dem betreuten Wohnen, änderte sich das; ich rebellierte eineinhalb Jahre lange, bis mein Umfeld langsam begann, sich Sorgen zu machen. Ich ging in dieser Zeit trotz Uni und Arbeit ca. dreimal die Woche bis 6.00 Uhr morgens aus. Immer dabei war mein großer Schwarm, den mein gesamter Freundeskreis schrecklich fand. Er war ein klassischer Blender, wirkte nach außen ganz toll und von sich überzeugt, nur dahinter war nicht viel. Er stammte wie ich aus sehr schwierigen familiären Verhältnissen und versuchte mit seinem Auftreten wohl seine Unsicherheiten zu verbergen. All das wusste ich, ich durchschaute ihn bereits am ersten Abend, dennoch riss er mich in seinen Bann. Ich tat alles, um ihm zu gefallen, ich war ein komplett anderer Mensch in dieser Zeit. Das bemerkte mein Bekanntenkreis natürlich. Als ich ihn nicht ganz für mich haben konnte, fiel ich in ein tiefes Loch. Wieder fühlte ich mich zurückgewiesen und ungeliebt, wie schon so oft zuvor. Es ging mir gar nicht gut, und das zeigte ich auch. Da waren meine Freunde zum ersten Mal wirklich besorgt um mich und ich fühlte mich endlich als die wahrgenommen, die ich bin: eine junge Frau, die nicht immer nur wie ein Uhrwerk tickt, sondern auch mal aus der Reihe tanzt oder Trost braucht.

Wer mitbestimmen will, muss reden

Was meine sonstigen Bedürfnisse angeht, konnte ich meinem Betreuer alles sagen. Er nahm sie ernst und versuchte, Lösungen zu finden. Wenn es um etwas Materielles ging, gab es die Möglichkeit, sich zum Geburtstag oder zu Weihnachten etwas zu wünschen. Er hatte da immer ein Budget zur Verfügung, um uns etwas zu schenken. Aber er wollte uns nicht irgendetwas aufdrängen, er erfüllte uns lieber unsere Wünsche.

Ich glaube, der Knackpunkt bei der Mitbestimmung ist die Artikulation: Sobald einem bewusst ist, was man braucht und man es artikulieren kann, wird das Bedürfnis ernst genommen und auch darauf eingegangen. Vorausgesetzt natürlich, dass Partizipation erwünscht und ernst genommen wird. Ein Problem ist Partizipation dann, wenn einem entweder gar nicht bewusst ist, was man eigentlich braucht, oder man aus irgendeinem Grund einfach nicht darüber reden kann oder will. Ich glaube, dass gerade das bei fremd untergebrachten Jugendlichen oft der Fall ist.

Selbstbestimmt leben

2004 war das Maturajahr. Ich wollte danach ein wirtschaftliches Kolleg machen. Das wäre sozusagen eine zweite Matura gewesen. Ich hätte dann in einem Büro als Buchhalterin oder in einem ähnlichen Bereich arbeiten können. Die Matura lief im wahrsten Sinne des Wortes „ausgezeichnet“ für mich. Alle waren sehr stolz, Norbert und seine Frau kamen sogar zu meiner Maturafeier. Das bedeutete mir sehr viel, waren doch sonst bei allen die Eltern mit. Norbert und seine Frau übernahmen zwar nie die Elternrolle für mich, das war auch nicht das Ziel gewesen, aber sie waren zwei Menschen, die stolz auf mich waren, das tat schon gut.

Mein Vater konnte leider nicht teilnehmen, denn er lebt seit einigen Jahren in einem Seniorenheim. Er befindet sich heute auf höchster Pflegestufe, kann weder sprechen noch gehen, aber ich bin mir sicher, dass er aus seiner Umgebung noch viel wahrnimmt. Er erkennt mich auch noch und freut sich immer, mich zu sehen.

Die Stimmen wurden immer lauter, ob ich nicht doch studieren möchte. Wenn sich jemand so leicht tut mit Lernen, wäre das doch eine Verschwendung seines Talents. Viele Gespräche fanden statt, ich wurde von allen Seiten dazu ermutigt. Nach reiflicher Überlegung befolgte ich die Ratschläge. Auch dieser Prozess ist für mich ein hervorragendes Beispiel für Mitbestimmung. Man sprach darüber, man ermutigte mich, aber niemand übte Druck aus. Es war einzig und allein meine Entscheidung. Heute bin ich sehr froh, dass ich diesen Weg gewählt habe. Ich glaube nicht, dass ich als Buchhalterin glücklich geworden wäre. Dank meines Studiums habe ich ein breites Spektrum an Möglichkeiten. Ich finde bestimmt etwas, das mir gefällt.

Die Entscheidung zu studieren bedeutete allerdings auch, dass ich aus der betreuten Garçonnière ausziehen musste. Das Jugendamt zahlte nur, solange ich eine Grundausbildung machte; für die Zeit des Studiums kam es nicht mehr auf. Ich erhielt einen sehr interessanten Anruf, in der Richtung: „Wir hoffen, Sie waren mit unseren Diensten zufrieden. Lassen Sie wieder mal was von sich hören. Danke, Wiederhören!“ Aber das SOS-Kinderdorf versicherte mir, dass sie mich nicht im Stich lassen würden. Sie nahmen mich, obwohl ich nicht in einem SOS-Kinderdorf aufgewachsen bin, in die sogenannte Hochschülerregelung auf. Norbert fuhr mit mir herum und sah mit mir eine Wohnung nach der anderen an. Wir besprachen die Vor- und Nachteile einer jeden, bis ich die perfekte Wohnung fand - eben die, in der ich jetzt wohne. Das SOS-Kinderdorf hilft mir, diese Wohnung zu finanzieren.

Tausche Betongrau gegen Knallorange

Ich habe am Anfang so betont, dass hier alles so ist, wie ich es möchte, weil das in der Garçonnière leider noch nicht ganz so war. Sie war sehr schön, eine Maisonette mit Blick auf die Berge, erst fünf Jahre alt, recht modern eingerichtet, das war schon OK. Wenn man sich selbst Möbel kaufen wollte, konnte man die vorhandenen zwischenzeitlich im Keller lagern. Einziges Defizit waren die kahlen Betonwände. Die waren Teil der modernen Architektur, aber ich fand sie abscheulich. Ich brauche Farbe und Fröhlichkeit in meiner Wohnung, nicht eine graue Wand mit Plastiklöchern. Das erzeugt keine gute Stimmung, finde ich. Leider war es nicht erlaubt, sie anzumalen oder zu tapezieren. Poster durfte man schon aufhängen, aber da hätte man mindestens 50 Poster gebraucht, das schaut dann auch nicht gut aus. Darum war meine erste Tat in der neuen Wohnung: malen! Das Wohnzimmer ist jetzt knallorange, die Küche kobaltblau und der Gang türkis.

Alles in allem kann ich sagen, dass meine Erfahrungen mit Partizipation sehr gute sind. Mir wurde nie etwas aufgedrängt, was ich nicht wollte, dafür bin ich wahrscheinlich auch viel zu starrköpfig.

Ich lebe heute ein Leben, das in jedem Bereich genauso ist, wie ich es immer wollte. Ich habe es geschafft, meine Zukunftsvisionen von damals, als es mir wirklich schlecht ging, zu verwirklichen. Das allein ist der beste Beweis, dass Partizipation stattgefunden hat.

Was Kinder brauchen

Aspekte zur psychosozialen Entwicklung von fremd untergebrachten Kindern

Für die Qualität unsere Arbeit ist die Frage nach den optimalen Bedingungen für das Aufwachsen von Kindern und Jugendlichen, die nicht in der eigenen Familie groß werden können, sondern in Fremdunterbringung leben müssen, von zentraler Bedeutung. Um diese Qualität zu gewährleisten und vielleicht sogar zu steigern ist es notwendig, über grundsätzliche Kenntnisse darüber zu verfügen, was Kinder für ihre Entwicklung brauchen und was daraus folgernd speziell dem einzelnen Kind - leider häufig tituliert als „Fall" - in der Betreuung zur Verfügung gestellt werden muss, damit es bestmöglich heranwachsen kann.

Jedes Kind soll als erwachsener Mensch - zumindest nach den Auffassungen in den modernen Gesellschaften „westlicher" Prägung - mit einer eigenen Identität selbstbewusst und selbstständig leben können. Er soll in der Lage sein, unter möglichst weitgehender Nutzung seiner persönlichen Ressourcen am gesellschaftlichen Leben teilzunehmen.

Zwei Faktoren spielen bei der Entwicklung zur individuellen Persönlichkeit eine zentrale Rolle: **Bindung und Identität**

Im Zusammenhang mit der Betreuung und Erziehung von Kindern durch erwachsene Menschen unterscheiden wir dementsprechend zwei Arten von Beziehungen, die **Versorgungs- (Bindungs-)beziehung** und die **Identifikationsbeziehung**.

Versorgungsbeziehung - sichere Bindung

Ein kleines Kind braucht neben der Versorgung mit Nahrung, Kleidung, Wickeln, usw. den Austausch - die Kommunikation - mit anderen Menschen. Wenn außer der notwendigen äußeren Versorgung keine weiteren Kommunikationsangebote gemacht werden, entwickelt sich das Kind nicht weiter. Die Entwicklungsstörung kann sogar so weit gehen, dass das Kind stirbt. Kommunikation mit anderen Menschen ist daher für das Überleben des Kindes ebenso notwendig wie z. B. die Versorgung mit Nahrung.

Eine gesunde und stabile Persönlichkeitsentwicklung erfordert darüber hinaus einige zusätzliche Faktoren in der Anbindung des Kindes an einen oder mehrere erwachsene Menschen.

Das Kind braucht eine Hauptbezugsperson, die es mit angenehmen Gefühlen verbinden kann. Diese Person erkennt es am Geruch, an der Stimme, am Geschmack, daran wie sie sich anfühlt und später auch am Aussehen. In den meisten Fällen ist diese Person die Mutter. Auch andere Personen können in der frühen Phase des Lebens für das Kind wichtig sein. Wenn es aber viele gleich rangige Personen sind, entstehen Störungen.

Der wichtigste Austausch zwischen Kind und Bezugsperson verläuft über Körperkontakt. Sprache oder Kommunikation auf Distanz spielt zunächst noch eine untergeordnete Rolle. Werden entsprechende Zeichen (z. B. durch Schreien) vom Kind abgegeben, endet die Reaktion in der Regel bei einem Körperkontakt. Über den Körperkontakt übertragen Kind und Erwachsener gleichzeitig ihre jeweiligen Befindlichkeiten auf den anderen.

Das kleine Kind, das noch nicht sprechen kann, gibt Zeichen über seine Befindlichkeiten ab. Wenn die Bezugsperson einfühlsam ist, versteht sie diese Zeichen und reagiert dementsprechend darauf. Im Laufe ihrer Beziehung entwickeln Kind und Bezugsperson ein (vorsprachliches) Zeichensystem, mit dem sie sich verständigen. Dieses Verständnis vermittelt dem Kind ein ursprüngliches Gefühl von Sicherheit und Urvertrauen.

Ein kleines Kind ist auf ein äußeres Gefüge von Versorgung und Sicherheit angewiesen. Es hat noch kein inneres Gefüge, mit dem es sich selbst über ein unangenehmes Bedürfnis hinweghelfen kann. Deshalb ist es notwendig, dass die Bezugsperson möglichst weitgehend verfügbar ist und dass damit die Bindung von Kontinuität gekennzeichnet ist.

In der frühen Bindung werden Befindlichkeiten und Gefühle gegenseitig übertragen, ohne dass das Kind dafür einen „Filter“ hat. Eine sichere Bindung entsteht nur dann, wenn die erwachsene Person ein eindeutig positives Gefühl für das Kind hat („Mutterliebe“).

Sicherheit für das Kind kann nur aus Sicherheit bei der erwachsenen Bindungsperson entstehen. Deshalb braucht eine sichere Bindung das Generationenbewusstsein beim Erwachsenen: Der Erwachsene ist erwachsen - das Kind ist Kind.

Sicher gebundene Kinder entwickeln exploratives Verhalten. Die Bindung zu ihrer Bezugsperson ist eine Art Startrampe für die Erforschung der Welt. Von der erwachsenen Bindungsperson erfordert das explorative Verhalten des Kindes ein ständiges Abwägen zwischen Gewährenlassen, Unterstützung und Grenzsetzung. Unsicherheit in der Abwägung oder fehlende Grenzsetzung führen zu Störungen in der Entwicklung.

Exploratives Verhalten im Zusammenhang mit einer sicheren Bindung bildet die Grundlage für soziales Lernen. Im Bindungszusammenhang verarbeitet das Kind Wahrnehmungen zu Erfahrungen. Dabei übernimmt es nicht nur die Verarbeitungsstrategien seiner Bindungsperson sondern auch deren Einstellungen, Bewertungen und Werte.

Zusammenfassend können wir feststellen, dass die sichere Bindung ein zentraler Baustein in der überlebensnotwendigen Versorgungsbeziehung zwischen dem Kind und einem oder mehreren erwachsenen Menschen ist. Ohne die Erfahrungen in einer sicheren Bindung kann sich keine eigenständige selbstbewusste Persönlichkeit entwickeln.

Die Grundlagen zu diesen Überlegungen sind sehr gut erforscht und belegt durch die Erkenntnisse der Bindungstheorie, die als tragfähige Basistheorie für die Erklärung von Entwicklungsprozessen und die Fundierung von pädagogischem Handeln dienen kann, leider aber lange Zeit ganz aus dem Sinn des pädagogischen, psychologischen und sozialwissenschaftlichen Mainstream verschwunden schien. Aus diesem Grund ist an dieser Stelle ein kurzer Abriss der Entstehungsgeschichte der Bindungstheorie sowie eine knappe Darstellung der grundlegenden Konzepte und ihrer Vertreter angebracht.

Der englische Psychoanalytiker **John Bowlby** gilt als Begründer der Bindungstheorie. Unmittelbar nach dem Zweiten Weltkrieg bekam er von der WHO den Auftrag, sich mit der Trennungsproblematik von Kindern auseinanderzusetzen. Zu Trennungen kam es, wenn die Männer einrückten, die Kinder evakuiert wurden oder als Waisen in Heimen zusammengefasst wurden. Bowlby hat sich eingehend mit den Auswirkungen von Trennungen auf Kinder beschäftigt und dieses Thema ließ ihn sein Leben lang nicht mehr los.

Er beobachtete, dass Kleinkinder in neuen oder bedrohlichen Situationen Verhaltensweisen zeigen wie Weinen, Rufen, Anklammern und Nachfolgen und so versuchen, Nähe zu einer wichtigen Bezugsperson herzustellen. Das Weinen hat das Ziel, dass die Bezugsperson in der Nähe bleibt und das Anklammern an das Hosenbein unter fremden Menschen gibt Sicherheit. Dieses Verhalten nannte Bowlby **Bindungsverhalten**. Er ging davon aus, dass Bindungsverhalten angeboren ist. Es bietet für das Kleinkind in gefährlichen Situationen Schutz durch vertraute Personen und ist damit wichtig für sein Überleben.

Zusätzlich zum Bindungsverhalten entwickelte er den Begriff Explorationsverhalten. Dieses Verhalten zeigen Kleinkinder, wenn sie sich sicher fühlen, sie bewegen sich von der Bezugsperson weg und erkunden ihre Umgebung. Dieses Explorationsverhalten ist mit seinem neugierigen Auskundschaften eine wichtige Voraussetzung für das Lernen und die Entwicklung des Kindes. Beide Verhaltensweisen stehen im Wechsel, wobei die Bezugsperson als sichere Basis genutzt wird.

Eine der bekanntesten empirisch arbeitenden Forscherinnen auf dem Gebiet ist die Amerikanerin **Mary Ainsworth**. Sie lernte Bowlby in London kennen, als sie Mitarbeiterin in dem Hospital wurde, dessen Leiter er war. In den 60er Jahren ging sie mit ihrem Mann nach Uganda und machte dort die ersten empirischen Arbeiten als Längsschnittstudien zum Thema Mutter-Kind-Verhalten bei kleinen und größeren Kindern - später setzte sie ihre systematischen Beobachtungsstudien in Baltimore fort. Bei der Gelegenheit entwickelte sie eine Laboruntersuchungsmethode, die unter dem Namen **fremde Situation** Standard für alle Arbeiten der Bindungsforschung wurde. Kinder wurden zunächst im Beisein ihrer Mutter in ein Spielzimmer mit vielen neuen Spielsachen gebracht. Dann wurde genau beobachtet, mit welchen Spielsachen die Kinder sich wie lange beschäftigten. In einem bestimmten Intervall gingen dann die Mütter für jeweils drei Minuten hinaus und die Kinder waren alleine in dieser „fremden Situation“. Jetzt wurde das Verhalten der Kinder genau erkundet: Spielen sie weiter? Spielen sie weniger? Gehen sie in eine Ecke? Schreien sie? Rennen sie der Mutter nach? Trommeln sie an die Tür? Dies wurde zweimal durchgeführt, bevor eine neue Bedingung hinzukam: Eine fremde Person betrat das Spielzimmer. Auch dabei wurde das Verhalten der Kinder beobachtet.

Das erste Ergebnis war die Erkenntnis, dass Kinder die Umwelt in Anwesenheit der Mutter ganz anders explorierten als in deren Abwesenheit. Die Mutter ist die sichere Basis, von der aus das Kind sein Neugierverhalten entfalten kann. Bowlby und Ainsworth folgerten aufgrund der Empirie in ihrer Theorie, dass das sehr kleine Kind im Umgang mit der ersten Bezugsperson ein **internales Arbeitsmodell** erstellt, was Bindung betrifft.

Ein zweites Ergebnis entstand eher nebenher, erwies sich aber als noch bedeutsamer: Die Vielfalt der Verhaltensweisen, die die Kinder zeigten, wenn die Mutter wieder hereinkam, zeigte, dass es unterschiedliche Bindungsqualitäten gibt, die sich unterschiedlich auf das Verhalten der Kinder auswirken. Mary Ainsworth entwickelte daraus vier unterschiedliche Klassen von Verhaltensweisen - Arbeitsmodellen - entsprechend den Bindungsqualitäten:

- das sicher-gebundene Kind,
- das unsicher-vermeidende Kind,
- das unsicher-ambivalente Kind,
- das unsicher-desorganisierte Kind.

Die Art der Bindung liefert die Grundlage für das spätere Leben, für die gesamte Gefühlswelt, das Verhalten und die Fähigkeit, selbst eine stabile, tragfähige Beziehung/Bindung zu anderen Menschen aufzubauen, weiterzugeben und zu erhalten.

Kein Bindungstheoretiker im engen Sinne ist der Primatenforscher **Harry Harlow** - aber seine Erkenntnisse aus seinen Forschungen mit Rhesusaffen sind so eindrucksvoll, dass sie auch immer als Belege für die grundsätzliche Bedeutung der Kontaktbedürfnisse dienen können. - Auf dem Gebiet der menschlichen Versorgung dokumentiert im Übrigen der bekannte Forscher **René Spitz** ähnliche Beobachtungen. Er prägte den Begriff „Hospitalismus“ für Kinder, deren Entwicklung durch lange Krankenhausaufenthalte gestört und verhindert wurde. - Harlow stellte sich in den 50er Jahren die Aufgabe, für seine Babyäffchen im Labor eine perfekte Mutter zu bauen. Ausgangspunkt seiner Idee war die Beobachtung, dass die kleinen Rhesusäffchen eine starke Anhänglichkeit an die Windel aufbauten, mit denen die Käfige verhängt waren. Die Tiere schmiegten sich daran, schaukelten darin und hielten sie fest. Die Forscher konnten beobachten, dass die Affenbabys, die aus „hygienetechnischen Gründen“ bald nach der Geburt von ihrer Mutter getrennt und von Pflegern mit der Flasche in Käfigen aufgezogen wurden, sich wehrten und laut protestierten, wenn diese Tücher zum Reinigen entfernt wurden. Harlow fing an, über die **Mutter-Kind-Beziehung** nachzudenken, über das Gefühl der

Geborgenheit, das aus Körperkontakt entsteht. Vielleicht war irgendetwas an dieser „Kontakttröstung“, wie er es nannte, grundlegend. Harlow stellte die Hypothese auf: **Nicht das Nahrungsbedürfnis ist primär, sondern das Kontaktbedürfnis.**

Um diese Hypothese zu überprüfen, entwickelte er verschiedene Versuchsanordnungen mit unterschiedlichen künstlichen Muttermodellen. Also bauten er und seine Studenten eine kuschelige Stoffmutter in der Größe eines ausgewachsenen Muttertiers und eine Drahtmutter, an der eine volle Milchflasche angebracht war. Die eine Mutter war warm und weich, die andere bot Nahrung. Harlow ließ die Zeit genau aufzeichnen, die die kleinen Affen bei der jeweiligen Mutter verbrachten. Die Äffchen lebten förmlich auf der Stoffmutter, sie verließen sie nur widerwillig zur Nahrungsaufnahme, manche versuchten sogar, an die Milch zu gelangen, ohne die Stoffmutter loszulassen. Harlow kam zu dem Ergebnis, Berührung sei eine der Möglichkeiten, ein solides affektives Fundament für die weitere Entwicklung zu legen. In einer Erweiterung der Experimente durch die Einführung eines Angstreizes - eine Figur, die trommelte, also Lärm erzeugte - kam er zu korrespondierenden Ergebnissen mit Bowlby und Ainsworth, er konnte zeigen, dass die Stoffmutter auch als *Zuflucht* diente, denn die Äffchen liefen bei Einsetzen des Lärms zu ihr hin und klammerten sich an sie, wie kleine Kinder es bei ihrer Mutter tun.

Im deutschen Sprachraum hat sich ein Ehepaar besonders um die weitere Erforschung der Zusammenhänge von frühen Bindungserfahrungen, den Rollen der Bezugspersonen und dem Einfluss von Bindungen bis ins hohe Erwachsenenalter verdient gemacht. Nach den Psychologen **Karin und Klaus Grossmann** ist psychische Sicherheit der Faktor, der aus einer stabilen Bindung entsteht: „Psychische Sicherheit bereichert das Leben, während psychische Unsicherheit einschränkt.“ Psychische Sicherheit erkennt man daran, „dass die Person kein oder nur wenig abweichendes Verhalten zeigt, sich zusammen mit nahe stehenden Menschen um die Bewältigung kommender Anforderungen bemüht, sich nicht entmutigen lässt, nicht verzagt oder resigniert und keine Widersprüche ausblendet“. Das ganze Berufsleben widmete das Forscherpaar Grossmann der Frage, unter welchen Bedingungen psychische Sicherheit entsteht bzw. wodurch sie verhindert wird.

In ihren Büchern *„Bindung und menschliche Entwicklung“* (Klett-Cotta 2003) und *„Bindungen - das Gefüge psychischer Sicherheit“* (Klett-Cotta 2004) stellen sie die zentralen Ergebnisse ihrer langjährigen Arbeit und Forschung vor, sie stützen sich dabei auch auf Formulierungen und Thesen von Bowlby und Ainsworth, die bereits als Klassiker gelten können. Diesen beiden Namen und der ausführlichen Darstellung und Einordnung ihrer empirischen Forschungsergebnisse und theoretischen Konzepte einschließlich auch der bei uns wenig bekannten Arbeiten gilt der erste Titel, der zweite widmet sich ausführlich den Erkenntnissen, die sie in ihrer eigenen Forschungsarbeit gesammelt und entwickelt haben.

Inzwischen werden diese Erkenntnisse auch durch Forschungen auf naturwissenschaftlichem Gebiet bestätigt und vertiefend belegt. Der Neurobiologe **Gerald Hüther** hat die neuesten Erkenntnisse über die biologischen Funktionsweisen des Gehirns und seiner neuronalen Verschaltungen ausgewertet und ist zu dem Ergebnis gekommen, dass die neuronalen Verschaltungsmuster, die der Mensch in der frühkindlichen Entwicklung erlernt und in seinem Hirn gebahnt hat, abhängig sind von den sozialen Erfahrungen, die in dieser bedeutungsvollen Lebensphase gemacht wurden. Er belegt in seinen Ausführungen aus einer naturwissenschaftlichen Perspektive die Bedeutung emotionaler Sicherheit für die Entwicklung des frühkindlichen Gehirns und benutzt die Formulierungen der Bindungstheorie: „Ohne sichere emotionale Bindungen können sich Kinder nicht zu sozial kompetenten Persönlichkeiten entwickeln, ohne Anregungen und ausreichende Zuwendung finden wichtige Gehirnentwicklungen nicht statt“ (Karl Gebauer, Gerald Hüther, Kinder brauchen Wurzeln, Patmos Verlag 2001). Er verwendet die Metaphern **Wurzeln und Flügel** für die oben schon zitierte **sichere Basis** und das gleichzeitig notwendige **Explorationsverhalten**, erklärt in verständlicher Form die Zusammenhänge von sozialen Bedingungen und Erkenntnissen der Hirnforschung und Neurobiologie.

Identifikationsbeziehung als Basis für Identität

Äußere Versorgung und sichere Bindung reichen allein nicht aus, um die Entwicklung der besonderen Persönlichkeit eines Menschen zu erklären. Die dem Menschen eigene Individualität, sein Bewusstsein und sein Selbstbewusstsein, sein „Platz in der Gesellschaft“ entstehen aus einem Prozess, der nicht erst mit der Geburt beginnt. Das Kind entwickelt seine Identität nicht aus sich selbst heraus. Die Grundlagen für die spätere Entwicklung von Individualität und Identität werden von der Vorgeneration bereits mitgegeben. Das Kind wird auf seine Herkunft festgelegt, ohne gefragt zu werden. Es wird z. B. nicht von den Eltern gefragt, ob ihm sein Vorname gefällt oder nicht. Die Namensbildung beinhaltet Vorstellungen der Eltern, auf die das Kind sein ganzes Leben lang festgelegt ist. Das Gleiche gilt für sehr viele andere Symbole und Eigenarten, die dem Kind als persönliches Erbe, als „persönliches symbolisches Kapital" (wir übernehmen und verwenden diesen durch den Soziologen Pierre Bourdieu geprägten Begriff auch im Sinne von Ressourcen) übergeben werden, oft ohne dass sich die Beteiligten dessen bewusst sind. Das Kind kann sich darüber hinaus auch nicht entscheiden, in welcher Gesellschaft oder in welchem Wertekontext es aufwächst. Beides ist selbstverständlicher und nicht veränderbarer Bestandteil seiner Identitätsentwicklung.

Die **individuelle** Persönlichkeit entsteht als das Ergebnis eines Prozesses der aktiven und passiven Übernahme von historisch vorgegebenen Modellen (der Familie bzw. der Eltern) und von gesellschaftlichen Normen und Werten einerseits und als das Produkt von selbst gewonnenen Erfahrungen andererseits. Beide Komponenten stehen in ständiger Wechselwirkung. Die Biografie beschreibt den Verlauf dieser Persönlichkeitsentwicklung.

Im Prozess der Persönlichkeitsentwicklung ist in den westlichen Kulturen die (biologische Ursprungs-) Familie - oder besser: die leiblichen Eltern - durch nichts und durch niemanden ersetzbar: Die Herkunftsfamilie (eigentlich müsste man von zwei Herkunftsfamilien sprechen, nämlich von Vatersfamilie und von Muttersfamilie) ist durch kulturelle Festlegung der „Anker" für die Identität des Individuums. Die Identifikation des Kindes mit den Eltern (oder besser: mit Vater und Mutter) findet unabhängig davon statt, wie diese sich gegenüber dem Kind verhalten oder ob sie sich überhaupt um das Kind kümmern (ob sie z. B. zum Kind eine „sichere Bindung" entwickelt haben). Die Eltern bleiben auch dann die Identifikationsanker, wenn gar kein Kontakt (keine „Versorgungsbeziehung") zum Kind besteht, auch dann werden sie zum Bestandteil der Persönlichkeit des Kindes. Im extremen Fall als „unbekannte Eltern", als ständig Unbekanntes und Nicht-Identifizierbares in der Person. Diesen Teil der Beziehung zwischen Eltern und Kind nennen wir *Identifikationsbeziehung*.

Das Verhältnis von Versorgungsbeziehung und Identifikationsbeziehung

Die folgende Grafik soll die relative Bedeutung von Versorgungs- und Identifikationsbeziehung im Entwicklungsverlauf des Kindes darstellen.

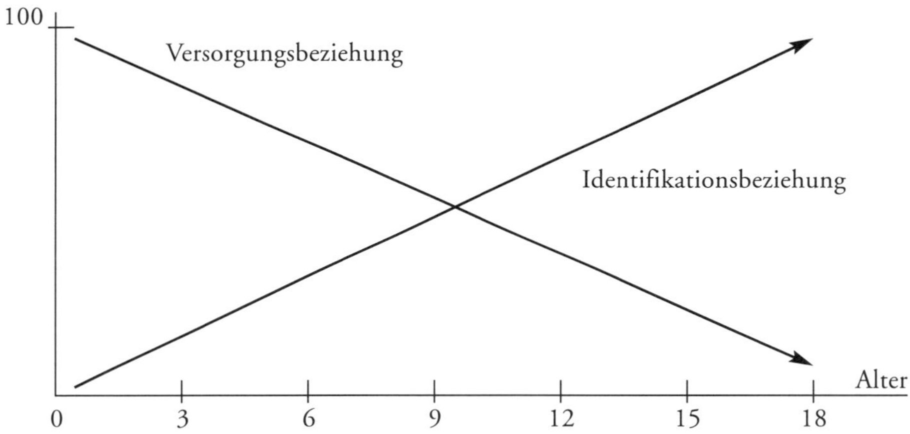

Ein neugeborenes Kind ist zu 100 % auf die Versorgung durch erwachsene Bezugspersonen angewiesen. Mit zunehmendem Alter ist es in der Lage, immer mehr Teile seiner Versorgung selbst zu übernehmen. Mit dem Erwachsenwerden soll es in der Lage sein, selbstständig zu leben und sich selbst zu versorgen.

Demgegenüber ist die Frage der eigenen Identität für das neugeborene Kind noch bedeutungslos. Die Möglichkeit aber, den „eigenen Platz" im Leben zu bestimmen, wird mit zunehmendem Lebensalter immer wichtiger. Während also die Bedeutung der Versorgungsbeziehung immer mehr abnimmt, nimmt die Bedeutung der Identifikationsbeziehung immer mehr zu.

In den meisten Fällen, nämlich dann, wenn das Kind in einer intakten Familie aufwächst, werden Versorgungs- und Identifikationsbeziehung von denselben Personen - eben den Eltern - getragen. Schon in Scheidungsfamilien oder „unvollständigen" Familien, erst recht aber bei fremd betreuten Kindern können diese beiden Beziehungsarten nicht von identischen Personen zur Verfügung gestellt werden. Dies muss nicht unbedingt zu Konflikten oder Komplikationen führen. Ein Kind kann sich durchaus zu einer eigenständigen und stabilen Persönlichkeit entwickeln, wenn jemand anderes als der biologische Vater oder die biologische Mutter mit ihm zusammenlebt. Die Probleme entstehen erst dann, wenn die betreuenden Personen oder ihr soziales Umfeld den Anspruch erheben, die allein identitätsspendende Instanz für das Kind zu sein. Wenn damit Herkunftsvater oder Herkunftsmutter ersetzt werden sollen, entsteht eine Konfrontation mit der kulturellen Norm, nach der Mutter und Vater nur einmal „zu vergeben" sind. Sowohl die „Ersatzeltern", die die Identifikationsrollen annehmen wollen oder sollen, als auch das Kind geraten in einen nicht aufzulösenden Entscheidungskonflikt, der bei beiden Seiten nur Schäden hinterlassen kann. Wir fassen dieses Problem unter dem Begriff **Stiefmutterkonflikt** oder auch „Schneewittchenproblem" zusammen.

Gründe für die Fremdunterbringung von Kindern und Jugendlichen

Die „Fremdunterbringung" eines Kindes (oder Jugendlichen) hat in der Regel den Zweck, diesem Kind Lebens- und Entwicklungsbedingungen zur Verfügung zu stellen, die es in seiner Herkunftsumgebung - meist in der Familie - nicht oder nicht mehr vorfindet.

Eine Ursachengruppe für die Fremdunterbringung beinhaltet die gänzlich oder teilweise fehlende bzw. eine inadäquate Versorgung des Kindes - etwa durch Krankheit oder Tod der Eltern, Armut, Desinteresse der Eltern oder der Familie am Kind, persönliche Krisen und Störungen der Eltern usw.

Eine zweite Ursachengruppe findet sich in der missbräuchlichen Funktionalisierung der Kinder für die Interessen der erwachsenen Bezugspersonen. Auch hier gibt es eine große Bandbreite, von der Funktionalisierung des Kindes bei der Durchsetzung des eigenen Interesses im Falle von Trennung oder Scheidung der Eltern über den Einsatz der Kinder bei kriminellen Handlungen bis hin zum sexuellen Missbrauch der Kinder und zur Prostitution.

In einer dritten Gruppe werden die Ursachen im Kind selbst gesehen, in seinem Verhalten bzw. in Störungen seiner Persönlichkeitsentwicklung. In diesen Fällen wird das Kind selbst als Verursacher von Störungen in seiner Umwelt angesehen. Beispiele dafür sind Schulverweigerung, Aggressionen oder auch (angeblich organische) Störungen, die in den letzten Jahren unter dem Titel „ADS" - Aufmerksamkeits-Defizit- (und Hyperaktivitäts)-Störung - zusammengefasst wurden.

Wenn man die Biografien der fremd untergebrachten Kinder und Jugendlichen genauer betrachtet, stellt man sehr schnell fest, dass bei fast allen die Störungen schon in der frühen Kindheit beginnen. Die meisten Auffälligkeiten sind auf frühe Bindungsstörungen zurückzuführen.

Erscheinungsformen (Symptome) von Bindungsstörungen

In den ersten drei Lebensjahren

Das Fehlen einer sicheren Bindung führt beim Kind zu Dauerstress im Gehirn, der drei grundsätzliche Reaktionsarten nach sich ziehen kann:

1) sich selbst ausschalten,
2) überaktives, unruhiges Verhalten,
3) aggressives und destruktives Verhalten gegenüber Sachen und Personen.

Zu 1): Im ersten Lebensjahr ist das Kind ausdruckslos, stumpf und reagiert nicht auf Anregungen von außen. Zusätzlich neigt es zu Infektionen. Manche Kinder entwickeln erste Stereotypien (z. B. Kopfschaukeln). Oft essen die Kinder schlecht und sind untergewichtig. In extremen Fällen sterben die Kinder ohne sichtbaren Grund. Im zweiten und dritten Lebensjahr zeigen sich Entwicklungsverzögerungen gegenüber Gleichaltrigen. Insbesondere fällt dies bei der Sprachentwicklung und häufig auch bei der Sauberkeitsentwicklung auf.

Typische Ursachen sind u. a.: „Hospitalisierung", starke Vernachlässigung wegen fehlender persönlicher Reife der Eltern, „postnatale" (nachgeburtliche) Psychose der Mutter und damit verbundene Unfähigkeit, das Kind anzunehmen. Starke körperliche Gewaltanwendung der Eltern gegenüber dem Kind.

Zu 2): Das Kind wirkt von Anfang an nervös und unruhig, es schreit viel. Manche Kinder haben Probleme damit, das Essen bei sich zu behalten. Im zweiten und dritten Lebensjahr können Sprachfehler auftreten. In dieser Phase wirken die Kinder hektisch und überaktiv. Im Gegensatz zu Kindern mit „normalem" explorativem Verhalten fehlt bei ihnen die zwischenzeitliche Kontaktaufnahme und damit Rückkopplung zu ihrer Bindungsperson. Die Kinder können für längere Zeit allein sein, ohne nach ihrer

Bindungsperson zu suchen. Der größte Teil der später mit ADS bzw. ADHS diagnostizierten Kinder gehört zu dieser Gruppe!

Typische Ursachen sind u. a.: fehlende Stabilität und viel Unruhe in den äußeren Lebensbedingungen, fehlende emotionale Stabilität oder emotionale Ambivalenz der Bindungspersonen. Überforderung des Kindes durch zu wenig Einfühlungsvermögen und oft zu hohe Anforderungen durch die Bindungsperson. Zu wenig Kontinuität in der Betreuung, evtl. häufig wechselnde Bezugspersonen.

Zu 3): Aggressionen gegenüber Dingen und Personen entwickeln sich erst nach dem ersten Lebensjahr. Sie sind immer Ausdruck von Angst.
Ursache dieses Verhaltens bei Kindern ist oft erlebte Gewalt, sei es gegenüber sich selbst oder zwischen bzw. gegenüber seinen Bezugspersonen. Gewalttätig aggressives Verhalten seitens der Bindungspersonen hat besonders für das spätere Sozialverhalten des Kindes einen starken Modellcharakter.

Im Vorschulalter

Die drei beschriebenen Reaktionsarten lassen sich auch hier noch beobachten. In diesem Alter werden die Moral und die kulturellen Werte der erwachsenen Bezugspersonen übernommen. Demzufolge zeigen sich jetzt die Störungen auch im Sozialverhalten.

Zu 1): Bei den Kindern zeigen sich „autistische Züge“. Von sich aus nehmen sie weder zu Erwachsenen noch zu anderen Kindern Kontakt auf. Die Verzögerung in der Sprachentwicklung wird noch deutlicher. In besonders schweren Fällen entwickelt das Kind keine Sprache. Die Kinder wirken behindert. Wenn in dieser Phase keine Besserung in der Bindungssituation eintritt, kann daraus eine irreparable geistige Behinderung entstehen.

Zu 2): In diesem Alter wird „ADHS“ zum ersten Mal augenscheinlich. Die Kinder zeigen deutliche Konzentrationsschwächen. Andere Kinder - z. B. im Kindergarten - spielen nicht gerne mit ihnen zusammen, weil sie sich nicht an Regeln halten. Das Kind wird zum Außenseiter. Auf die Versuche von Grenzsetzungen durch Eltern und Erzieher reagiert es nur begrenzt oder gar nicht. Eltern und Erzieher zeigen sich mit der Betreuung überfordert. Vom Kindergarten wird öfter der Besuch eines Kinderarztes empfohlen, oft beginnt in diesem Alter die enge Beziehung zur Kinder- und Jugendpsychiatrie. (Aber Achtung! Ursache ist und bleibt das unzureichende Bindungsangebot seitens der erwachsenen Bezugspersonen. Daran ändert auch die Vergabe von Medikamenten nichts!)

Zu 3): Bei einigen Kindern kann man jetzt schon den systematischen Einsatz von Aggressionen in sozialen Situationen beobachten. Meist sind diese Kinder aber besonders ängstlich und stehen in Situationen, die für sie neu sind, leicht „mit dem Rücken an der Wand“. Es ist nicht ungewöhnlich, wenn das Kind nachts noch einnässt.

Schulalter bis zur Pubertät

In dieser Phase übernehmen die Kinder von ihrer Familie (bzw. von ihren Bezugspersonen) deren spezifische Verhaltensmuster. Die Verhaltens- und Entwicklungsstörungen der ersten Lebensjahre verstärken sich, wenn die Bindungsproblematik nicht ausgeglichen wird. Bei fast allen Kindern ist eine erhöhte Ängstlichkeit zu beobachten. Dies wird besonders deutlich in neuen Situationen und bei neuen Anforderungen. Sehr häufig treten auch Nacht- oder Einschlafängste auf.

Kinder, die gar keine Anbindung an eine erwachsene Person haben, beginnen in diesem Alter, sich allein durchs Leben zu schlagen. Sie laufen weg oder kommen nicht nach Hause. Sie orientieren sich an älteren, ebenfalls bindungslosen Kindern, dabei werden aggressive Vorbilder bevorzugt. Manche Kinder werden in diesem Alter zu „Straßenkindern“. Strafmaßnahmen zeigen bei ihnen keine Wirkung. Es kann vorkommen, dass man von dem Kind einen Satz hört wie „schlag mich doch tot“. Trotz eines phasenweise scheinbar selbstsicheren Auftretens sind die Kinder ängstlich und hilflos.

Besonders intensive Symptomatiken treten jetzt zusätzlich auf, wenn ein psychisch kranker Elternteil das Kind in seine Erkrankung einbezieht oder seine eigene Problematik auf das Kind überträgt (projiziert). Ein Beispiel dafür sind *Depressionen* bei Kindern in diesem Alter. Ein Kind kann nicht „aus sich heraus“ depressiv sein, es lebt mit der Depression die seelische Verfassung eines Elternteils aus, der sich nicht von ihm abgrenzen kann.

Ein besonders gravierendes Symptom ist *Einkoten*. Es deutet in den meisten Fällen darauf hin, dass das Kind in das psychotische Erleben des Elternteils einbezogen wird, d. h., das Kind wird zum Bestandteil des inneren Existenz- und Überlebenskonfliktes einer erwachsenen Person. Das Gleiche gilt für eine bestimmte Art von *Aggression* gegen einen Elternteil. Wenn z. B. ein zehnjähriges Kind gegen die Mutter regelmäßig körperlich aggressiv wird, kann man davon ausgehen, dass die Mutter ihrerseits die Existenz des Kindes regelmäßig in Frage stellt. Einem solchen Verhalten einer Mutter liegt fast immer eine psychische Erkrankung zugrunde.

Stark sexualisiertes Verhalten in diesem Alter, das in Worten und Taten vergleichbar ist mit dem sexuellen Verhalten Erwachsener, ist nicht etwa das Zeichen für eine bereits weit entwickelte Sexualität beim Kind, sondern immer die Folge einer Bindungsstörung. Sie ist dadurch bedingt, dass ein Elternteil oder beide Eltern nicht in der Lage sind, sich in ihrer Sexualität - und meist auch in anderen Lebensbereichen - als erwachsen von dem Kind abzugrenzen. (Man beachte, der Beginn der Problematik liegt auch hier in den ersten Lebensjahren und nicht erst in diesem Alter!)

Sowohl auffällig aggressives Verhalten als auch sexualisiertes Verhalten können darauf zurückzuführen sein, dass die Eltern den Kindern nur ein *reduziertes Identifikationsmodell* anzubieten haben, weil sie selbst nicht mehr zur Verfügung haben. Nicht selten ist das elterliche Verhalten bereits Folge von Bindungsstörungen, die sie selbst erlebt haben. Für die soziale Umgebung werden reduzierte Identifikationsmodelle umso deutlicher, je älter die Kinder werden.

Adoleszenz bis Erwachsensein

Mit dem Ende der Pubertät beginnt der jugendliche Mensch sich zu einer eigenständigen erwachsenen Persönlichkeit zu entwickeln. Die Persönlichkeitsentwicklung findet jetzt nicht mehr in Abhängigkeit von einer Bezugsperson, sondern in einer eigenständigen Auseinandersetzung mit der sozialen und natürlichen Umwelt statt.

Jugendlichen mit einer frühen Bindungsstörung fehlt in dieser Phase das „Fundament" für eine stabile Persönlichkeitsentwicklung.

Bei einem großen Teil der Jugendlichen sind die Entwicklungsrückstände offensichtlich: Sie haben intellektuelle Defizite und dadurch bedingt Lern- und Schulprobleme. Emotional sind sie auf dem Stand eines Kleinkindes stehen geblieben. Bei vielen geht die Schere zwischen „großen Sprüchen" und „kleiner Seele" immer weiter auseinander.

Die an die Jugendlichen gestellten altersadäquaten Anforderungen überfordern sie. Auf den daraus resultierenden Stress reagieren sie wie schon im Kleinkindalter mit Rückzug oder mit Aggressionen. Bis auf sehr wenige Ausnahmen ist heftiges fremdaggressives Verhalten bei Jugendlichen auf Bindungsstörungen zurückzuführen. Das Gleiche gilt für einen großen Teil der Autoaggressionen. Die heute von der Kinder- und Jugendpsychiatrie diagnostizierten „Borderlinestörungen" sind in der Regel das Ergebnis früher Bindungsstörungen.

Da bei den meisten Bindungsstörungen bei Jugendlichen weder „normale“ Erziehungsmaßnahmen (mit Sanktionierungs-, Strukturierungs- oder Trainingsmodellen) helfen, noch „Gesprächstherapien“ Wirkung zeigen, werden psychiatrische Diagnosen gestellt, die eine „wirkungsvolle“ Behandlung mit Medikamenten erlauben. An die Stelle des Ritalin, das in der Kindheit vergeben wird, treten jetzt hochwirksame Neuroleptika und Antidepressiva. Das Problem der Persönlichkeitsentwicklung wird dadurch nicht gelöst.

Immer häufiger haben heute frühe Bindungsstörungen zur Folge, dass die betroffenen Personen nicht in der Lage sind, eigenständig am gesellschaftlichen Leben teilzunehmen. Sie sind nicht in der Lage, eine Berufsausbildung zu beenden, einen Arbeitsplatz dauerhaft zu behalten, ihr Privatleben zu organisieren. Viele Menschen landen im Strafvollzug oder gelten als behindert.

Abgrenzung gegenüber anderen Störungen

In der Kindheit ist in erster Linie die Abgrenzung zwischen Bindungsstörungen und Störungen aufgrund von Organschäden notwendig. Insbesondere bei leichteren frühkindlichen Hirnschäden ist das Erscheinungsbild ähnlich. Am besten erfragt man, ob es bei der Geburt Komplikationen gab wie z. B. Sauerstoffmangel oder schwere Infektionen im ersten Lebensjahr. Bei genauer Kenntnis des familiären Hintergrundes lässt sich mit einiger Erfahrung ziemlich sicher einschätzen, ob evtl. auftretender Stress bei den Eltern die Ursache oder die Wirkung der kindlichen Störungen war. Die für die Förderung des Kindes erforderlichen Maßnahmen unterscheiden sich bei frühkindlichen Hirnschäden erheblich von den Maßnahmen bei Bindungsstörungen.

Noch wichtiger ist die Abgrenzung gegenüber Störungen, die aus Identifikationskonflikten in der Adoleszenz (ca. ab dem 15. Lebensjahr) entstehen (Psychosen und deren Vorstufen sowie Neurosen). Diese Störungen und Krankheiten sind in der Regel gekennzeichnet durch einen „Knick im Lebenslauf“, d. h., die Entwicklung in der Kindheit verlief weitgehend normal, und erst nach der Pubertät treten die Symptome auf. Auch hier kann eine sorgfältige Beschreibung des Lebenslaufs Aufschluss geben. Der Umgang mit Menschen, die unter einer Psychose leiden, erfordert in weiten Bereichen ein Verhalten, das dem Umgang mit Bindungsstörungen diametral entgegengesetzt ist.

Die Betreuung von Kindern und Jugendlichen mit Bindungsstörungen im stationären Kontext

Nirgendwo werden in der pädagogischen und therapeutischen Arbeit heute so viele Fehler gemacht wie bei der Betreuung von Kindern, Jugendlichen und Erwachsenen und deren familiären Umfeld, wenn Bindungsstörungen vorliegen. Der Grund liegt darin, dass die „Experten“ das Kind, den Jugendlichen oder Erwachsenen immer mit dem Maßstab einer „normalen“, altersgemäß sich selbst bestimmenden Person vergleichen. Stellt der Experte eine Abweichung nach unten fest, fühlt er sich veranlasst, Maßnahmen anzubieten, die dieses Defizit möglichst kurzfristig ausgleichen. **Der größte Fehler besteht darin, dass man meint, man könne Persönlichkeit mit persönlicher Eigenständigkeit und Eigenverantwortlichkeit antrainieren oder von außen erzeugen.** Das ist nicht der Fall! Persönlichkeit kann sich nur aus sich heraus im Zusammenspiel mit den erforderlichen Lebensbedingungen entwickeln. Ein zentraler Faktor und eine notwendige Voraussetzung für die Entwicklung einer eigenständigen Persönlichkeit ist eine sichere Bindung.

Machen wir uns nichts vor: Eine fehlende sichere Bindung in der früher Kindheit kann man später nie ganz ausgleichen. Ein überdurchschnittliches Maß an Ängstlichkeit, Empfindlichkeit, Bindungsunsicherheit und Unselbstständigkeit im Umgang mit dem sozialen Umfeld wird beim Kind und beim erwachsenen Menschen bleiben. Allerdings ist es in den meisten Fällen möglich, das Schlimmste zu verhindern, nämlich ein Leben im Strafvollzug oder in der Psychiatrie. Welchen Platz der Einzelne im Leben finden kann, hängt auch von den allgemeinen Lebens- und Arbeitsbedingungen in unserer Gesellschaft ab. Heute finden wir in Werkstätten für behinderte Menschen viele Personen mit Bindungsstörungen, die noch vor 20 Jahren eine Arbeitsstelle im freien Arbeitsmarkt bekommen hätten. Wie die Situation in 20 Jahren aussehen wird, können wir heute nicht abschätzen. Was wir tun können, ist, dafür zu sorgen, dass das einzelne Kind, das wir betreuen, eine Grundlage für seine weitere Entwicklung mitbekommt.

Bindungsstörungen entstehen aus dem Fehlen einer sicheren Bindung in der früher Kindheit. Dies führt in gewisser Hinsicht zu einem Stillstand in der Persönlichkeitsentwicklung. Um diesen Stillstand aufzuheben, ist es notwendig, dem Kind, dem Jugendlichen, dem Erwachsenen eine ersatzweise sichere Bindung anzubieten, bzw. bei sehr kleinen Kindern zumindest einen Elternteil soweit zu stabilisieren, dass er eine solche sichere Bindung anbieten kann.

Dazu muss man sich die wesentlichen Bestandteile einer sicheren Bindung anschauen:

- Man braucht eine Bindungsperson, die
  - liebevoll ist,
  - einfühlsam ist,
  - verfügbar ist.
- Die Bindungsperson muss selbst stabil, emotional belastbar und eindeutig „erwachsen" sein.
- Die Bindung entsteht „vorsprachlich", d. h. unter Einbeziehung aller Sinneswahrnehmungen, wie Körperkontakt, Geruch, Geschmack, Hören usw.
- Das Erfahren der Welt wird zunächst über die Bindungsperson vermittelt.
- Die Bindungsperson gibt Zeit und Raum Struktur und setzt ggf. Grenzen.

Ablauf der Bindungsentwicklung mit einer „Ersatz"-Bindungsperson

1. Phase: eine Bindungsperson „einbauen"

Kinder und Jugendliche, egal ob sie 7 Jahre oder 17 Jahre sind, müssen „klein" abgeholt werden. Dabei darf man sich auch nicht von den großen Sprüchen irritieren lassen, die bindungsgestörte Jugendliche in der Regel von sich geben. Der Hauptkommunikationsweg für die Bindungsentwicklung ist *Körperkontakt*. Häufig reagieren die Kinder auf die ersten körperlichen Annäherungsversuche der Bindungsperson ängstlich und abwehrend. Jugendliche versuchen damit zu argumentieren, dass sie doch keine Kinder mehr seien. Aber spätestens nach zwei Tagen beginnen alle, die Körpernähe zu ihrer Bindungsperson zu genießen.

Die Kontaktaufnahme muss sanft und einfühlsam erfolgen. Am Anfang ist es hilfreich, sich ritualisierte Körperkontakte vorzunehmen. Am besten beginnt man mit einem abendlichen Ritual beim Zubettgehen. Sehr wirkungsvoll ist es, das Kind / den Jugendlichen an den Armen, den Füßen oder auf dem Rücken mit einer angenehm riechenden Creme einzureiben. Wenn notwendig, kann man dazu anfänglich Argumente benutzen, die belegen, wofür das Einreiben denn gut sei; allerdings kann man darauf nach wenigen Tagen bereits verzichten. Wenn man als Betreuungsperson dazu ein Lied singt oder eine Geschichte erzählt, verstärkt das den Bindungseffekt. In der beschriebenen Situation werden viele Sinne angesprochen, und die Wahrnehmungen werden mit der Nähe eines liebevoll eingestellten Menschen assoziiert.

Auch im Tagesablauf sollte immer wieder Körpernähe seitens der Bindungsperson gesucht werden, anspruchsvolle Diskussionen dagegen sollten vermieden bzw. abgewehrt werden. Einige Situationen bieten sich dazu besonders an: das morgendliche Wecken oder Aufstehen, gemeinsam auf dem Sofa sitzen und Fernsehen oder Musik hören, Haare waschen und Kämmen durch die Bindungsperson.

Immer ist zu beachten, je mehr Sinne auf eine sanfte, angenehme Weise angesprochen werden, um so intensiver wird der Kontakt. Insbesondere bei Jugendlichen muss man sich immer wieder klar machen, dass man sie in der Kleinkindphase abholt. Kleinkindern würde man zum Frühstück keinen Kaffee geben, oder man würde mit ihnen nicht darüber diskutieren, welchen Krimi sie im Abendprogramm anschauen dürfen usw. Deshalb lohnt es sich, zur Bindungsentwicklung den Tag so zu gestalten, dass darin viele „Kleinkindrituale“ vorkommen. Zum Frühstück (und auch zwischendurch) gibt es warmen Kakao, man singt gemeinsam Kinderlieder oder hört Kinderkassetten oder schaut im Fernsehen gemeinsam Kindersendungen an. Inhalte und Formen der Rituale sind im Grunde von untergeordneter Bedeutung. Sie haben den Sinn und Zweck, die Entwicklung einer sicheren Bindung zu der erwachsenen Bezugsperson über *vorsprachliche Kommunikationswege* zu unterstützen.

Die ersten Erfolge kann man bereits nach weniger als einer Woche beobachten. Das Kind/der Jugendliche sucht die Nähe zur Bindungsperson, Aggressionen treten zumindest im häuslichen Rahmen kaum noch auf (es sei denn nach Familienkontakten).

Die anfängliche Phase der Bindungsentwicklung dauert ca. sechs Wochen. In dieser Zeit sollten möglichst wenige neue Anforderungen an das Kind gestellt werden. Zum Beispiel sollte auf einen Schulbesuch verzichtet werden, andere Therapien oder Trainings sollten ausgesetzt werden, Familienbesuche sollten nur unter Teilnahme der Bindungsperson und nicht über Nacht erfolgen.

Die Bindungsperson braucht in dieser Zeit besondere Unterstützung durch ein kompetentes Team und einen kompetenten Ansprechpartner. Die Bindung - so eng sie auch sein muss - kann und darf nicht „intim“ sein, sondern sie muss kommunizierbar sein und reflektiert werden. Das Team muss die eingeführten Rituale fortsetzen, wenn die Bindungsperson nicht arbeitet. Außerdem verläuft die Bindungsentwicklung nie reibungslos und ohne Probleme. Für die Bindungsperson sind diese Probleme immer auch mit einer emotionalen Belastung verbunden, durch die sie sich selbst und ihr

Vorgehen in Frage stellt. Wenn sie keine Unterstützung und keine Möglichkeit der Reflexion hat, kann sie die Belastung auf Dauer nicht aushalten!

2. Phase: Grenzen setzen, Regeln und Strukturen vorgeben

In der ersten Phase der Bindungsentwicklung sollte man Grenz- und Regelsetzungen auf ein Minimum reduzieren. Es ist sinnvoll, eine Tagesstruktur und damit - wie schon beschrieben - Rituale einzuführen. Weiterhin ist es sinnvoll, soweit wie möglich die Nutzung aggressiver Symbole sowie die Möglichkeit der Identifikation mit aggressiven Vorbildern von vornherein zu unterbinden (z. B. bei Kleidung, Plakaten, Fernsehen, Musik usw.). Die Anbindung an aggressive Vorbilder erschwert den Anfang einer liebevollen Bindungsentwicklung erheblich. Meist verlieren die aggressiven Symbole bereits innerhalb der ersten zwei Wochen ihre Attraktivität.

Zu viele Grenzen am Anfang würden ohnehin dazu führen, dass die Kinder/Jugendlichen überhaupt nichts akzeptieren. Man muss immer bedenken, dass sie nichts zu verlieren haben und dass ihnen sogar ihr eigenes Überleben gleichgültig ist. Erst wenn eine sichere Bindung anfängt, sich zu entwickeln, haben sie etwas zu verlieren, nämlich den Menschen, den sie lieben und der sie liebt.

Wenn die Grundlagen einer sicheren Bindung gelegt sind, nach ca. 4 bis 6 Wochen, müssen Regeln und Grenzen konsequent eingeführt und deren Einhaltung durchgesetzt werden. Auch hier spielt die Bindungsperson die zentrale Rolle. Sie muss die Grenzen definieren, einführen und selbst „leben". Nur wenn sie selbst die Grenzen und Regeln „aus dem Bauch heraus" vertreten kann, wird das Kind sie übernehmen. Nur wenn sie sich nicht umstimmen oder umwerfen lässt, entwickelt sich die Bindung in Form einer „sicheren Bindung" weiter. Dabei sollte sich die Bindungsperson dessen bewusst sein, dass **Kinder die Werte, Normen und Regeln ihrer sozialen Umwelt nicht aus einer rationalen Einsicht heraus, auch nicht aus „Konditionierung" über Erfolg und Misserfolg übernehmen, sondern aus der *Identifikation mit ihrer Bindungsperson*.**

Wenn man im Team arbeitet, ist es besonders zu Beginn der 2. Phase erforderlich, eine gemeinsame Sprache zu sprechen und die von der Bindungsperson gegenüber dem Kind eingeführten Grenzen gemeinsam durchzusetzen. Dabei können sich gegenüber dem Kind ruhig alle anderen Betreuungspersonen auf die Bindungsperson berufen. Handeln einzelne Kollegen inkonsequent, hat am meisten die ohnehin schon belastete Bindungsperson darunter zu leiden.

3. Phase: den „Stiefmutterkonflikt" vermeiden - Elternarbeit

Bindungsstörungen mit Bindungsentwicklung ohne Eltern- bzw. Familienarbeit zu behandeln ist unmöglich. Gerade, wenn die Entwicklung einer sicheren Bindung optimal verliefe, käme für das Kind / den Jugendlichen früher oder später die Frage auf: „Bist du denn meine *richtige* Mutter oder mein *richtiger* Vater?" Ohnehin wird man es fast immer erleben - und sogar bei älteren Jugendlichen -, dass sie nach einigen Wochen Bindungsentwicklung wie zufällig „Mama" oder „Papa" zu ihrer Bindungsperson sagen. Allerdings - die leiblichen Eltern sind in unserer Kultur und Gesellschaft als *Identifikationspersonen*, über die letztendlich die persönliche Identität des Kindes bestimmt ist, nicht ersetzbar. Würden wir uns diesem Problem nicht stellen und so tun, als könnten wir über die Entwicklung einer sicheren Bindung die Eltern in dieser Hinsicht ersetzen, würden wir zwangsläufig einen *„Stiefmutterkonflikt"* erzeugen, d. h. den für das Kind unauflöslichen Konflikt darüber, wer denn seine *richtige* Mutter oder sein *richtiger* Vater sei.

Der Schlüssel zur Lösung dieses Problems liegt darin, dem Kind innerhalb und mithilfe der neuen Bindung zu beweisen, dass seine Eltern wertvoll sind und ihm diesen Wert der Eltern systematisch zu vermitteln. Elternarbeit hat in diesem Fall also nicht den Zweck oder das Ziel, Bindungsfähigkeit der Eltern herzustellen, sondern die elterlichen Ressourcen zu erforschen, zu beschreiben und damit für das Kind verfügbar zu machen. Am besten ist es, wenn die Bindungsperson an der Elternarbeit beteiligt ist und die Eltern insoweit persönlich kennt, dass sie dem Kind die Ressourcen seiner Ursprungsfamilie authentisch vermitteln kann.

Ziel der Elternarbeit ist es, das in der Familie enthaltene „symbolische Kapital" zu erforschen, zu beschreiben und dem Kind verfügbar zu machen (und nicht etwa den gesammelten „Familienschrott"). Die Methoden, die man dazu nutzt, können vielfältig sein und hängen von der persönlichen Art, der Erfahrung oder auch von der Ausbildung des Experten ab. Sie werden letztendlich durch den Erfolg gerechtfertigt.

Als einfach, Erfolg versprechend und durch viele persönliche Erfahrungen der Betreuungsperson gestützt hat es sich erwiesen, mit jedem Elternteil zusammen ein Fotoalbum über dessen eigene Ursprungsfamilie herzustellen und die Bilder mit Geschichten über die abgebildeten Personen zu versehen. Dabei ist immer auf die „Werthaltigkeit" der Informationen zu achten, damit das betreute Kind etwas zu „erben" hat.

In keinem Fall sollte man das Kind als Medium für die Elternarbeit benutzen oder gar dem Kind die Elternkontakte allein überlassen. Wie wir schon beschrieben haben, erfordert die (Identifikations-) Beziehung zu den Eltern nicht unbedingt den Kontakt des Kindes zu den Eltern. Insbesondere wenn ein Elternteil unter einer psychischen Erkrankung leidet, führt der unmittelbare ungeschützte Kontakt des Kindes zu diesem Elternteil bisweilen zu einer Zerstörung statt zu einer Erweiterung der Beziehung. Dies wiederum hat Rückwirkungen auf die Sicherheit der Bindung, indem sich das Kind von seiner Bindungsperson allein gelassen fühlt. Fakt ist, dass Kinder nicht selten dem einseitigen und unreflektierten Verständnis von Familie, das Bindung und Identifikationsbeziehung nicht voneinander trennt, geopfert werden.

Im Übrigen bedarf diese Art der Elternarbeit einer speziellen Qualifikation und Erfahrung, besonders dann, wenn die Eltern psychisch gestört oder psychisch erkrankt sind.

4. Phase: Reifung

Wenn man auch mit der Bindungsentwicklung auf den Entwicklungsstand eines Kleinkindes beginnt, heißt das nicht, dass das Kind / der Jugendliche jetzt die ganze zeitliche Differenz zu seinem Lebensalter an Zeit benötigt, um „nachzureifen". Wenn eine sichere Bindung entstanden ist, vollzieht sich dieser Prozess relativ rasch. In den meisten Fällen kann man schon noch einem halben Jahr große Entwicklungsfortschritte beobachten. Das Reden und das Fühlen des Kindes beginnen besser zusammenzupassen. Bei den Kindern entwickeln sich langsam Vernunft und die Fähigkeit, aus Einsicht zu handeln.

Für die Bindungsperson, die sich vielleicht gerade daran gewöhnt hat, das Kind wie ein Kleinkind anzunehmen, bedeutet das eine erhebliche Umstellung. Die Frequenz und die Intensität der Körperkontakte werden geringer. An die Stelle des „Bauches" tritt langsam der „Kopf". Während man in der Anfangszeit Diskussionen abblocken musste, wird es jetzt wichtig, mit dem Kind zu sprechen. Trotzdem sollte man nicht auf die Idee kommen, mit dem Kind/Jugendlichen Gespräche im Sinne einer „Gesprächstherapie" zu führen (auch nach zwei Jahren Bindungsentwicklung noch nicht!), um auf diese Weise negative Erlebnisse aus der Lebensgeschichte „aufzuarbeiten". Auch sollte man das Kind nicht zu „therapeutischen Zwecken" an andere Personen weiterreichen. Vielmehr sollte die Bindungsperson gemeinsam mit dem Kind diesen Reifungsprozess durchleben und ihm die eigenen Einstellungen und Werte vermitteln. Wenn es dann noch gelingt, nutzbare Ressourcen aus der Ursprungsfamilie einzubeziehen, ist die Entwicklungsprognose gut. Das größte Trauma für ein Kind ist, wenn es ohne sichere Bindung aufwachsen muss. Die „Aufarbeitung" aller anderen Traumata kann man getrost auf das Erwachsenenalter verschieben.

Bei den meisten Kindern mit einer Bindungsstörung kann man nach ca. zwei Jahren Bindungsentwicklung abschätzen, wie ihre Möglichkeiten als erwachsene Menschen einmal aussehen werden. Davon hängen auch die weiteren Schritte in Richtung Verselbstständigung ab. Alle Beteiligten sollten sich aber darüber klar sein, dass die Bindungsperson auch darüber hinaus noch als Ansprechpartner gebraucht wird.

Qualifikation der Betreuungsperson

Die **wichtigsten** Qualifikationsmerkmale für die dauerhafte Betreuung fremder Kinder kann man nicht in der Schule erlernen. Sie liegen in der Persönlichkeit der Bezugsperson, die wiederum das Resultat der eigenen Sozialisation ist. Eine Person, die selbst keine sichere Bindung erlebt hat, wird - auch wenn sie ein pädagogisches Fachstudium absolviert hat - große Probleme damit haben, fremden Kindern eine sichere Bindung anzubieten. Eine Person, die ihre Identität und ihren Lebensinhalt ausschließlich daraus bezieht, sich um andere Menschen zu kümmern, wird nicht in der Lage sein, den „Stiefmutterkonflikt" zu bearbeiten, weil sie Angst hat, das Kind an eine andere Person und damit ihre Daseinsberechtigung zu verlieren.

Bindungsentwicklung bedarf der Fähigkeit, als eigenständiger erwachsener Mensch „mütterlich" zu sein und „aus dem **Bauch** heraus" mit den Kindern umzugehen. Sie bedarf auch der Fähigkeit und Bereitschaft, die eigene Lebenserfahrung zur Grundlage des erzieherischen Handelns zu machen und dabei sich selbst und die Beziehung zum Kind zu reflektieren. Wenn diese persönlichen Voraussetzungen gegeben sind, sind alle anderen Dinge schulisch erlernbar, wie Möglichkeit zur Einschätzung des Entwicklungsstandes von Kindern, Planung und Umsetzung von Maßnahmen und Techniken, Arbeit mit den Herkunftseltern, Erforschen der familiären Ressourcen usw.

Schlussbemerkung

Die wissenschaftlichen Erkenntnisse der Bindungstheorie, aus denen die beschriebenen Vorgehensweisen abgeleitet sind, sind bereits über 50 Jahre alt und in der Forschung immer wieder neu belegt worden. Es ist bemerkenswert, wie und warum sie seit den 70er Jahren in Pädagogik und Psychologie nicht nur in Vergessenheit geraten sind, sondern dass sie regelrecht unterdrückt wurden. Erst in den letzten fünf Jahren hat man sie nach und nach wieder entdeckt.

Vielleicht passten sie nicht in das in den letzten Jahrzehnten vertretene Bild des Menschen als von Anfang an autonom sich selbst bestimmendes Individuums, das bereits im Kind den erwachsenen Menschen sieht. Viele der beschriebenen Maßnahmen mögen dem Leser und Anwender daher zunächst fremd bzw. für das tatsächliche Lebensalter des Kindes oder Jugendlichen unangemessen erscheinen. Nicht wenige „Experten" warnten uns in diesem Zusammenhang eindringlich vor der „Nähe zum sexuellen Missbrauch", wenn wir Bindung über vorsprachliche Kommunikationswege zum Jugendlichen aufbauten. Wir können nur empfehlen, unsere Vorschläge z. B. bei sehr aggressiven Jugendlichen auszuprobieren und sich auf die Entwicklung einer Bindung einzulassen. Betrachten Sie alle Gegenargumente, die Ihnen einfallen, für einige Zeit einmal als „Ausreden" und probieren Sie es trotzdem.

Literatur

Ainsworth, M. D. S., Blehar, M. C., Waters, E. & Wall, S. (1978): Patterns of attachment: A psychological study of the Strange Situation Hillsdale, N. J., Erlbaum.

Blum, Deborah: Die Liebe, der Forscher und das Stofftier. http://www.nzzfolio.ch/www/d80bd71b-b264-4db4-afd0-277884b93470/showarticle/c397d348-0908-42fd-93f9-45bb22424bc3.aspx (August 2007).

Bowlby, John (2006): Bindung. Ernst-Reinhardt-Verlag, München.

Bourdieu, Pierre (1997): Der Tote packt den Lebenden. VSA Verlag, Hamburg.

Bourdieu, Pierre (1987): Die feinen Unterschiede - Kritik der gesellschaftlichen Urteilskraft. Suhrkamp Verlag, Frankfurt.

Gebauer, Klaus / *Hüther*, Gerald (2001): Kinder brauchen Wurzeln. Walter Verlag, Düsseldorf.

Grossmann, Karin und Klaus (2003): Bindung und menschliche Entwicklung.
John Bowlby, Mary Ainsworth und die Grundlagen der Bindungstheorie
Klett-Cotta Verlag, Stuttgart.

Grossmann, Karin und Klaus (2004): Bindungen - das Gefüge psychischer Sicherheit.
Klett-Cotta Verlag, Stuttgart.

Hüther, Gerald / *Bonney*, Helmut (2002): Neues von Zappelphilipp. ADS/ADHS: verstehen, vorbeugen und behandeln. Walter-Verlag, Düsseldorf/Zürich.

Johnson, Helmut (1995: Das Genogramm in der systemischen Persönlichkeitsanalyse.
Aus: Zeitschrift „Mensch und System", Wittlich, http://www.institut-johnson.de/pdf/genogramm.pdf.

Johnson, Helmut (1997): Persönlichkeit als dialektisch-historisches System. Aspekte einer systemischen Persönlichkeitstheorie und ihrer Umsetzung in psychologischem Handeln.
http://www.institut-johnson.de/pdf/vortueb.pdf.

Keupp, Heiner u. a. (1999): Identitätskonstruktionen. Das Patchwork der Identitäten in der Spätmoderne. Rowohlt Taschenbuch Verlag GmbH, Reinbek bei Hamburg.

Nuber, Ursula (2005): Der lange Schatten der Kindheit. Psychologie Heute.

Regina Wintersperger

Mein neues Zuhause

Vom Glück oder/und Unglück in unterschiedlichen Systemen aufzuwachsen

Fremd untergebrachte Kinder leben mit und in unterschiedlichen Systemen. Vor dem Hintergrund meiner langjährigen Tätigkeit als Psychologin und Psychotherapeutin im SOS-Kinderdorf und den darauf beruhenden Erfahrungen und Erkenntnisse beschreibe ich hilfreiche Haltungen der verantwortlichen Erwachsenen für den Prozess des „Sowohl-als-auch“ von Herkunfts- und Fremdunterbringungssystem und erläutere diese Haltungen anhand von Beispielen aus der Praxis.

Die Ausgangssituation

Kinder, die für längere Zeit (langfristig) fremd untergebracht werden müssen, verlassen ihr altes Zuhause vordergründig. Im Herzen oder in ihrer Seele bleiben sie mit dem System ihrer Herkunft verbunden.

In den meisten Fällen ist die Anpassungsfähigkeit eines Kindes an ein neues System sehr groß. **„Dazugehören“ ist ein Grundbedürfnis jedes Menschen.** Es veranlasst auch ein Kind, rasch zu erfassen, welche Verhaltensweisen notwendig sind, um sich zu einem neuen System zugehörig zu fühlen. Je schneller es sich mit den Regeln des neuen

Systems identifizieren kann, umso eher kann es das Beziehungsangebot der stellvertretenden Eltern vorerst annehmen.

Dazu ein Beispiel: Thomas wird mit knapp vier Jahren zusammen mit seinem um 13 Monate jüngeren Bruder im SOS-Kinderdorf fremd untergebracht. Der Grund für die Aufnahme ins SOS-Kinderdorf ist der Drogenkonsum seiner Mutter und ihres Lebensgefährten. Der Vater des Jungen hat die Familie verlassen, als Thomas ungefähr ein halbes Jahr alt war.

Im neuen Zuhause von Thomas leben noch vier Mädchen im Alter von 13, 11, 10 und 8 Jahren. Unmittelbar nach der Aufnahme zeigt er sowohl in der Öffentlichkeit als auch in der Kinderdorffamilie ein exzessiv sexualisiertes Verhalten. Seine Kinderdorfmutter versucht ihm viel körperliche Nähe zukommen zu lassen, ihn abzulenken und ihm die Grenzen und Regeln ihres Familiensystems zu vermitteln. All dies zeigt wenig Veränderung bei ihm. Erst ihre klare Forderung, „wenn du **zu uns gehören willst**, dann lässt du die Mädchen in Ruhe“, wirkt wie ein Zauberwort; Thomas stellt sein sexualisiertes Verhalten schlagartig ein. Er besucht den Kindergarten und ist nun Schüler der Volksschule. Es gibt keine Beschwerden über ihn.

Bindungsliebe - biologische Kraft

Verhaltensauffälligkeiten unterschiedlichster Art bei fremd untergebrachten Kindern können immer wieder als Hinweis darauf verstanden werden, wie sehr ein Kind an seinen Eltern hängt. Es sehnt sich danach, dass seine tiefe Loyalität zu seiner Herkunft verstanden wird. Man kann sie als **Bindungsliebe verstehen, die wie eine biologische Kraft, unbewusst und unabhängig von gelebter Beziehung wirkt.**

Auch wenn ein Kind sehr früh, zum Beispiel als Baby, von den leiblichen Eltern getrennt wurde und seine primäre Bindung aufgrund von Beziehung zu anderen Erwachsenen (Pflege- oder Adoptiveltern) entstanden ist, die Bindungsliebe zur Herkunftsfamilie bleibt wirksam. Wo immer das Kind lebt, wie auch immer es aufwächst, die **Zugehörigkeit zu seinem Herkunftssystem** ist wie eingebrannt auf die Festplatte seines Lebens; es fühlt sich als Mitglied mitverantwortlich, was auch immer mit und in seinem Herkunftssystem passiert, unabhängig, wie seine Herkunft von außen bewertet wird, gleichgültig, wie es ihm dabei ergeht.

Gründe für die Loyalität und ihre Auswirkungen

Ein Kind verspürt beiden Elternteilen gegenüber eine tiefe, unbewusste Liebe. Sie haben ihm das Leben geschenkt und es ist deshalb bereit, für sie unbewusst vieles zu spüren, zu übernehmen und zu ertragen. Es fühlt sich verpflichtet, loyal gegenüber seinen Eltern zu sein, unabhängig davon, ob es seinen Vater oder seine Mutter kennt, ob sie eine Beziehung zu ihm wünschen oder ablehnen.

René kommt mit fast sechs Jahren zusammen mit seiner älteren Schwester ins SOS-Kinderdorf, weil ihr gemeinsamer Vater im alkoholisierten Zustand gewalttätig gegen ihre Mutter war und diese zusätzlich aufgrund ihrer psychischen Erkrankung nicht für ihre Kinder sorgen kann. Die Eltern haben sich im Streit getrennt und lassen aneinander kein gutes Haar. Die Mutter besucht ihre Kinder monatlich, der Vater sucht über Gericht um Besuchserlaubnis an, wogegen sich die Mutter vehement verwehrt.

Nach vier Monaten wacht René immer wieder weinend und schweißgebadet in der Nacht auf. Er kann uns nicht mitteilen, was ihn so beunruhigt. Nach reiflichen Überlegungen und mit Rücksprache beim Jugendamt stimmt das Gericht einer Besuchserlaubnis des Vaters zu.

Der Besuch wird gut vorbereitet und René und seine Schwester können sicher sein, dass sie keine Minute allein gelassen werden. Als René seinen Vater nach circa eineinhalb Jahren wiedersieht, rennt er mit ausgebreiteten Armen auf ihn zu und umarmt ihn stürmisch. Unmittelbar danach dreht er sich um und versichert sich, ob wir noch da sind. Der Besuch verläuft in ausgesprochen guter Atmosphäre. Seither schläft René in der Nacht durch.

Heute ist er dreizehn Jahre alt, sein Vater, der zwischenzeitlich immer wieder wegen Eigentums- und Gewaltdelikten in Haft ist, besuchte ihn in dieser Zeit drei Mal. Auch René hat Schwierigkeiten „mein" und „dein" zu unterscheiden, neigt jedoch nicht zu Gewalttätigkeiten.

Seine Mutter hat das Zugeständnis der Besuchserlaubnis nicht verstanden. René fühlt sich vordergründig seiner Mutter verbunden, indem er ihr versprach, dass er seinen Vater nie wieder sehen möchte. Heimlich jedoch blättert er immer wieder in seinem Fotoalbum mit den Bildern von den Besuchen seines Vaters.

Diese Ursprungsliebe, wie man sie auch nennen könnte, zeigt sich zum Beispiel in der Sehnsucht, bei der Mutter zu sein, auch wenn diese früh gestorben ist. Dies kann dazu führen, dass ein Kind sich aus Loyalität verpflichtet fühlt, seine Mutter in den Tod zu folgen. Seine tiefe, innige Liebe bindet also das Kind an das Schicksal der Mutter. Die Sehnsucht, der Mutter nachzufolgen, wird manchmal nur gefühlt, aber nicht als Tat vollendet. Lebensbedrohliche Verhaltensweisen, Krankheiten in der Kindheit oder auch erst im Erwachsenenalter hängen manchmal mit dieser Liebe zusammen.

Tiefe Bindungsliebe bei Kindern bewirkt, dass sie sich um ihre Eltern sorgen und meinen, sich um sie kümmern zu müssen. Es entsteht vielfach eine Allmachtsphantasie, eine „magische Haltung", die ihnen vortäuscht, dass sie mit ihrer bedingungslosen Liebe ihre Eltern retten oder Schweres abwenden könnten. In der Meinung, nur wenn sie ihre Eltern genug lieben, sich genug für sie aufopfern, könnten sie für sie das Glück herbeizwingen.

Es ist schwer zu verstehen, dass allein archaische und blinde Liebe der Kinder zu ihren Elternteilen der Grund für unverständliche und auffällige Verhaltensweisen bzw. für das Auftreten von Krankheitssymptomen ohne organischen Ursprung ist.

Man könnte auch meinen, dass es unbewusste Aufträge der Eltern, wie „bleib uns treu", „kümmere dich um uns" oder „trag das schwere Schicksal mit uns" sind, die Kinder zu auffälligen, oft unverständlichen Verhaltensweisen veranlassen. Erst in therapeutischen Prozessen wird oft sicht- und erlebbar, wie wenig zielführend diese Art von Liebe ist; sie wird als Ohnmacht erfahren und es gehört zu den schmerzlichsten und tiefsten Gefühlen, die „Machtlosigkeit von Liebe" zu spüren.

Gelingt es in so einem Prozess jedoch, nicht nur sich, sondern auch seine Eltern als liebend zu erleben, so sichert und verstärkt dieses Wahrnehmen die individuelle Kraft und Stärke der Persönlichkeit.

Grundordnungen - wirksame Kräfte im System

Ein „gemeinsames Gewissen" oder Kraft in der Herkunftsfamilie wacht darüber, dass bestimmte Grundordnungen in dem System eingehalten werden:

- Alle, die dazugehören, haben das gleiche Recht auf Zugehörigkeit.
- Wer zuerst kommt, kommt zuerst; und wer danach kommt, kommt danach.

Die Ordnung wird durch die zeitliche Abfolge bestimmt: Das „Gesetz" der Ursprungsordnung regelt, dass jeder den Platz in einem Beziehungssystem einnimmt, der ihm zusteht und der ihm gemäß ist.

Zum Herkunftssystem gehören die leiblichen Eltern und ihre Geschwister, die Geschwister der Kinder sowie Halbgeschwister, frühere Partner der Eltern und Großeltern. Ebenso haben alle Verstorbenen und Totgeburten eine Bedeutung (Hellinger, 2001, S. 141). In manchen Fällen zählen auch Bezugspersonen aus früheren Pflegebeziehungen dazu.

Wird nun einem Mitglied die Zugehörigkeit abgesprochen, etwa aufgrund schwerer Schuld, psychischer Erkrankung, unehelicher Geburt, oder wird ein Mitglied vergessen, weil es früh verstorben ist, so kann dies dazu führen, dass ein anderer seine Stelle einnimmt: Ein Kind verhält sich so wie jene ausgeschlossene Person, damit diese nicht vergessen wird. Es meint, diese Person vertreten zu müssen als „lebendige Erinnerung", um so eine Lücke im System zu schließen bzw. die Ordnung wieder herzustellen. Dieser Vorgang ist auch zu berücksichtigen, wenn Verhaltensweisen von Kindern nicht zu verstehen sind, pädagogische Maßnahmen nicht greifen.

Förderliche bzw. hinderliche Haltungen

Das fremd untergebrachte Kind lebt also in der Spannung, sich unterschiedlichen Systemen zugehörig zu fühlen. Das Wissen um diese Zusammenhänge soll den verantwortlichen Erwachsenen ermöglichen, förderliche Haltungen zu entwickeln.

Ein echter Brückenpfeiler zwischen da und dort ist die Zustimmung der leiblichen Eltern zur Fremdunterbringung. Auch wenn diese Zustimmung nicht verbal vermittelt werden kann, können die Eltern dies durch ihre wertschätzende Haltung den stellvertretenden Eltern gegenüber zeigen. Sie bejahen, was diese an ihrer Stelle für das Kind tun. Damit erlauben sie ihren Kindern, neue Beziehungen aufzubauen und Bindungen einzugehen. Sie ermöglichen dadurch, dass ihre Kinder das Neue, das diese erleben, annehmen dürfen. Gelingt es den Eltern, die Bedürfnisse ihrer Kinder einigermaßen wahrzunehmen und nicht nur ihre eigenen in den Vordergrund zu rücken, so ist diese Haltung der Eltern für den Integrationsprozess ihrer Kinder („dazuzugehören") in das System der Fremdunterbringung ihrer Kinder förderlich.

Es ist eine herausfordernde Aufgabe guter Sozialarbeit, Eltern in diese Richtung zu führen und zu unterstützen, ihnen die oft schmerzliche Erkenntnis zuzumuten, dass die Fremdunterbringung zum Wohle ihrer Kinder erfolgt. Diese Form von Klarheit bedeutet für die Kinder Entlastung.

Trotz ihrer Sorge sind die Eltern dieser Kinder nicht in der Lage, ihnen das zu geben, was sie für *ihre* Entwicklung brauchen. Die Erfahrung zeigt, dass vielen dieser Eltern die Kraft spendende Verbindung zu ihren eigenen Wurzeln fehlt. Sie können selbst ihre Eltern, die ihnen ihr Leben geschenkt haben, nicht annehmen. Sie sind oft abgeschnitten von dem Fluss des Lebens und besitzen daher wenig Kraft, für ihre Kinder altersgemäß und verantwortungsvoll zu sorgen. Meist reicht sie nur aus, ihr eigenes Leben zu meistern, und sie ziehen sich nach der „Abnahme" ihrer Kinder zurück.

Oft behindern Schuldgefühle, geringer Selbstwert, ein Gefühl von Minderwertigkeit diese Eltern, ein verantwortungsgemäßes Verhalten ihren Kindern gegenüber an den Tag zu legen. Manche stellen bei Besuchen Forderungen an die stellvertretenden Eltern, wie diese ihre Kinder zu erziehen haben, machen den stellvertretenden Eltern Vorwürfe, wenn es nicht in der von ihnen geforderten Weise passiert. Sie versprechen ihren Kindern Dinge, die sie nicht einhalten können: „Nächste Weihnachten seid ihr wieder bei uns zu Hause" oder „Wir kommen euch jeden Monat besuchen und dann bekommt ihr …" Mit solchen Verhaltensweisen verunsichern die Eltern ihr Kind, es weiß nicht mehr, was es glauben darf und wie weit es den Eltern vertrauen kann.

Wenn Eltern wenig Einsicht in ihre Erziehungsunfähigkeit zeigen, nehmen die Kinder auch die Schuld für ihr Wegkommen von den Eltern auf sich: „Weil wir so schlimm waren, deswegen haben wir weg müssen …"

Es stellt sich die Frage, inwieweit Elternbesuche dieser Art zum Wohle der Kinder sind.

Die Kinder in Frieden aufwachsen lassen - Eltern ziehen sich zurück

Ein Fallbeispiel: Eine Geschwistergruppe von vier Mädchen im Alter von sieben, fünf, drei und zwei Jahren wird im SOS-Kinderdorf über Antrag der Jugendwohlfahrtsbehörde aufgenommen. Anlassfall für die Fremdunterbringung ist die körperliche Misshandlung der drei älteren Mädchen durch den Lebensgefährten der Kindesmutter, der gleichzeitig der Kindesvater des jüngsten Mädchens ist. Die Unterbringung erfolgt in einer SOS-Kinderdorf-Familie, die von einer SOS-Kinderdorf-Mutter mit einem eigenen fünfjährigen Kind neu gegründet wurde.

Zur Herkunftsgeschichte der Kinder: Ihre Großmutter verstarb, als ihre Mutter gerade erst zwölf Jahre alt. Ihre leiblichen Eltern waren verheiratet. Der Vater hatte dreieinhalb Jahre vor der Aufnahme der Mädchen ins SOS-Kinderdorf Selbstmord verübt, der Nachbar und Freund der Familie zieht nach dem Selbstmord zur Kindesmutter. Ein Jahr später kommt ihr viertes Kind, eine gemeinsame Tochter zur Welt.

Während des ersten Besuches „seiner Kinder" im SOS-Kinderdorf macht der damalige Lebensgefährte und spätere Ehemann der Kindesmutter unerlaubterweise Video- und Tonbandaufzeichnungen. Er will dokumentieren, wie schlecht es „seinen" Kindern ergehe. Daraufhin wird vonseiten des Jugendamtes ein Besuchsverbot verhängt. In der Folge gibt es eindreiviertel Jahre keinerlei Kontakte von den Kindeseltern zu ihren Kindern. Erst eine Karte aus Griechenland ist für die Kinder wieder ein Lebenszeichen von ihnen. Die Eltern teilen mit, dass sie geheiratet hätten und in Kürze zu Besuch kommen wollten. Die Kinder reagieren mit Erleichterung. Gleichzeitig werden damit viele Erinnerungen an ihr früheres Zuhause wach. Das allmählich entstandene gute Familienklima in der SOS-Kinderdorf-Familie ist plötzlich verändert: Streit und Eifersucht um die Gunst der SOS-Kinderdorf-Mutter sind an der Tagesordnung. Die SOS-Kinderdorf-Mutter kann durch ihre Versuche, die Situation zu bewältigen, keine Veränderungen in der Dynamik bewirken: jeder gegen jeden.

Als Fachkraft, die für begleitende Elternarbeit zuständig ist, bin ich davon ausgegangen, dass sich die Dynamik in der Familie ändern würde, wenn der Kontakt zur Kindesmutter hergestellt und die angekündigten Besuche auch von ihr wahrgenommen werden. Ebenso erhoffte sich die SOS-Kinderdorf-Mutter dadurch eine Änderung der Verhaltensweisen der Kinder. Die Besuche finden anfangs regelmäßig unter meiner Begleitung einmal im Monat statt. Bei der Begrüßung sowie bei der Verabschiedung ist die SOS-Kinderdorf-Mutter anwesend. Die Beziehung der Kindesmutter zu ihren Töchtern erlebe ich als liebevoll, differenziert und der Situation gemäß.

Zwischenzeitlich hat sich die Kindesmutter vom Kindesvater der jüngsten Tochter wegen Misshandlung scheiden lassen, lebte dann jedoch wieder mit ihm in Lebensgemeinschaft, aus der zwei Buben entstammen. Zurzeit ist sie wieder mit dem Vater ihrer drei letztgeborenen Kinder verheiratet, obwohl er sie nachweislich immer wieder körperlich misshandelt. Die Kindesmutter reagiert darauf, indem sie mit ihren Kindern für einen kurzen Zeitraum in verschiedenen Frauenhäusern Schutz sucht. Derzeit lebt sie getrennt von ihm.

Ihre Entscheidung, mit dem gewalttätigen Mann immer wieder zusammenzuleben und ihn dadurch ihren drei Töchtern vorzuziehen, hatte Auswirkungen auf ihre Kinder, die ich erst viel später verstanden habe. Das Verhalten ihrer Kinder in der SOS-Kinderdorf-Familie verschlimmerte sich: sie prügelten einander, zerstörten ihr Spielzeug, im Dorf gingen sie mit Stöcken auf andere Kinder los. Die Älteste erbrachte bei normaler Intelligenz einen schlechten Schulerfolg.

Alle im SOS-Kinderdorf an der Betreuung beteiligten Erwachsenen waren ratlos, wie den Kindern geholfen werden könnte, es gelang vorerst nicht, ihre „Signale" richtig zu interpretieren. Die SOS-Kinderdorf-Mutter ist am Ende ihrer Kräfte und reagiert mit Schuldzuweisungen an die Kinder. Nach zweieinhalb Jahren Betreuung beendet sie ihr Dienstverhältnis. Die SOS-Kinderdorf-Familienhelferin, die schon über einen längeren Zeitraum mit großem Engagement in dieser SOS-Kinderdorf-Familie gearbeitet hat und den Kindern liebevoll zugetan ist, übernimmt vorübergehend die Funktion der SOS-Kinderdorf-Mutter. Es stellt sich die Frage, ob sich das Verhalten der Kinder durch eine neue Bezugsperson positiv verändern könnte oder ob es zielführender wäre, diese Kinder aufgrund ihrer vielen Trennungserfahrungen (Suizid des Kindesvaters der drei älteren Kinder, Kindesmutter bleibt beim gewalttätigen Partner, die Kinder werden aufgrund dessen abgenommen; auch die SOS-Kinderdorf-Mutter verlässt sie) von mehreren Personen wie in einem Heim betreuen zu lassen.

Zur Klärung dieser Frage - was den Kindern helfen würde und welche Bedeutung die leiblichen Eltern einnehmen - habe ich die **Methode des Familienstellens** herangezogen. Diese bietet die Möglichkeit, die Art und Weise des Eingebundenseins im Gegenwarts- oder Ursprungssystem zu verdeutlichen (siehe auch: Bert Hellinger, Die Quelle braucht nicht nach dem Weg zu fragen, S. 246).

Durch eine Aufstellung dieses Anliegens wird deutlich, dass zu lange auf das falsche Pferd gesetzt wurde. Das Lösungsbild stellt sich folgendermaßen dar: Den Repräsentanten der Kinder geht es auf ihren Plätzen erst gut, nachdem sich die Repräsentantin der **leiblichen Mutter** von ihnen **abgewandt** hat. Die Kinder stehen im Halbkreis um eine mögliche neue Bezugsperson (SOS-Kinderdorf-Mutter), für die Jüngste ist sie am wichtigsten. Gleichzeitig ist auch die Nähe zu ihrem leiblichen Vater von Bedeutung. Für die anderen drei Kinder ist der Blick zu ihrem toten Vater bedeutsam. Dadurch wird deutlich, dass sich die Kinder auf eine neue Bezugsperson einlassen können, wenn sich die leibliche Mutter im Hintergrund hält.

Mit diesem Lösungsbild im Hintergrund übernimmt eine neue SOS-Kinderdorf-Mutter die Familie. Obwohl sie um die Schwierigkeit dieser Kinder weiß, ist ihr uneingeschränktes Ja zu ihnen spürbar. Der Anfang ist, wie erwartet, heftig: „Du bist eine gemeine Mutti, ich sag es meiner Mama (Kindesmutter) und die sucht uns eine andere ..." (Aussage der 7-Jährigen). Die täglichen Reflexionsgespräche ermöglichen es ihr, schneller und präziser den Weg zueinander wahrzunehmen.

Die leibliche Mutter wird gebeten, sich zurückzuziehen und ihre Kinder im SOS-Kinderdorf in Ruhe aufwachsen zu lassen. Sie stimmt dem Vorschlag zu, da sie offensichtlich erkannt hat, dass sie durch ihr Nicht-Loskommen von dem gewalttätigen Mann ihre Kinder verloren hat.

In den letzten sieben Jahren ist Ruhe in die SOS-Kinderdorf-Familie eingekehrt. Konflikte untereinander lösen sie großteils durch Verhandeln. In Stresssituationen zählt immer noch das Prinzip des Stärkeren durch körperliche Gewalt. In dieser Zeit kommt es erstmals zu einem Kontakt mit dem väterlichen Großvater, der seit dem Tode seines Sohnes nichts von seinen Enkelkindern wissen wollte. Der Großvater mütterlicherseits kümmert sich regelmäßig um seine Enkelkinder. So erleben die Kinder konkret die Verbindung zu ihren Wurzeln.

Der neuen SOS-Kinderdorf-Mutter ist es gelungen, allen denjenigen, die „vor ihr waren", einen würdigen Platz einzuräumen und ihren rechten Platz einzunehmen. Die Kinder können sich ihr gegenüber verbal gut äußern und zeigen, was sie bedrückt und wie sehr sie glücklich sind, sie zu haben. Sie ist in der Zwischenzeit „ihre Mutti geworden". Die damals Siebenjährige äußerte beispielsweise: „Du bist meine Glücksmutti! Halt mich ganz fest, ich komm jetzt in mein Heimatloch, ich hab dich lieb!"

Zurzeit beginnt aufgrund des Lebensalters der Mädchen wieder ein neuer Prozess der Veränderung (Ablösung). Die Älteste ist Verkäuferin im zweiten Lehrjahr mit gutem Erfolg und wohnt als knapp 18-Jährige selbstständig in der Nähe des Dorfes. Sie telefoniert täglich mit ihrer leiblichen Mutter. Die Zweitälteste, sie wird 16 Jahre, versuchte längere Zeit erfolglos, ihre leibliche Mutter dazu zu bewegen, bei ihr leben zu können. Zurzeit lebt sie in einer Wohngemeinschaft in näherer Umgebung der Kindesmutter, macht eine Anlehre als Verkäuferin, besucht ihre leibliche Mutter regelmäßig und telefoniert oft mit ihrer SOS-Kinderdorf-Mutter. Die jüngeren Mädchen leben noch in der SOS-Kinderdorf-Familie.

Mit diesem Fallbeispiel wird deutlich, wie heilend es für Kinder sein kann, wenn Elternteile der Wirklichkeit zustimmen können, die Verantwortung für ihr Verhalten übernehmen und die Folgen ihrer Entscheidung tragen: In diesem Fall bedeutet das, dass die Kindesmutter bewusst auf die Besuche bei ihren Kindern verzichtet und sie damit die Kinder in Frieden aufwachsen lässt und dennoch lebenslänglich ihre MAMA bleibt.

Es ist in jedem Einzelfall zu beurteilen, inwieweit Elternbesuche zum Wohle des Kindes sind. Bei diesen Entscheidungen ist darauf zu achten, dass ein Kind sich nicht von seinen Wurzeln abgeschnitten fühlt - Qualität geht vor Quantität.

Neues Familiensystem

Stellvertretende Eltern: Glück oder Unglück?

Das Angebot stellvertretender Eltern, langfristig für Kinder da zu sein sowie Bindungen einzugehen und zu halten, sich mit Herz und Verstand voll und ganz für sie zu engagieren, ist eine Chance, dass verwahrloste, missbrauchte und im Stich gelassene Kinder ihr Leben meistern können. Werden sie angenommen, wie sie sind, mit all ihren Sonnen- und Schattenseiten, öffnet sich für sie ein Weg, dass sie später das Gute, das sie erfahren haben, weitergeben können.

Dies setzt voraus, dass die stellvertretenden Eltern die „Kraft der Wurzeln des Lebens" würdigen und wissen, dass sich im Kind Vater und Mutter „zeigen". Gleichzeitig kennen sie auch die Sehnsucht eines Kindes nach Schutz, Sicherheit, Halt und Geborgenheit und das Bedürfnis, auf dieser Welt willkommen zu sein. Dies dem Kind geben zu wollen, ist eine starke Triebfeder, um die Aufgabe stellvertretender Elternschaft zu übernehmen. Das Kind zu entdecken, bedeutet auch Fremdes, Anderes zuzulassen. Wie mit dem nicht so Vertrauten umgegangen wird, entscheidet, ob und wie ein Kind sich angenommen fühlt: Schauen die stellvertretenden Eltern weg, macht es ihnen Angst? Oder sind sie neugierig, wie Menschen sich unterschiedlich entwickeln können? Können sie in den Kindern die leiblichen Eltern erkennen, wie zum Beispiel die großen Augen vom Papa, das Lachen von der Mama? Oder nehmen sie die Eltern als Menschen wahr, die versagt haben, unzuverlässig sind, Schwierigkeiten und Probleme machen, zusätzliche Versorgung brauchen oder deren Besuche ein Unruhefaktor im Familienleben sind? Beide Wahrnehmungen sind

Realität. Wie jedoch die stellvertretenden Eltern diese Wahrnehmungen bewerten, das ist dafür entscheidend, wie sich Kinder fühlen.

Gelingt es ihnen zum Beispiel, unangemessene Geschenke der leiblichen Eltern bei Besuchen der Kinder (z. B. Unmengen von Süßigkeiten ...) als Ausdruck ihrer Liebe zu interpretieren, so werden die Kinder ihnen das mit Vertrauen danken.

Stellvertretende Eltern können aufgrund unterschiedlicher Wirklichkeiten verleitet sein, sich als die besseren Eltern zu fühlen. Werden die leiblichen Eltern nicht entsprechend gewürdigt, hätte es zur Folge, dass sich das Kind als minderwertig und schlecht erlebt und sich nicht zum neuen System dazugehörig fühlen möchte.

Oder die stellvertretenden Eltern lassen sich dazu verleiten, die Herkunft und die Geschichte des Kindes zu verschweigen, weil sie glauben, ihm sein Schicksal nicht zumuten zu können. Dies kann bedeuten, dass sich ein Kind von seinen Wurzeln abgeschnitten fühlt, ein Suchender bleibt und nicht ankommen kann. Die Kraft, die aus dem Wissen und der Bewältigung seiner Herkunft und seines Schicksals kommt, wird damit unterbunden.

Fachkräfte: die verbindende Kraft als Qualitätskriterium

Eine besondere Art von Qualität ist es, wenn in einem Fremdunterbringungssystem eine Fachkraft eingesetzt wird, der das „systemische Denken“ vertraut ist und die nicht direkt in den pädagogischen Alltag eingebunden ist. Sie sollte um die Fakten der Herkunft der Kinder Bescheid wissen und mit den stellvertretenden Eltern regelmäßig Reflexionsgespräche führen.

Um als verbindende Kraft zwischen Herkunftssystem und System der Fremdunterbringung zu wirken, muss die Fachkraft sich wertschätzend gegenüber den leiblichen Eltern **und** den stellvertretenden Eltern verhalten. Sie weiß um die tiefe Liebe der Kinder zu ihren Eltern und um die „not-wendende“ Versorgung, Unterstützung und Förderung der Kinder durch die neuen Bezugspersonen. Sie hat das Ziel vor Augen, wie die beiden Systeme im Kind einen Platz haben können. Die Kinder erleben sie in ihrem Sein und Tun als Bindeglied zwischen ihren Wurzeln und ihrem neuen System. Vor allem in schwierigen Situationen, beispielsweise bei gerichtlichen Abnahmen, kann nicht selbstverständlich von den beschriebenen förderlichen Haltungen zueinander ausgegangen werden. Die Erfahrung zeigt, dass es in solchen Situationen für die stellvertretenden Eltern entlastend ist, wenn die Begleitung der leiblichen Eltern von einer Fachkraft übernommen wird. Ihr obliegt die Verantwortung für die konkrete Beziehungsgestaltung und Auseinandersetzung zwischen den leiblichen Eltern und den stellvertretenden Eltern zum Wohle des Kindes. Es zählt zu ihren **Aufgaben**, dass sie in Übereinstimmung mit den stellvertretenden Eltern und den leiblichen Eltern die Besuche (in manchem Fällen auch mit dem Jugendamt) vereinbart, den Ablauf organisiert und bei Bedarf auch selbst dabei ist. Es geht darum, dass sich die Kinder genügend beschützt und sicher fühlen. Weiters reflektiert sie mit den stellvertretenden Eltern den Besuchsverlauf und die Reaktionen der Kinder und setzt Maßnahmen, wenn Veränderungen nötig sind. Im Vorfeld ist sie einerseits Ansprechpartnerin für Beschwerden, Unzufriedenheiten, aber auch für die Sorgen der leiblichen Eltern, vor allem wenn es um ihre Rückführungswünsche geht. Die Probleme der Eltern werden dadurch in Gesprächen außerhalb der Besuchskontakte besprochen.

Eine Haltung der Fachkraft, die die leiblichen Eltern als ebenbürtige Partner respektiert, ermöglicht, dass Eltern ihre Wirklichkeit, die zur Abnahme ihres Kindes geführt hat, anerkennen. Dies gelingt eher, wenn dabei deren Liebe zum Kind gesehen und geachtet wird und die Hintergründe wertschätzend und nicht beurteilend in Erinnerung gerufen werden: „Sie selbst wissen, was passiert ist. Wenn Ihnen das Kind am Herzen liegt und Sie es lieben, können Sie sehen, wie es jetzt dem Kind geht." Dadurch wird ein Prozess möglich, in dessen Verlauf die Eltern der Wirklichkeit auch innerlich zustimmen können. Auch wenn die Eltern selbst am besten wissen, welche Gründe zur Abnahme des Kindes geführt haben, verdrängen oder verleugnen sie diese oft und sehen die Ursache dafür in äußeren Umständen. Das Verhalten der Eltern wird damit nicht entschuldigt. Würde dies passieren, würden die Erfahrungen und Erinnerungen der Kinder an ihre Erlebnisse geleugnet werden.

Weiters zählt es zu den wohl schwierigsten Aufgaben der Fachkraft, den Eltern mitzuteilen, wenn es zum Wohle ihres Kindes ist, die Besuchsquantität zu verringern bzw. sich zurückzuziehen.

Reflexionsgespräche

In Gesprächen mit stellvertretenden Eltern wird die Situation aller Beteiligten reflektiert. Ziel ist es, gemeinsam nach kreativen Lösungen bei Verhaltensauffälligkeiten der Kinder zu suchen. Hilfreich dabei ist das Aufzeigen von Übertragungssituationen, wie zum Beispiel: Wie oft „verwechselt" ein Kind seine Pflegemutter mit der leiblichen Mutter? Solche schwierigen Situationen sind leichter zu meistern, wenn man weiß, dass oft bloß ein falsches Wort Auslöser für eine Übertragungssituation sein kann. Bei heftigen Emotionsentladungen hilft der stellvertretenden Mutter die innere Vorstellung, dass sie sich **neben** die leibliche Mutter stellt, der diese Energie gilt.

Wenn das Verhältnis zwischen stellvertretender Mutter und leiblicher Mutter aufgrund einer Übertragung so ausweglos verstrickt ist, dass es allein mit nüchterner Betrachtungsweise nicht gelingt, die Situation zu entflechten, ist für alle Beteiligten eine andere Unterbringungsform entlastend, zum Beispiel ein Setting wie Wohngemeinschaften mit Sozialpädagogen, in denen es kein vordergründiges Beziehungsangebot einer stellvertretenden Mutter gibt.

Manchmal verhalten sich stellvertretende Eltern so, als ob sie persönlich von den leiblichen Eltern ihrer Pflegekinder verletzt, geschlagen, allein gelassen und aufgrund nicht eingehaltener Versprechungen enttäuscht wurden. Wie können sie dann aber Hilfe und Unterstützung für ihr Pflegekind sein, wenn sie in dieser Auseinandersetzung gefangen sind? Wie können die Kinder selbst einmal Stellung beziehen, wenn die Trauerarbeit oder Wut und Ärger die stellvertretenden Eltern schon übernommen haben? So ist Stellvertretung nicht zu verstehen! In solchen Situationen ist der Hinweis angebracht, dass stellvertretende Eltern ihrem Pflegekind das Schicksal nicht abnehmen können und eine distanzierte Haltung angebracht wäre.

Oft hilft es, den stellvertretenden Eltern eine andere Sichtweise über das Verhalten der leiblichen Eltern anzubieten, damit sie ihrer Aufgabe gerecht werden, die Pflegekinder mitfühlend und verstehend zu begleiten.

Nur wenn beide Systeme berücksichtigt werden, kann man „ohne zu erblinden" gut wahrnehmen, wo der Schlüssel für einen Veränderungsprozess im oft unverständlichen Verhalten eines Kindes zu finden ist. Man ist möglicherweise geneigt, alle Schuld in der Geschichte des Kindes zu suchen. Jedoch können unverarbeitete traumatische Erlebnisse in der Kindheit der stellvertretenden Eltern, das nicht angenommene eigene schwere Schicksal oder Partnerschaftsprobleme der stellvertretenden Eltern die Ursache sein, warum Pflegekinder nicht ihren Bedürfnissen gerecht betreut werden.

Von der Warte des **Kindes** aus ist die **Fachkraft** eine „neutrale" Person, die in ihrem Herzen sowohl seine leiblichen Eltern als auch seine stellvertretenden Eltern würdigt. Daher fühlt es sich mit seinen Sehnsüchten, schmerzlichen Erlebnissen und Enttäuschungen, aber auch Fragen zu seiner Herkunft verstanden. Seine stellvertretenden

Eltern will es damit nicht belasten, weil es meint, sie könnten dadurch enttäuscht oder gekränkt werden und es könne damit die neu gewonnene Geborgenheit aufs Spiel setzen.

Das Herstellen eines Genogramms als visuelles Diagramm des Familienstammbaums für ein fremd untergebrachtes Kind ist oft nur mit detektivischem Interesse in mühsamer Kleinarbeit möglich, um konkrete Informationen über die Wurzeln der Herkunft zu erfahren. Das Besprechen dieses Genogramms als übersichtliche Darstellung des Herkunftssystems bedeutet oft Ordnung und Orientierung. Manches Mal sind die Informationen auch die Bestätigung für das innere Wissen des Kindes. Dies kann ein Teil seiner Biografiearbeit sein.

„Mein neues Zuhause" kann als Glück bezeichnet werden, wenn ein Kind bewusst erlebt und gespürt hat, wie sehr es um seiner selbst willen geliebt wird, und wenn es seinen Platz im neuen System hat. Das Bedürfnis nach Zugehörigkeit wird ausreichend befriedigt („Du gehörst zu uns"), weil auch sein Bedürfnis nach Zugehörigkeit zu seiner Herkunftsfamilie anerkannt und ihm Rechnung getragen wird. Dann hat es die unterschiedliche Qualität an Zugehörigkeiten wahrgenommen.

Literatur

Hellinger, Bert (1996): Die Mitte fühlt sich leicht an.
Kösel Verlag, München.

Hellinger, Bert (2001): Die Quelle braucht nicht nach dem Weg zu fragen.
Carl-Auer Verlag, Heidelberg.

Hellinger, Bert (2002): Der Austausch.
Carl-Auer Verlag, Heidelberg.

Schneider Jakob / *Gross* Brigitte (2000): Ach wie gut, dass ich es weiß.
Carl-Auer Verlag, Heidelberg.

Franke-Gricksch, Marianne (2001): Du gehörst zu uns!
Carl-Auer Verlag, Heidelberg.

Eliacheff, Caroline (1997): Das Kind, das eine Katze sein wollte.
Deutscher Taschenbuch Verlag, München.

Gemeinsam geht es leichter

Stationen eines Leben in der norwegischen Jugendfürsorge

Als wir 1989 nach sieben Jahren in den Niederlanden wieder zurück nach Norwegen übersiedelten, zogen meine Eltern in eine neue Siedlung, die von allen Bewohnern gleichzeitig bezogen wurde. Dort fand ich viele Freunde, einige waren älter als ich, andere jünger. Nach und nach geriet ich in schlechte Kreise, in denen Kleinkriminalität kein Tabu war. Meine Eltern versuchten, meinen Umgang zu kontrollieren. Doch als sturer Elfjähriger interessierte es mich nicht, wenn sie sagten, ich solle etwas tun oder lassen. Ich trotzte allen Regeln und machte das, worauf ich selbst Lust hatte.

In der sechsten Schulstufe wurde die Situation so schwierig, dass ich auf eine Internatsschule geschickt wurde. Dort wohnte ich mit zehn anderen Jungen zusammen. Ich gehörte zu den jüngsten Schülern und bewunderte die älteren. Rückblickend erkenne ich, dass diese Schule einen positiven Einfluss auf mich hatte; ich bin froh, diese kurze Zeit - es waren nur fünf Monate - dort verbracht zu haben.

Ich zog wieder nach Hause. Für kurze Zeit funktionierte dort alles ganz gut. Dann wurde wieder alles wie früher, ich war mit den alten Freunden zusammen und wurde wieder kriminell.

In Norwegen wird man normalerweise konfirmiert, wenn man die achte Schulstufe besucht. Wie alle anderen freute ich mich auf diesen Tag. Ich hatte damit gerechnet, mich für den Rest meines Lebens an einen glücklichen Tag zu erinnern. Dass er mir als einer der schlimmsten in Erinnerung bleiben sollte, kam wie ein Schock. Ich ging zur

Kirche, um mich konfirmieren zu lassen, danach ging ich nach Hause und verbrachte einen normalen Sonntag. Es gab weder eine Feier noch Geschenke.

Am Tag nach meiner Konfirmation lief ich von Zuhause weg. Seither befinde ich mich im System der Jugendfürsorge.

Als ich von zu Hause weglief, kam ich zuerst in ein Jugendwohnheim für dringende Fälle. Hier konnte man maximal drei Monate wohnen, ehe man weiterziehen musste. Ich zog in ein anderes Jugendwohnheim außerhalb der Stadt, in dem elf andere Jugendliche im Alter von 13 bis 18 Jahren wohnten. In diesem Jugendwohnheim lebten Jugendliche mit allen erdenklichen Problemen. Es war nicht nur angenehm, dort zu wohnen. Das Heim hatte eine eigene Internatsschule. Wie nicht anders zu erwarten, lernten wir in diesem Jahr, in dem wir in diese Schule gingen, nicht viel. Wir Jugendliche fanden es viel lustiger, draußen zu sein und Blödsinn zu machen als drinnen bei den Hausaufgaben zu sitzen. Auch am Abend stachelten wir einander immer wieder auf, um zu sehen, wer ohne erwischt zu werden die schlimmeren Sachen machen konnte. Ich sah bald ein, dass ich in diesem Heim nicht die Unterstützung bekommen würde, die ich brauchte. Deshalb war ich froh und zufrieden, als ich nach eineinhalb Jahren auszog, auch wenn ich zu einer Pflegefamilie musste.

Ich kann mich an den Tag, an dem ich bei der Pflegefamilie einzog, sehr gut erinnern. Es gingen mir eine Menge Fragen durch den Kopf: Warum sollte gerade ich hier wohnen? Warum wollten sie gerade mich und nicht jemand anderen haben? Sie wussten ja gar nicht, wer oder wie ich war. Aus welchem Grund wollten sie, dass ich bei ihnen wohne? Taten sie es nur des Geldes wegen? Bei dieser Pflegefamilie wohnte ich fast drei Jahre, bevor ich in eine kleine Wohnung zog und eine Nachbetreuung erhielt.

Die Maßnahmen der Jugendfürsorge in Bergen/Hordaland (Jugendfamilien) sind eine der besten Praxismaßnahmen Norwegens. Das Besondere an den Jugendfamilien ist, dass sie Zusammenkünfte und Kurse für alle anbieten, die an diesem Programm beteiligt sind: für die Jugendlichen, die biologischen Eltern, die Angestellten der Jugendfürsorge und alle, die bei der Betreuung der einzelnen Fälle beteiligt sind. Ein junger Mensch, der von zu Hause und von der eigenen Familie wegzieht, neigt dazu, sich hinzusetzten und zu glauben, er/sie sei der/die Einzige auf der Welt mit solchen Problemen. Da ist es eine große Hilfe, andere Jugendliche zu treffen, die sich in derselben Situation befinden. Wenn man Freunde findet, die auch von der Jugendfürsorge betreut werden, ist dies durch den gemeinsamen Erfahrungshintergrund eine ganz besondere Freundschaft; mit jemandem, der die Jugendfürsorge/Fremdunterbringung nicht aus eigener Erfahrung kennt, ist das nicht möglich.

Eine Erkenntnis möchte ich den Menschen mitteilen, die in der Jugendfürsorge (Pflegeeltern, Angestellte der Fürsorge) arbeiten: Denkt nicht sofort das Schlimmste, wenn ein junger Mensch, der von euch betreut wird, eine schwierige Zeit durchmacht. Es kann sich ja durchaus um etwas Unbedeutendes oder um etwas so Normales wie Trotz handeln. Es kann ein Problem sein, das alle Jugendlichen haben, unabhängig davon, ob man ein Pflegekind ist oder nicht. Wer mit solchen Kindern oder Jugendlichen arbeitet, dem/der möchte ich raten, das Kind bzw. den Jugendlichen so gut es geht wie ein eigenes Kind zu behandeln.

Dass es für Angestellte einer Institution schwieriger ist, dem Kind bzw. Jugendlichen so viel Aufmerksamkeit zu widmen und so viele Regeln zu geben, wie es beim eigenen Kind der Fall wäre, ist mir klar. In einer Institution ist es ja immer wieder so, dass jemand nicht in der Arbeit ist, krank ist oder Dienstschluss hat. Und wenn gerade zu der Zeit ein Jugendlicher oder ein Kind einen schwierigen Tag oder eine problematische Situation hat, den/die er gerne mit einem Erwachsenen besprechen möchte und dabei abgewiesen wird, ist es aus - das Kind oder der Jugendliche vertraut einem nicht mehr.

Wenn ich heute an die Zeit zurückdenke, in der der ich von der Jugendfürsorge betreut wurde, ist mir klar, dass dies für meine Entwicklung das Beste war, was mir passieren konnte: Ich würde mich nicht dort befinden, wo ich heute bin, hätte sich die Situation nicht so entwickelt, wie sie es tat. Selbstverständlich war ich damals nicht glücklich, als ich mit 14 Jahren meine Eltern und Geschwister verließ. Heute aber bin ich für all das sehr dankbar, was in diesen Jahren, in denen ich von der Jugendfürsorge betreut wurde, mit mir und für mich getan wurde.

Im Angesicht der Kinderrechte

Véronique Lerch

Die UN-Kinderrechtskonvention:
ein Rahmen für den Schutz von Kindern in Fremdbetreuung

Millionen von Kindern wachsen weltweit ohne elterliche Betreuung auf oder laufen Gefahr, diese zu verlieren. Die UN-Kinderrechtskonvention (KRK) bietet einen Rahmen zum Schutz für diese Kinder und Richtlinien für Unterstützungsangebote und politische Interventionen.

Im Gegensatz zu anderen Bereichen der Kinderrechte fehlt es auf dem Gebiet der Fremdunterbringung an Standards und Koalitionen, um für die Rechte der fremd untergebrachten Kinder einzutreten. Einige Entwicklungen in jüngster Zeit, wie beispielsweise 2005 die Empfehlung des Europarats über die Rechte der Kinder in Institutionen, waren bestrebt, diese Lücken zu füllen. Ebenso wurde ein internationales Netzwerk von Einzelpersonen und Nichtregierungsorganisationen (NGOs) aufgebaut, die für und mit fremd untergebrachten Kindern arbeiten: das Better Care Network[1]. Das Better Care Network erleichtert den aktiven Informationsaustausch und die Zusammenarbeit und plädiert für fundierte, der Sache dienende Politik und programmatisches Handeln auf globaler, regionaler und nationaler Ebene.

Darüber hinaus entschied der UNO-Kinderrechtsausschuss im Jahre 2005 (in weiterer Folge auch als Ausschuss bezeichnet), dass die Notwendigkeit besteht, internatio-

[1] http://www.crin.org/bcn/.

nale Standards zum Schutz von fremd untergebrachten Kindern zu entwickeln. Dies war der Startschuss für die Vereinten Nationen, Richtlinien zu entwickeln.

Der vorliegende Artikel beschäftigt sich in erster Linie mit den Kinderrechtsstandards, die für jene Kinder relevant sind, die nicht in ihrer familiären Umgebung leben, sowie mit der Art und Weise, wie diese Standards vom UNO-Kinderrechtsausschuss gehandhabt werden. Der zweite Teil des Artikels beschäftigt sich mit den Auswirkungen dieser Standards auf nationaler, regionaler und internationaler Ebene. Er fokussiert auf die Änderungen in Europa, da das Quality4Children-Projekt europäische Standards für die Fremdunterbringung entwickelte.

Standards der UN-Kinderrechtskonvention, die für Kinder in Fremdunterbringung relevant sind

Bei genauerer Betrachtung der für Kinder in Fremdunterbringung relevanten Aspekte der UN-Kinderrechtskonvention muss man insbesondere die vier Grundprinzipien beachten, auf denen die Anwendung der KRK basiert: Nichtdiskriminierung (Artikel 2), Kindeswohl (Artikel 3), Recht auf Leben, Überleben und auf bestmögliche Entwicklungschancen (Artikel 6) und Beteiligung (Artikel 12).

Das Prinzip der Wahrung des Kindeswohls

In seinen Richtlinien für die Erstellung von Berichten ersucht der Ausschuss die Mitgliedsstaaten (auch als Staaten bezeichnet) speziell darum, Information darüber zu geben, ob dem Prinzip der Wahrung des Kindeswohls höchste Priorität bei der Fremdunterbringung eingeräumt wird. Der Ausschuss überprüft, ob dieses Prinzip in der Betreuung angewendet wird. In seinen abschließenden Beobachtungen zum Bericht aus Bulgarien heißt es beispielsweise vonseiten des Ausschusses, dass das Prinzip der Wahrung des Kinderwohls bei Bewältigung von Situationen wie Inhaftierung, Unterbringung in Einrichtungen und das Verlassen von Kindern unzureichend berücksichtigt werde: "insufficient consideration of the principle of the best interests of the child to tackle situations of detention, institutionalisation, (and) abandonment of children (...)"[2]

[2] Concluding Observations (Zusammenfassende Beobachtungen des UNO-Kinderrechtsausschusses), Bulgarien 1997, CRC/C/15/Add.66, Absatz 12.

Beteiligung des Kindes

Kinder sollen die Möglichkeit haben, ihre Meinungen und Wünsche im Hinblick auf sie betreffende Betreuungsvereinbarungen zu äußern (Trennung von den Eltern, Unterbringung, Überprüfung der Unterbringungsmaßnahme, individueller Entwicklungsplan ...).

In anderen Kapiteln dieses Buches wird das Thema der Beteiligung des Kindes ausführlicher behandelt (vgl. die Artikel von Liane Pluto und Klaus Wolf). Deshalb beschränke ich mich in diesem Artikel lediglich auf eine interessante Anmerkung: Der Europarat hat 1996 eine Konvention zum Thema Beteiligung des Kindes ausgearbeitet, die sogenannte *Europäische Konvention über die Ausübung der Rechte des Kindes*. Im erklärenden Bericht zur Konvention werden einige Bereiche hervorgehoben, die für eine verstärkte Beteiligung des Kindes plädieren, beispielsweise Betreuungsprozesse und Aufhebung oder Beschränkung der elterlichen Verantwortung. Leider scheint diese Konvention von Staaten, die sie unterzeichnet haben, ignoriert zu werden; es gibt keinen Monitoring-Mechanismus zur Unterstützung der Umsetzung.

Nichtdiskriminierung

Im Bereich der Kinderbetreuung kann Diskriminierung zu verschiedenen Zeitpunkten stattfinden: vor der Unterbringung (Diskriminierung kann der Grund für die Unterbringung sein), während der Unterbringung (Kinder in Fremdunterbringung könnten anders behandelt werden als andere Kinder) und bei der Nachbetreuung (ehemals fremd untergebrachte Jugendliche haben oft größere Schwierigkeiten, Arbeit oder Wohnung zu finden).

Der Ausschuss hat sich mit den Gründen für die Trennung von den Familien und der Unterbringung in staatlichen Institutionen auseinandergesetzt und dabei herausgefunden, dass viele Kinder unnötigerweise von ihren Familien getrennt werden. In einigen Fällen äußerte der Ausschuss Bedenken im Hinblick auf die Trennungsgründe, beispielsweise aufgrund gesundheitlicher Probleme oder Armut der Eltern, bei Behinderung des Kindes usw. Die Tatsache, dass in einigen Ländern bestimmte ethnische Gruppen in der Fremdunterbringung überrepräsentiert sind, wurde ebenso hervorgehoben. In Bezug auf den Abschlussbericht Dänemarks drückte der Ausschuss beispielsweise seine Bedenken darüber aus, dass Kinder ethnischer Minderheiten häufig in Fremdbetreuungseinrichtungen[3] überrepräsentiert sind. Der Ausschuss sprach die Empfehlung an Ungarn aus, Programme zur Bewusstseinsschaffung zu starten und pädagogische Aktivitäten durchzu-

[3] Concluding observations (Zusammenfassende Beobachtungen des UNO-Kinderrechtsausschusses), Dänemark 2005, CRC/C/DNK/CO/3.

führen. Dadurch sollen negative Stereotype über Romakinder beseitigt und Chancen auf eine Adoption dieser Kinder durch ungarische Familien erhöht werden. Die Ungarn sollten auch ihre gängige Praxis beenden, nach der Gemeinden den Bau von Kinderheimen mittels Referenden verhindern, da in den Kinderheimen viele Romakinder betreut werden: "end the practice of municipalities of refusing by referendum the presence of children's homes just because of their high population of Roma children".[4]

Die Diskriminierung kann auch geschlechtsspezifischer Natur sein. Nach Erkenntnissen des Ausschusses werden Buben häufiger fremd untergebracht als Mädchen. In Großbritannien sind beispielsweise 55 % der fremd untergebrachten Kinder Buben und 45 % Mädchen.[5]

Häufig werden Jugendliche unvorbereitet in ihr selbstständiges Leben entlassen und sind bei ihrer Suche nach Arbeit und Unterkunft Diskriminierungen ausgesetzt. Der Ausschuss sprach an Irland die Empfehlung aus, sich verstärkt um die Sicherstellung und Bereitstellung von Nachbetreuungsangeboten für Jugendliche zu bemühen, die die Betreuungseinrichtungen verlassen: "to strengthen its efforts to ensure and provide for follow-up and after-care to young persons leaving care centres".[6]

Artikel der UN-Kinderrechtskonvention mit spezieller Relevanz für fremd untergebrachte Kinder

Artikel 5	Respektierung des Elternrechts
Artikel 7	Geburtsregister, Name, Staatsangehörigkeit
Artikel 9	Trennung von den Eltern
Artikel 18	Verantwortung für das Kindeswohl
Artikel 19	Schutz vor Gewaltanwendung, Misshandlung, Verwahrlosung
Artikel 20	Von der Familie getrennt lebende Kinder
Artikel 21	Adoption
Artikel 25	Unterbringung
Artikel 27, § 4	Angemessene Lebensbedingungen, Unterhalt
Artikel 39	Genesung und Wiedereingliederung geschädigter Kinder

[4] Concluding observations (Zusammenfassende Beobachtungen des UNO-Kinderrechtsausschusses), Slowakei 2007, CRC/C/SVK/CO/2.

[5] Unter den 55.500 untergebrachten Kindern im Jahr 1999 waren 30.200 Buben und 25.300 Mädchen. Statistik auf Basis der schriftlichen Antwort der Regierung Großbritanniens auf eine Anfrage des Ausschusses im Jahr 2002.

[6] Concluding observations (Zusammenfassende Beobachtungen des UNO-Kinderrechtsausschusses), Irland 2006, CRC/C/IRL/CO/2.

Unterstützung der Familien

Viele internationale Abkommen[7] sehen für ein Kind die Familie als den besten Ort zum Aufwachsen; dies gilt insbesondere für die Präambel der KRK, die besagt, dass:

> „das Kind zur vollen und harmonischen Entfaltung seiner Persönlichkeit in einer Familie und umgeben von Glück, Liebe und Verständnis aufwachsen sollte".

Die Rolle der Großfamilie wird von der UN-Kinderrechtskonvention ebenso anerkannt. Artikel 5 bezieht sich nicht nur auf die biologischen Eltern sondern auch auf die „Mitglieder der weiteren Familie und Gemeinschaft". Dieser Artikel ist allerdings der einzige in der Konvention, der die weitere Familie erwähnt.

Geeignete Maßnahmen müssen getroffen werden, um die Integrität der Familie zu schützen und angemessene Betreuung bei der Erziehung und Entwicklung von Kindern zu gewährleisten. Angesprochen wird das insbesondere im Artikel 7 (das Recht, seine Eltern zu kennen und von ihnen betreut zu werden), Artikel 18 (elterliche Verantwortung und Unterstützung der Elternschaft) und Artikel 27 (die Verpflichtung des Staates, den Eltern zu helfen, um dem Kind einen angemessenen Lebensstandard zu gewährleisten). Die UN-Kinderrechtskonvention gibt kaum Hilfestellung in Bezug auf Fremdbetreuungsmaßnahmen, sondern legt besonderen Nachdruck auf die Bedeutung von Präventivmaßnahmen: Die Regierungen müssen Kinderbetreuungsdienste entwickeln, um der Trennung des Kindes von der Familie vorzubeugen.

Trennung von den Eltern

Artikel 9 besagt, dass Kinder nicht von ihren Eltern getrennt werden sollen, es sei denn, die Trennung ist zum Wohle des Kindes notwendig. Sämtliche die Trennung betreffenden Prozesse müssen fair und gesetzlich nachvollziehbar sein. Allen beteiligten Parteien „ist Gelegenheit zu geben, am Verfahren teilzunehmen und ihre Meinung zu äußern" (Artikel 9, § 2), was gerade für das Kind sehr wichtig ist.

Einige Länder haben Vorbehalte gegen Artikel 9 eingebracht und zwar aufgrund der Tatsache, dass die Wohlfahrtsbehörden über die Trennung entscheiden und keine rechtlichen Instanzen. Kroatien hat beispielsweise einen derartigen Vorbehalt eingebracht, da die dortigen Sozialzentren über die Trennung eines Kindes von seinen Eltern ohne vorhergehende gerichtliche Überprüfung entscheiden.

[7] Artikel 23 (1) des Internationalen Paktes über bürgerliche und politische Rechte, Artikel 10 des Internationalen Paktes über wirtschaftliche und soziale Rechte.

Der Ausschuss hat häufig seine Bedenken im Hinblick auf ein fehlendes gerichtliches Verfahren bei Entscheidungen über den Entzug der elterlichen Rechte geäußert.

Recht auf Wahrung der Identität und der Familienbeziehungen

Gemäß Artikel 7 und 8 der KRK haben alle Kinder das Recht auf Identität. Dies impliziert, dass die Identität gewahrt und geschützt wird. Dieses Recht ist für Kinder, die nicht bei ihren Eltern leben, von besonderer Bedeutung: Es ist wünschenswert, dass die Identität des Kindes geschützt wird, wenn es von seinen Eltern getrennt in Fremdbetreuungsformen lebt. Das Recht auf Identität beinhaltet das Recht auf einen Namen von Geburt an, das Recht, eine Staatsangehörigkeit zu erwerben, und das Recht, seine Eltern zu kennen.

Kontakt mit der Herkunftsfamilie

Gemäß Artikel 9, § 3 haben Kinder das Recht, Beziehungen und Kontakte mit beiden Elternteilen zu pflegen, soweit dies nicht dem Wohl des Kindes widerspricht. Diese Vorgabe wurde vom Ausschuss beispielsweise in Dänemark als unzureichend umgesetzt beurteilt, weil dort fremd untergebrachte Kinder sehr eingeschränkten Kontakt mit ihren Eltern haben.[8]

Alternative Betreuungsformen

Bei der Wahl einer alternativen Betreuungsform sind die „erwünschte **Kontinuität in der Erziehung des Kindes** sowie die ethnische, religiöse, kulturelle und sprachliche Herkunft des Kindes gebührend zu berücksichtigen“ (siehe auch Artikel 8 und 30).

Artikel 20 der KRK schreibt vor, dass ein Kind, das vorübergehend oder dauernd außerhalb seiner familiären Umgebung lebt oder dem der Verbleib in dieser Umgebung im eigenen Interesse nicht gestattet werden kann, Anspruch auf besonderen Schutz hat. Vier mögliche Arten der Betreuung werden in dem Artikel erwähnt: Aufnahme in eine Pflegefamilie, die Kafala nach islamischem Recht, die Adoption und die Unterbringung in einer geeigneten Kinderbetreuungseinrichtung.

Die Formulierung von Artikel 20 impliziert eine hierarchische Reihenfolge der verschiedenen Betreuungsoptionen. Familienpädagogische Betreuungsformen haben Vor-

[8] Der Europarat entwickelte im Jahr 2003 ein Übereinkommen, das sich speziell mit diesem Recht befasst: das Übereinkommen über den Kontakt mit Kindern. Dieses Übereinkommenerwähnt auch fremd untergebrachte Kinder.

rang, staatliche Einrichtungen müssen als letzter Ausweg gelten. Dies wird durch die Formulierung „falls erforderlich" impliziert: „als alternative Betreuungsform kommt unter anderem die Aufnahme in eine Pflegefamilie, die Kafala nach islamischem Recht, die Adoption oder, falls erforderlich, die Unterbringung in einer geeigneten Kinderbetreuungseinrichtung in Betracht."

Nach Durchsicht der alternativen Betreuungsformen in den Länderberichten empfiehlt der Ausschuss den Staaten, dass familienpädagogischen Betreuungsformen wie beispielsweise Pflegefamilien so oft als möglich Vorrang zu geben ist. Im Fall von Italien drückt der Ausschuss beispielsweise seine Besorgnis darüber aus, dass eine Vielzahl der Kinder aus Gründen des sozialen Schutzes in Institutionen untergebracht wird, manchmal sogar zusammen mit jugendlichen Kriminellen. Es wird ebenfalls angemerkt, dass mehr Kinder in staatlichen Einrichtungen untergebracht sind als in Pflegefamilien.[9]

Der Ausschuss hat häufig das Fehlen von statistischen Zahlen über Kinder, die in Institutionen oder Pflegefamilien untergebracht werden, und das Fehlen von Informationen über die Gründe der Trennung von den Eltern usw. bemängelt.

1986, kurz vor Beschluss der Konvention, übernahm die UNO-Generalversammlung einstimmig die *Erklärung über die sozialen und rechtlichen Grundsätze für den Schutz und das Wohl von Kindern unter besonderer Berücksichtigung der Aufnahme in eine Pflegefamilie und der Adoption auf nationaler und internationaler Ebene.* Sie bietet einen theoretischen und praktischen Rahmen sowohl für die Adoption als auch die Unterbringung in Pflegefamilien. Das überarbeitete österreichische Pflegschaftsgesetz basiert auf dieser Erklärung. Die Erklärung besagt unter anderem, dass im Falle einer Fremdunterbringung unter allen Umständen dem Wohl des Kindes, insbesondere „seinem Bedürfnis nach Zuneigung, Sicherheit und kontinuierliche Betreuung", höchste Bedeutung zugemessen werden muss.

Regelmäßige Überprüfung der Unterbringung

Gemäß Artikel 25 muss die Unterbringung des Kindes „zum Zwecke der Betreuung, des Schutzes, der Gesundheit oder der physischen oder psychischen Gesundheit" regelmäßig überprüft werden.

Es liegt allerdings im Ermessen eines jeden Staates, darüber zu entscheiden, wie häufig und in welcher Weise diese Überprüfung stattfinden soll. In Großbritannien findet diese Überprüfung beispielsweise in halbjährlichen Abständen statt; das Kind,

[9] Concluding observations (Zusammenfassende Beobachtungen des UNO-Kinderrechtsausschusses), Italien, CRC/C/15/Add.198.

die Betreuer/innen und Vertreter/innen der lokalen Behörde, die für das Betreuungsangebot verantwortlich sind, müssen mit eingebunden sein. In Dänemark wird die Überprüfung der Trennung eines Kindes von seiner Familie einmal jährlich durchgeführt, längere oder kürzere Zeitabstände sind jedoch auf Beschluss möglich.

Adoption

Artikel 21 ist ausschließlich der Adoption gewidmet. Er besagt unter anderem, dass das Adoptionssystem mit dem besten Interesse des Kindes vereinbar sein sollte, und setzt Mindestbestimmungen im Hinblick auf den Adoptionsprozess fest.

Adoption ist keine universell akzeptierte Maßnahme. Deshalb haben einige Länder nach Ratifizierung der Konvention Vorbehalte gegenüber diesem Artikel angemeldet. Die meisten islamischen Länder erkennen die Adoption nicht an und haben eine alternative Betreuungsform, die sogenannte Kafala (eine Art Patenschaft) entwickelt, bei dem sich das Verwandtschaftssystem nicht ändert. Familien nehmen Kinder auf, um mit ihnen dauerhaft zu leben, sie dürfen aber weder den Familiennamen annehmen noch sind sie erbberechtigt. Die Kafala wird im Artikel 20 als eine der alternativen Betreuungsformen erwähnt.

Monitoring von Kinderrechten durch den Ausschuss

Die Konvention hat für das Monitoring den **Kinderrechtsausschuss**[10] eingesetzt, der die Fortschritte der Vertragsstaaten bei der Erfüllung der im Übereinkommen eingegangenen Verpflichtungen überprüft.

Der Kinderrechtsausschuss (hier auch als Ausschuss bezeichnet) besteht aus **18 unabhängigen Experten**[11]: Personen „von hohem sittlichem Ansehen und anerkannter Sachkenntnis im Bereich der Menschenrechte". Die Ausschussmitglieder werden von den Vertragsstaaten für einen Zeitraum von vier Jahren gewählt. Die Mitglieder sind ihren Fähigkeiten entsprechend tätig und können auf erneuten Vorschlag wiedergewählt werden. Bei ihrer Wahl ist auf eine gerechte geografische Verteilung und die Berücksichtigung der wesentlichen Rechtssysteme zu achten.

Die vom Ausschuss herausgegebenen Richtlinien dienen als Hilfestellung zur Datensammlung und zur Erstellung der Staatenberichte. Die Konvention wird dabei in 8

[10] UNO-Kinderrechtskonvention, Artikel 43.

[11] In der Konvention war ursprünglich ein Ausschuss mit lediglich zehn Experten vorgesehen, im Zuge der Anpassung vom 18. Februar 2003 wurde die Anzahl der Ausschussmitglieder jedoch erhöht.

Themenbereiche unterteilt. Einer dieser Themenbereiche ist **„Familienleben und alternative Betreuung“** und beinhaltet folgende Artikel: Artikel 5; 18 (§ 1-2); 9-11; 19-21; 25; 27 (§ 4); 39. Zu jedem Themenbereich ist der Vertragsstaat verpflichtet, Auskunft über ungelöste Probleme und Behinderungen bei der Umsetzung der Kinderrechte, über Folgemaßnahmen in Hinblick auf die abschließenden Beobachtungen des vorangegangenen Berichts, über das Funktionieren der nationalen Monitoringprogramme, über Budgetverteilungen und andere Ressourcen, statistische Daten, Fakten und Schwierigkeiten zu geben.

Nach Überprüfung des Berichts gibt der Kinderrechtsausschuss Empfehlungen, sogenannte „abschließende Beobachtungen“, ab. Anhand dieser Beobachtungen können die Vertragsstaaten den Bedarf an gesetzlichen und sozialen Reformen feststellen. NGOs und NGO-Koalitionen verwendeten sie auch für anwaltschaftliches Engagement. Leider sind sie oftmals zu allgemein gehalten und zu unspezifisch, wodurch die Umsetzung zu einer Herausforderung wird. Die Empfehlungen für Kinder, die getrennt von ihren biologischen Familien leben, unterscheiden sich von Beobachtung zu Beobachtung in geringem Maße. Einige Themen wie Nachbetreuung, Betreuung durch Blutsverwandte, Trennung von Geschwistern in Betreuung oder Rückführung in die Familie finden kaum Erwähnung.

Auswirkungen der Konvention im Bereich der Fremdunterbringung

Bei Betrachtung des Prozesses sowie der Schwierigkeiten, denen die Vertragspartner bei der Umsetzung der Konvention gegenüberstanden, stellte sich der Monitoringprozess als Instrument heraus, um auf politischer Ebene **Wandel und Entwicklung** voranzutreiben. Der Ausschuss hat einen nationalen Umsetzungsprozess und einen sozialen Wandel in allen weltweit betroffenen Regionen ausgelöst. Es folgte die Einbeziehung der Menschenrechtsprinzipien in die Gesetzgebung, die Einsetzung von Ombudsmännern bzw. Kinderbeauftragten, die Umverteilung von Budgets und die Entwicklung von Rechtssystemen für Kinder. Besonders hervorzuheben ist die Tatsache, dass dieser Monitoringprozess für einige Länder der einzige Mechanismus ist, um öffentlich ihre Datenbestände in Bezug auf Kinderrechte zu überprüfen. Der Ausschuss fordert die Staaten auf, Daten über die Situation der Kinder in ihren Ländern zu sammeln.

Gesetzesreformen

Gesetzesreformen beziehen sich in erster Linie auf die Adoption und haben sowohl auf nationaler als auch auf internationaler Ebene viel Aufmerksamkeit erhalten.

Internationale Ebene

Artikel 21 der KRK stellt eine Reihe von Forderungen in Zusammenhang mit internationalen Adoptionen und ermutigt, bilaterale und multilaterale Vereinbarungen zu treffen, um sicherzustellen, dass „die Unterbringung eines Kindes in einem anderen Land durch zuständige Behörden oder Stellen durchgeführt wird." Als Ergebnis entstand daraus **1993 das Haager Übereinkommen über internationale Adoption**[12]. Es baut direkt auf der UN-Kinderrechtskonvention mit dem Ziel auf, alle an internationalen Adoptionen Beteiligten zu schützen und internationalen Kinderhandel zu verhindern. Der Ausschuss empfiehlt den Staaten, die das Übereinkommen noch nicht ratifiziert haben, dies zu tun.

Im Jahre 2005 haben sowohl die parlamentarische Generalversammlung als auch der Ministerrat des Europarats eine Reihe von Standards für die Fremdunterbringung von Kindern festgelegt, um sicherzustellen, dass diese in Würde und zu bestmöglichen Bedingungen aufwachsen können, dass sie weder in ihrer Kindheit noch als Erwachsene ausgegrenzt werden und ohne Hindernisse reife Bürger der europäischen Gesellschaften werden können.

Zu diesem Zweck lautet die dringende Empfehlung an die Mitgliedsstaaten:

- Sofern notwendig, Ergreifen entsprechender gesetzlicher und anderer Maßnahmen unter Einbeziehung nationaler Richtlinien und Aktionspläne, um sicherzustellen, dass die Prinzipien und Qualitätsstandards dieser Empfehlung eingehalten werden. Dabei muss das Ziel verfolgt werden, die Kinderrechte in den Einrichtungen zur Gänze umzusetzen, ungeachtet der Gründe und der Art der Unterbringung.
- Sicherstellen, dass diese Empfehlung für Kinder und andere relevante Personen und Körperschaften durch entsprechende Mittel und Aktionen weite Verbreitung findet.

[12] Der vollständige Titel dieses Vertrages lautet Übereinkommen über den Schutz von Kindern und die Zusammenarbeit auf dem Gebiet der internationalen Adoption.

Nationale Ebene

Gemäß einer von UNICEF durchgeführten Studie über die Auswirkungen der Umsetzung der Kinderrechtskonvention „haben die meisten der untersuchten Länder wesentliche Gesetzesänderungen in Bezug auf die Familie vorgenommen. (...) Ein wichtiges Merkmal dieser Gesetzesänderung ist die verstärkte Anerkennung, dass ein Kind das Recht hat, in einer familiären Umgebung aufzuwachsen."[13] Die Gesetzgebung bei Adoptionen wurde in den meisten europäischen Ländern geändert oder ersetzt.

Die Konvention wurde erlassen, als in den west- und mitteleuropäischen Ländern gerade Regierungswechsel stattfanden. Sie hat die Regierungen zum Versuch angeregt, die Betreuung in diesen Ländern zu deinstitutionalisieren.

In Bezug auf das Recht auf Identität haben einige Länder ihre Gesetzgebung adaptiert, um den Kindern die Möglichkeit zu geben, ihre Wurzeln kennenzulernen. In Frankreich wurde beispielsweise im Januar 2002 ein neues Gesetz erlassen, wonach adoptierte bzw. in der Obhut des Staates befindliche Personen das Recht haben, Informationen über ihre Herkunft zu bekommen.

In Bezug auf die Nachbetreuung forderte der *Children (Leaving Care) Act 2000* von den Behörden Englands und Wales', zusätzliche Maßnahmen einzuleiten, um finanzielle und andere Bedürfnisse von Jugendlichen zu befriedigen, deren Fremdbetreuung zu Ende geht. Zu den allgemeinen Betreuungsmaßnahmen erlegte der *Children Act 2004* den englischen Behörden explizit die Verpflichtung auf, die schulischen Leistungen der fremd untergebrachten Kinder zu fördern. Der *Education and Inspections Act 2006* bevollmächtigte die lokalen Behörden, den Schulen Anweisung zu geben, fremd untergebrachte Kinder in die für sie am besten geeigneten Schulen aufzunehmen, selbst wenn diese keinen freien Schulplatz haben.

Fallrecht

Der Europäische Gerichtshof für Menschenrechte bezieht sich in seinen Urteilen in zunehmendem Maß auf die UN-Kinderrechtkonvention als gemeinsamen Standard innerhalb der Mitgliedsstaaten. Er bezieht sich gelegentlich auch auf die von den Staaten an den Ausschuss übermittelten Berichte oder dessen abschließende Beobachtungen.

Ein Prinzip der KRK, das häufig in Familienfällen am Europäischen Gerichtshof für Menschenrechte Erwähnung findet, ist das Recht des Kindes auf unmittelbaren Kontakt

[13] UNICEF-Studie über die Auswirkungen der Umsetzung der Kinderrechtskonvention: Study on the Impact of the Implementation of the Convention on the Rights of the Child, 2004, S. 5.

zu beiden Elternteilen. Zum Beispiel das Urteil Sahin gegen Deutschland (8. Juli 2003): Es bezog sich auf die Kinderrechtskonvention, insbesondere auf die Artikel 3 und 9. Dem Vater wurde von der Mutter, die das Sorgerecht für das Kind hatte, der Kontakt verweigert.

Zusammenfassung

Die UN-Kinderrechtskonvention beinhaltet die grundlegenden Menschenrechte, die auch Kinder und Jugendliche haben, die ohne ihre Eltern leben. Das vom UNO-Kinderrechtsausschuss installierte Monitoringsystem zwingt die Mitgliedsstaaten, ihre Betreuungssysteme besser zu kontrollieren und sich um geeignete gesetzliche und praktische Reformen zu bemühen.

Die Richtlinien für fremd untergebrachte Kinder, die hoffentlich im September 2008 von der UNO-Generalversammlung verabschiedet werden, würden das bereits bestehende System vervollständigen und dem UNO-Kinderrechtsausschuss helfen, spezifischere Empfehlungen an die Mitgliedsstaaten abzugeben.

Viele der von Quality4Children ausgearbeiteten Standards beziehen sich auf bereits in verschiedenen internationalen Instrumenten angewandten Standards, insbesondere in der UN-Kinderrechtskonvention und in den vom UNO-Kinderrechtsausschuss ausgearbeiteten Dokumenten. Die Quality4Children-Standards entwickeln diese Prinzipien auf operative und einfache Weise.

Literatur

Bernard van Leer Foundation: Early Childhood Matters, Children without parental care: qualitative alternatives. Number 105, December 2005.

Council of Europe: Convention on Contact concerning Children. 2003, http://conventions.coe.int/Treaty/EN/Treaties/Html/192.htm.

Council of Europe: Convention on the Exercise of Children's Rights. 1996, http://conventions.coe.int/Treaty/EN/Treaties/Html/160.htm.

Council of Europe: Recommendation of the Committee of Ministers to member states on the rights of children living in residential institutions. Adopted on 16 March 2005 at the 919th meeting of the Ministers' Deputies.

Council of Europe: Explanatory Report to Recommendation Rec(2005)5 of the Committee of Ministers to member states on the rights of children living in residential institutions and its Appendix.

UNICEF (2002): Implementation Handbook for the Convention on the Rights of the Child.

UNICEF (2004): Study on the Impact of the Implementation of the Convention on the Rights of the Child.

UN General Assembly: Declaration on Social and Legal Principles relating to the Protection and Welfare of Children, with Special Reference to Foster Placement and Adoption Nationally and Internationally, 3 December 1986 (Resolution 41/85).

Geraldine van Bueren (1998): The International Law on the Rights of the Child, Martinus Nihoff Publishers.

Websites

http://www.ohchr.org/english/bodies/crc/index.htm

Beinhaltet sämtliche Informationen zum UNO-Kinderrechtsausschuss.

Berichte und zusammenfassende Beobachtungen werden auf dieser Website veröffentlicht.

http://www.crin.org/docs/resources/treaties/crc.25/annex-vi-crin.asp

Auf dieser Website finden Sie alternative Berichte von NGOs an den Kinderrechtsausschuss.

Warum Erziehung ohne Teilhabe nicht möglich ist

Das Thema der Teilhabe von Kindern hat Hochkonjunktur. Auch wenn in der Gesellschaft eher das Lied vom Lob der Disziplin (Bueb 2006) gesungen wird, beschäftigen sich insbesondere die in Fortbildung, Beratung oder bei der Organisation von Tagungen Tätigen mit der Partizipation der Kinder. Wer auf der Höhe der Zeit sein will, beteiligt sich daran. Für die institutionalisierte Erziehung werden die Teilhabe der Kinder und die Respektierung ihrer Rechte zu einem wichtigen Qualitätsmerkmal. Manchenorts werden Standards entwickelt, die dies garantieren sollen.

Auch wenn es bisher vielleicht so aussah, ich will mich darüber gar nicht lustig machen! Im Gegenteil, ich teile diese Forderung nach Teilhabe und Mitgestaltungsmöglichkeiten: Kinder sollen ihr Leben in unseren Einrichtungen mitgestalten können, sie sollen an den Entscheidungen beteiligt sein, die oft tief in ihren Lebenslauf eingreifen, und sie sollen bei uns die Erfahrung machen, dass sie als Partner ernst genommen werden.

Tun wir das oder - etwas bescheidener formuliert - nehmen wir uns das vor, weil wir so nette Menschen sind und so große Kinderfreunde? Gewähren wir den Kindern Teilhabe an unserer Macht, weil wir großzügig sind? Sind wir vielleicht sogar einfach von Natur aus diejenigen, die Kindern Gutes tun und ihnen Rechte geben?

Nehmen wir an, in den pädagogischen Institutionen sind durchaus besonders viele kinderfreundliche Menschen versammelt - Pädagoginnen und Pädagogen, denen solche

Themen am Herzen liegen -, dann sind trotzdem einige Relativierungen nötig. Nicht durch uns werden den Kindern die Menschenrechte verliehen: Sie haben von Beginn ihres Lebens an unveräußerliche Rechte und zwar ohne Bedingungen, also ohne dass sie sich diese verdienen müssten, etwa durch Wohlverhalten oder Dankbarkeit. Ich werde später - wenn es um den Ausschluss von Kindern geht - darauf zurückkommen.

Wir können dazu beitragen, dass sie nicht verletzt werden oder dass Verletzungen gemildert werden. Wir können uns im unmittelbaren Lebensfeld der Kinder und – allgemeiner und umfassender - im politischen Raum unserer Gesellschaften dafür einsetzen, dass sie respektiert werden, dass solche Lebens- und Lernbedingungen entstehen, die die Jungen und Mädchen brauchen, um sich gut entwickeln zu können. Im politischen Raum wird es dann allerdings schnell ungemütlich, da auch Armut, Benachteiligung von ethnischen Gruppen, ungleiche Chancen für Jungen und Mädchen zum Thema werden, wenn wir die kollektiven und individuellen Entwicklungschancen in den Blick nehmen und die Entwicklungshindernisse anprangern. Denn die Ungerechtigkeiten unserer Gesellschaften spiegeln sich ganz besonders in den extrem unterschiedlichen Entwicklungschancen der Kinder wider. Hier werden dann oft Konditionen eingeführt: Alle Kinder sollen sich ihren Fähigkeiten entsprechend gut entwickeln können - wenn sie sich legal hier aufhalten, wenn sie nicht verhaltensgestört sind, wenn sie nicht gruppen-, schul- oder was sonst noch unfähig sind. Es gibt eine machtvolle Entwicklung in den westlichen Ländern, Rechte an Bedingungen zu knüpfen - wer die Bedingungen nicht erfüllt, bekommt das Recht nicht zugestanden. Wir sollten sehr darauf achten, ob die Teilhabe der Kinder mit Einschränkungen versehen wird. Wer diese Einschränkungen nicht will, der muss sich am Anspruch uneingeschränkter Geltung messen lassen. Diese Prüfung muss an der Praxis erfolgen, nicht an den Aussagen in den Sonntagspredigten.

Jenseits dieser Debatte vertrete ich die Position, dass Erziehung ohne Teilhabe der Kinder gar nicht möglich ist, dass also alle Umgangsformen, die ohne Teilhabe auskommen, nicht Erziehung genannt werden dürfen, sondern Dressur, Belohnung und Bestrafung oder Verhaltensmodifikation.

Das möchte ich an vier Aspekten illustrieren:

- Einige Überlegungen zu dem, was Erziehung ist
- Zum Verhandeln als wichtiges Merkmal von Erziehung in unseren Zeiten
- Teilhabe als Auslöser für Komplikationen und Konflikte
- Qualitätskriterium: Teilhabe fördern

Die Kinder entwickeln sich - wir sind (hoffentlich) Koproduzenten

Zunächst ist auf einen Sachverhalt hinzuweisen, der für Pädagog(inn)en eigentlich selbstverständlich sein sollte, der aber wegen des anderen Sprachgebrauchs der Laien sehr leicht auch bei uns verloren geht. Erziehung ist nicht gezielte Belohnung und Bestrafung, nicht einfach Verhaltensmanipulation oder Verhaltensmodifikation, nicht eine Reihe unangenehmer pädagogischer Maßnahmen. Dressur z. B. ist nicht eine Art Erziehung, sondern ihr Gegenteil (siehe die Antwort auf das Lob der Disziplin von Brumlik u. a. 2007). Erziehung - die diesen Namen verdient - weiß, dass die Erziehenden nicht in die Köpfe und Herzen der Kinder hineinintervenieren können. Wir können es sowieso nicht und wir dürfen es auch gar nicht wollen. Als Erziehung können nur solche Formen der Entwicklungshilfe gelten, die um des Kindes willen erfolgen, damit es „zu seinem Leben und zu seiner Form komme", wie Herman Nohl (1973, S. 39) formuliert hat.

Wir können das Feld, in dem die Kinder ihre Entwicklungsaufgaben und ihre Lebensprobleme bewältigen mit Ressourcen anreichern:

- zum Beispiel mit uns als Person, als Menschen, die ihnen wohlwollend und aufmerksam begegnen - im pädagogischen Bezug,
- in der Gestaltung von räumlichen Arrangements - der Bühne und den Requisiten eines auch ästhetisch anregenden Alltags oder
- im Zugang zu anderen Menschen und in der Anregung, ihre Netzwerkbeziehungen weiterzuentwickeln.

Was sie von diesen Ressourcen verwenden und aufgreifen, wie sie das verstehen und interpretieren, was wir tun, wie sie uns erleben, das entscheiden nicht wir, sondern die Kinder, jedes einzelne auf seine eigene Art - also eigenartig.

Die Adressaten unserer pädagogischen Arbeit entwickeln sich selber, lernen selber - oft haarscharf etwas anderes, als das, was intendiert war, weil sie es eben auf ihre eigene Weise interpretieren, in ihren Wissensvorrat integrieren und nach den Relevanzen ordnen, die ihnen das Leben beigebracht hat.

Erziehung als Koproduktion meint also: Die Entwicklung ist Eigenleistung des Subjekts. Wir können als Koproduzenten mithelfen, indem wir günstige Bedingungen schaffen, Anregungen geben, ermutigen, menschenfreundliche Modelle anbieten. Die Produzenten ihrer Entwicklung sind die Kinder selbst - sonst niemand.

Die Koproduzenten, also z. B. Erwachsene, die ihre Interaktion mit den Kindern in den Dienst von deren Entwicklung stellen und nicht primär eigene Interessen an den Kindern vertreten, sind unverzichtbar. Die Kinder brauchen unbedingt solche Menschen, und ganz besonders die Kinder, die einen Mangel erlebt haben und die durch diesen Mangel sensibilisiert worden sind für ihre Abhängigkeit von Erwachsenen (Wolf 1999). Sie wissen sehr genau, was zu einem geborgenen Leben fehlen kann, wie man sich fühlt, wenn kein Wohlwollen da ist, und wie es ist, wenn man Angst hat und nicht getröstet wird, wenn man selbst ohnmächtig ist und genauso ohnmächtige Erwachsene um sich hat.

Früher haben auch die erziehungswissenschaftlichen Autor(inn)en oft davon gesprochen, dass die Kinder von den Erziehenden zu sich emporgehoben werden sollen, oder sie sprachen von der Menschwerdung durch Erziehung. Solche Rede geht uns heute nicht mehr glatt über die Lippen. Unser Kinderbild und unser Selbstverständnis haben sich verändert. Wir betrachten Kinder als Menschen in Entwicklung und auch uns als Menschen in Entwicklung und nicht als fertige Produkte.

Fend hat 1972 geschrieben: „Auch in einer modernen Kultur findet jeden Tag eine Invasion von Barbaren statt. Täglich werden Kinder geboren, die noch nicht fähig sind, am Leben der Umgebung teilzunehmen“ (Fend 1972, S. 11). Wir haben wohl Zweifel, ob in dieser Beschreibung das Verhältnis zwischen Kindern und Erwachsenen ganz erfasst ist. Trotzdem sollten wir nicht vorschnell von einer völlig gleichberechtigten Beziehung ausgehen. Denn die Beziehung zwischen Erwachsenen und Kindern ist asymmetrisch und - was noch wichtiger ist - sie muss asymmetrisch sein, damit Erziehung gelingen kann (Wolf 2007). Darüber darf man sich auch bei einer kinderfreundlichen Euphorie nicht täuschen. Sich durch jemanden erziehen zu lassen, der dümmer ist als man selbst, ist eine Zumutung. Wenn die psychische Stabilität des Erwachsenen nicht größer als die des Kindes ist, wird es auch für das Kind anstrengend und es entsteht kein entwicklungsförderndes Feld. Wir sollten also keine naive Vorstellung von Gleichheit entwickeln, sonst ist auch schnell die Verantwortung symmetrisch verteilt und das hebt das Generationsverhältnis auf und negiert die besondere anthropologische Situation des Menschen. Ich möchte das an einem authentischen Beispiel illustrieren, auf das ich bei der Erforschung von Familienbeziehung gestoßen bin:

Der achtjährige Junge, der bei seiner alkoholkranken Mutter aufwächst, ist es gewohnt, dass sie morgens nicht mit ihm zusammen aufsteht und frühstückt. Er steht alleine auf, macht sich das Frühstück und geht zur Schule. Regelmäßig, aber nicht immer pünktlich, kommt er dort an. An einem Mittag gibt es Ärger. Er kommt zurück und seine Mutter schreit ihn an: „Was fällt dir denn ein, die ganzen Cornflakes aufzuessen? Was soll ich denn frühstücken." Es war kein Brot mehr da, der Junge hat Cornflakes gefrühstückt und den kleinen Rest in der Tüte mit zur Schule genommen - als Ersatz für ein Schulbrot, er wusste, er wird in der Schule Hunger kriegen.

In dieser Familie geht es gleichberechtigt zu. Aber für die Entwicklung des Achtjährigen wäre eine etwas ungleichere Verteilung der Sorge wohl günstiger. Er jedenfalls muss sich mit Themen beschäftigen, die viele seiner gleichaltrigen Klassenkameraden nicht bewältigen müssen, und seine Kapazitäten werden dabei gebunden.

Wenn im Folgenden also von Partizipation der Kinder, von Mitgestaltung ihrer Lebensbedingungen und der Beteiligung an den Entscheidungen die Rede ist, bedeutet dies nicht, die Beziehung sei symmetrisch oder sie solle es sein. Die Kinder stellen auch an uns die Frage, kommt ihr zurecht, was habt ihr zu bieten, was kann ich von euch lernen, was ist an euch interessant? Ziel der Erziehung bleibt die Verringerung und schließlich Aufhebung der Asymmetrie, aber sie selbst erfordert einen Überhang der Erziehenden (Wolf 2007). Entscheidend ist allerdings, auf welchen Quellen dieser Überhang beruht und wie wir damit umgehen.

Zum Verhandeln als wichtiges Merkmal guter Erziehung in unseren Zeiten

Es gibt eine breite Entwicklung, die für viele Länder dokumentiert ist. Peter Büchner (1989) hat sie auf die griffige Formel „Vom Befehlen und Gehorchen zum Verhandeln" gebracht. Er schreibt:

> *„Gehorsamsbereitschaft allein und Vertrauen in die Richtigkeit und Berechtigung von Anordnungen und Vorschriften sind nicht mehr selbstverständlich. Die Autoritätsperson gerät unter Rechtfertigungsdruck. Kinder und Jugendliche haben*

dadurch offensichtlich heute einen größeren Handlungsspielraum als noch vor 30 Jahren. Sie können sich ohne unmittelbare Angst vor Bestrafung größere Freiheiten herausnehmen, auch wenn dies oft bedeutet, dass Eltern mehr Rücksicht nehmen müssen: Von ihnen werden Einfühlungsvermögen, Sichhineinversetzen in kindliche Rollen und partnerschaftliche Umgangsformen erwartet". (Büchner 1989, S. 200).

Es gibt viele Belege dafür, dass damit eine breite Entwicklungslinie beschrieben ist. Aber über das Maß an unmittelbarer körperlicher Gewalt in der Beziehung zwischen Kindern und Erwachsenen sollten wir uns nicht täuschen. In meinen Interviews mit Kindern, die in Heimen lebten, beschrieben sie immer wieder, dass es ganz normal und in Ordnung sei, dass man mal von seinen Eltern geschlagen wird, aber einen richtig zusammenschlagen, das sei nicht okay. Die oben dargestellte Entwicklung illustriert also eher die Verbreitung von Körperstrafen in früheren Zeiten als ihr Fehlen heute.

Dies berücksichtigend, können wir insgesamt davon ausgehen, dass es eine solche Entwicklung - „weniger befehlen und gehorchen, mehr verhandeln" - gibt. Was bedeutet das für die Kinder? Ist es gut für sie und schlecht für uns?

Für die Kinder ergibt sich ein größerer Handlungsspielraum, wenn wir ihnen zuhören, verhandeln, unsere Entscheidungen begründen. Sie können die Regeln stärker mitbestimmen, brauchen harte Körperstrafen weniger zu fürchten, sind sich ihrer Rechte und ihrer eigenen Menschenwürde eher bewusst und machen früher die Erfahrung, als Gesprächs- und Verhandlungspartner ernst genommen zu werden. Die heute Erziehenden brauchen mehr und bessere Argumente als ihre Eltern und - im Heim - die Erzieher/innen der Generation zuvor.

Sie müssen eher Kompromisse schließen und sich stärker zurückhalten, wollen sie nicht in den Augen ihrer Kinder, der Menschen in ihrem Umfeld und - insbesondere da wird es bedeutsam - in ihren eigenen Augen als rückständig, autoritär, ja als geradezu primitiv dastehen. Wir können durchaus Freude empfinden, wenn ein kleines Kind selbstbewusst vor uns steht und dem körperlich unendlich überlegenen Erwachsenen angstfrei widerspricht. Das ist nicht nur für das Kind gut, sondern auch für den Erwachsenen, wenn er es nicht mit einer angstgesteuerten Unterwürfigkeit zu tun hat.

Wenn die Angst vor Körperstrafen geringer wird, vielleicht auch für einige Kinder entfällt, dann werden sie freier. Aber es entsteht nicht einfach das Kinderparadies, wie es vielleicht auf den ersten Blick aussehen könnte. Denn andere Einschränkungen nehmen zu.

Am Beispiel der Verhandlungen zwischen Jacob und seiner Mutter möchte ich das illustrieren. Wir können ungefähr die folgende Interaktion beobachten:

„Jacob, hol' mal deine Schuhe, wir müssen einkaufen gehen."

„Oahnee, da hab ich überhaupt keine Lust. Du kannst alleine gehen. Immer das doofe Einkaufen. Du hast mir auch versprochen, dass du mir noch ein Buch vorliest. Das machst du jetzt wieder nicht."

„Hör mal zu Jacob. Wir haben keine Leberwurst mehr …"

„Oahnee" (Jacob mag die Leberwurst tatsächlich sehr gerne, aber er ahnt, dass sie hier nicht als Brotaufstrich verwendet wird, sondern zu einem anderen Zwecke).

„… die können wir dann auch kaufen."

„Aber du hast mir das versprochen …"

„Okay, such' dir ein schönes Buch aus, ich les' dir das vor, aber dann gehen wir auch. Okay?"

„Okay. Zwei Bilderbücher!"

„Jacob!"

„Okay, aber dann dies hier" (und er schleppt ein dickes Buch an).

Eine Zeit später: „So Jacob, jetzt hol mal deine Schuhe, wir wollen dann gleich los."

„Jaja, ich hol sie ja schon."

Jacob hat offensichtlich kein bisschen mehr Lust als vorher, zum Einkaufen zu gehen. Aber er schleicht jetzt los und holt seine Latschen.

Er ist in seiner Widerstandkraft gehandicapt. Denn er findet es ja selbst nicht ganz fair, jetzt noch Theater zu machen, nachdem seine Mutter ihren Teil der Absprachen eingehalten hat. Durch die Verhandlungen hat seine Mutter sein Gewissen beeinflusst. Sein Über-Ich kollaboriert mit den Erwartungen der Mutter. Dadurch ist nicht nur eine äußere Anpassung des Verhaltens erreicht, sondern auch eine Veränderung seines Gefühlshaus-haltes.

Die Kinder, mit denen verhandelt wird, erleben also auch eine Begrenzung ihrer Freiheit. Da alle Formen von Partizipation notwendigerweise Elemente von Verhandeln haben, von Absprachen treffen und Kompromisse schließen, sind sie nicht einfach nur angenehm. Sie verwickeln die Kinder auch in die Entscheidungen, bringen Verpflichtungen mit sich und zwar solche, die durch das eigene Gewissen bewirkt werden, von denen man sich also nicht so leicht frei machen kann wie von den Erwartungen, die man nur einhält, wenn der Kontrolleur im Raum ist.

Es ist also bei genauerem Hinsehen gar nicht so selbstlos und großzügig von uns. Aber es ist notwendig, damit die Kinder später gut zurechtkommen können. Ohne ein hohes Maß erlernter Fähigkeit zur Selbststeuerung erfolgen auch im späteren Erwachsenenleben ständig Eingriffe in das eigene Leben. Man wird dann lebenslang der Adressat fremder Kontrolle.

Wir müssen in unseren Betreuungsarrangements - ob in einer der vielen Heimerziehungsformen oder der Betreuung in Pflegefamilien - ein Lernfeld schaffen, in dem die Kinder solche Fähigkeiten lernen können, wenn wir das zentrale Ziel der Erziehung - nämlich, dass sie sich zu selbstständigen Menschen entwickeln - erreichen wollen.

Bevor ich noch einige heikle Punkte skizziere, möchte ich genauer bezeichnen, was Teilhabe mindestens umfassen muss:

- Das Zuhören und genau Hinsehen des Erziehenden mit der Neugier dessen, der sich für den anderen Menschen wohlwollend interessiert.
- Mitentscheiden: Wenn über die Angelegenheiten der Kinder entschieden wird, müssen sie das Recht haben mitzuentscheiden.
- Lebensverhältnisse gestalten: Wenn die Kinder in unsere Einrichtungen kommen, sollen sie nicht in eine fertige Welt kommen, in die sie sich nur noch einfügen müssen, sondern sie sollen sie mitgestalten können, in ihr Spuren hinterlassen und Aufgaben gemeinsam bewältigen.

Manche werden vielleicht fragen: Können die Kinder das überhaupt schon? Können insbesondere die von uns betreuten Kinder das?

Ein entwicklungsförderndes Lernfeld enthält immer Anforderungen, die die Lernenden noch nicht ganz erreichen können. Im Vertrauen auf ihre grundsätzliche Lernfähigkeit, eine Abfederung der Risiken des Scheiterns und einer Dosierung, die eine andauernde, drastische Überforderung verhindert, geht es darum, ihnen etwas zuzutrauen und zuzumuten, was sie noch nicht ganz und noch nicht sicher beherrschen. So entwickeln sie sich und wir uns auch.

Teilhabe kann auch Komplikationen und Konflikte hervorbringen

Partizipation macht nicht unbedingt und immer Spaß. Die Menschen haben nicht immer ein Interesse daran, an den sie betreffenden Entscheidungen beteiligt zu sein. Einige Gründe möchte ich anführen. Zum einen sind die Prozesse, die von allen beeinflusst werden können, die sie betreffen, oft sehr ressourcenaufwändig und sie werden als anstrengend erlebt. Die eigene Sichtweise vorzustellen, die der anderen auszuhalten, Kompromisse zu suchen und Absprachen zu treffen, das erfordert viel Zeit und manchmal auch Geduld. Oft ist das Ergebnis für jeden Einzelnen auch nicht (ganz) überzeugend, und die eigenen Anliegen sind nur zum Teil berücksichtigt. Insbesondere in Krisensituationen kann es sehr schwierig sein, die hierfür notwendigen Ressourcen aufzubringen. Ein anschauliches Beispiel gibt Siegfried Bernfeld aus dem Kinderheim Baumgarten im Jahre 1919:

> *„Die Wahl war durch Zuruf, besser durch ein allgemeines Gebrüll vorgenommen worden, die Vorschläge einiger, die auf Stimmzettel und eine gewisse pedantische Ordnung des Vorganges hingezielt hatten, waren niedergeschrieen worden. Als die Mädchen davon hörten, wollten sie auch einen Ausschuss haben und besprachen die Sache mit Dr. Hilda Geiringer, der Lehrerin, die mit den älteren Mädchen speiste. Unter den Mädchen gab es Opposition: einige wollten keinen Ausschuss haben, es war dies eine Minderheit, aber sie wehrte sich krampfhaft. Die Mehrheit setzte aber sogar eine regelrechte Wahl mit Stimmzettel durch (ohne Beeinflussung durch Dr. G.); die Minderheit war unglücklich, einige weinten, weil sie ‚wählen mussten'. Dies ging den Nachmittag und Abend lang" (Bernfeld 1974, S. 139).*

Außerdem kann es auch als Vorteil erlebt werden, wenn andere entscheiden, die dann die Verantwortung haben oder Schuld an misslingenden Prozessen sind. Man sieht sich dann zwar ohnmächtig den Verhältnissen ausgeliefert, aber man ist auch entlastet von eigenen Anstrengungen, zielgerichtet Einfluss zu nehmen. Wir kennen diesen Zusammenhang aus der Forschung zur erlernten Hilflosigkeit und aus der Untersuchung von Attributionsprozessen.

Formale Teilnahme ist keine Garantie für richtige Teilhabe, oft ist es eher umgekehrt. Jugendliche beschreiben ihre Erfahrungen im Hilfeplangespräch oft als Zwang, an einem Prozess teilnehmen zu müssen, den sie gar nicht mitgestalten können. Aus einem Interview mit einem 14-Jährigen (Abels 2006, S. 60) stammt diese Passage:

A: „Aber meistens machen die das, was die wollen.
I: Wer, die?
A: Ja, die Gruppe, Mama und Jugendamt ...
I: Und wie ist das?
A: Ganz schön scheiße, weil man ... denkt, man hat überhaupt kein Mitspracherecht, warum muss man dann dabei sein? ... Total schrecklich ...“

Schließlich erhöht die Beteiligung auch die Komplexität und sie kann neue Probleme hervorbringen. Besonders deutlich wird dies, wenn die Jugendlichen einer Wohngemeinschaft intensiv an der Entscheidung über die Aufnahme eines neuen Jugendlichen beteiligt werden. Was für die einen - nämlich die Jugendlichen, die bereits dort wohnen - die Erfahrung hervorbringt, dass sie nicht in einer Zwangsgruppe leben, in der sie sich ihre Mitbewohner nicht aussuchen können, ist für den sich bewerbenden Jugendlichen eine potenzielle Quelle weiterer Verletzungen. Solche Spannungen kann man nicht vermeiden, aber doch elegant mit ihnen umgehen und die Beteiligten zu einem Perspektivenwechsel anregen, der die Verständigung erleichtert. Dies illustriert, dass auch die Teilhabe ein mühsames Geschäft sein kann.

Qualitätskriterium: Teilhabe fördern

Damit die Rede von der Teilhabe nicht zu einer Sonntagsrede wird, der alle zustimmen, die aber nichts verändert, möchte ich zum Abschluss einige Qualitätsmerkmale skizzieren, an denen wir einen Lebensort erkennen können, der durch Teilhabe die Entwicklung fördert.

Zunächst: Die perfekte Organisation ist ein totes pädagogisches Feld. Wenn alles einem großen durchdachten Plan folgt, arbeitsteilig organisiert ist - bestimmte Mitarbeiter/innen sind für das Essen, andere für die Wäsche, die Erziehung oder wichtige Entscheidungen zuständig -, wenn der Apparat wie geschmiert funktioniert, solange jedes Rädchen an seinem Platz bleibt, dann ist die pädagogische Leistungsfähigkeit ruiniert. In so einem System hinterlassen die Kinder auch ihre Spuren - wie ihre Graffiti in den fertigen Städten, in denen es eigentlich für sie nichts zu gestalten geben soll -, aber sie erfahren kein anregungsreiches, lebendiges Feld, das sie zur Mitgestaltung einlädt, ja das ohne ihre Mitwirkung und Beteiligung gar nicht vorstellbar ist.

Wenn Kinder mitgestalten, kommt dabei in der Regel nicht eine idyllische Kinderwelt heraus, sondern manchmal ein Feld, das unseren ästhetischen Wünschen nicht so ganz entspricht. Das müssen wir zulassen können und wollen.

Das Verhältnis von Kind und Institution, egal ob im Heim oder einer Pflegefamilie, darf nicht nach dem Motto gedacht sein: Wir waren schon immer da, du bist neu und musst dich hier einfügen. Das System muss flexibel sein wollen und können, es muss sich selbst mit den Kindern verändern können. Die Kinder stehen immer auch vor Anpassungsaufgaben, aber die Anpassungsleistung muss eine gegenseitige sein. Dann entsteht ein entwicklungsfördernder Ort.

Schließlich vergiftet die Drohung mit Verlegung und Abschiebung das Feld. Alle Kinder, die in anderen Familien oder Arrangements betreut werden, haben Aussonderungserfahrungen. Manche haben immer wieder Beziehungsabbrüche und nicht selbst initiierte Ortswechsel erlebt.

Karlheinz Thimm (1995, S. 234) zitiert einen 16-jährigen Jugendlichen, der seine Erfahrungen mit Heimverlegungen so zusammenfasst:

„Ihr checkt das einfach nicht, welche Umstellung das ist, wenn man von Heim zu Heim geht. Schule, Freundschaften, ein lieb gewonnenes Herz musst du alleine lassen, andere Leute, andere Regeln, andere Kritiken, andere Charakteristiken, andere Idioten, die dich nicht für voll nehmen, Schulprobleme wegen dem Unterrichtsstoff.“

Auch wenn diese erzwungenen Wechsel mit ihrem Wohl („Wo anders kann dir besser geholfen werden!“) begründet werden, verstehen sie es verständlicherweise fast immer als Strafe. Deswegen ist die Treue in der Betreuung, das Versprechen eines Ortes, auf den man sich einlassen kann, an dem sie Menschen finden, die sie - gegen ihre bisherigen Lebenserfahrungen - aushalten können, die Schlüsselfrage aller Partizipationsdebatten. Erst das Einlösen dieses Versprechens eröffnet weitergehende Beteiligungs- und Gestaltungsmöglichkeiten. Die Rede von der Partizipation bleibt Geschwätz, wenn diese Dimension vernachlässigt wird. Der Rausschmiss - und so selten ist er weder in Heimen (Freigang 1986) noch in Pflegefamilien (Jordan 1996) - produziert neue Ohnmachtserfahrungen und Kontrollverluste, löst wiederum das Gefühl aus, nicht genügt, sondern versagt zu haben, ein Mensch zu sein, den keiner haben will, und führt zu neuen, von uns zu verantwortenden schweren Belastungen. Das flammende Plädoyer von Martin Bonhoeffer (1980, S. 128) gilt weiterhin:

> *„Freiheitsentzug ausgenommen, ist Abschieben die schlimmste Strafe, die es gibt. Es ist Verstoßen, das dem Abgeschobenen sein bisschen Glück und Zukunft, seine erworbenen Rechte und seine Rattenlöcher nimmt. Es ist auch eine Strafe für die anderen, denen man zugleich ihr Sozialgefüge zerstört, ihre Freunde nimmt. Abschieben bereitet Angst durch das Erleben dieser Prozedur an dem Geächteten. Es mag noch so elegant verpackt sein, ja herzliches Bedauern deutlich werden, Abschieben bedeutet Aufgeben."*

Erst wenn das Verstoßen der Kinder und Jugendlichen nicht mehr zum Repertoire der Sanktionen gehört, fangen die Fragen nach der Teilhabe an. Wer den Ausschluss immer wieder praktiziert, sollte von Teilhabe nicht reden.

In meiner Forschung, in der die Kinder und manchmal ihre Eltern ausführlich zu Wort kommen, finden wir beides: bedrückende Beschreibungen und belastende Lebenserfahrungen auch in Einrichtungen, aber auch wunderbare Beispiele, wenn aus den Erzählungen der Kinder hervorgeht, wie sie geradezu aufblühen in einem Lebensfeld, das sie in unseren Einrichtungen gefunden haben. Es lohnt sich, dass wir uns darum bemühen.

Literatur

Abels, Inga: Kinder zwischen Heimerziehung und Kinder- und Jugendpsychiatrie. Übergänge im Erleben der Betroffenen. Diplomarbeit an der Universität Siegen http://www2.uni-siegen.de/~wolf/Diplomarbeiten/Inga_Abels.pdf.

Bernfeld, Siegfried (1974): Antiautoritäre Erziehung und Psychoanalyse. Frankfurt a. M. (Bd. 1).

Bonhoeffer, Martin (1980): Aus Kritik am Heim. Kinder in Ersatzfamilien. In: Bonhoeffer, Martin / *Widemann*, Peter (Hg.): Kinder in Ersatzfamilien. 2. Aufl., Klett, Stuttgart, S. 124-140.

Brumlik, Micha (Hg.) (2007): Vom Missbrauch der Disziplin. Die Antwort der Wissenschaft auf Bernhard Bueb. 1. Aufl., Beltz J, Weinheim.

Büchner, Peter (1989): Vom Befehlen und Gehorchen zum Verhandeln. Entwicklungstendenzen von Verhaltensstandards und Umgangsformen seit 1945. In: Preuss-Lausitz, Ulf / Büchner, Peter / Fischer-Kowalski, Marina u. a. (Hg.): Kriegskinder, Konsumkinder, Krisenkinder. Zur Sozialisationsgeschichte seit dem Zweiten Weltkrieg. Beltz, Weinheim / Basel, S. 196-212.

Bueb, Bernhard (2006): Lob der Disziplin. Eine Streitschrift. List, Berlin.

Fend, Helmut (1972): Sozialisierung und Erziehung. 5. Aufl. Eine Einführung in die Sozialisationsforschung. Beltz, Weinheim / Berlin / Basel.

Freigang, Werner (1986): Verlegen und Abschieben. Zur Erziehungspraxis im Heim. Juventa München / Weinheim.

Jordan, Erwin (1996): Vorzeitig beendete Pflegeverhältnisse. In: Gintzel, Ullrich (Hg.): Erziehung in Pflegefamilien. Auf der Suche nach einer Zukunft. Votum, Münster, S. 76-119.

Nohl, Herman (1973): Der pädagogische Bezug und die Bildungsgemeinschaft. In: Kluge, N. (Hg.): Das pädagogische Verhältnis. Darmstadt, S. 35-45.

Thimm, Karlheinz (1995): Gewalttätigkeit von Menschen - Gewaltförmigkeit von Verhältnissen: Analytische Bemerkungen zu Struktur und Dynamik von Gewalt in Heimen. In: Helsper, W. / Wenzel, H. (Hg.): Pädagogik und Gewalt. Möglichkeiten und Grenzen pädagogischen Handelns. Opladen, S. 225–245.

Wolf, Klaus (1999): Machtprozesse in der Heimerziehung. Münster (jetzt München).

Wolf, Klaus (2007): Zur Notwendigkeit des Machtüberhangs in der Erziehung. In: Kraus, Björn / Krieger, Wolfgang (Hg.): Macht in der Sozialen Arbeit. Interaktionsverhältnisse zwischen Kontrolle, Partizipation und Freisetzung. Jacobs Verlag, Lage., S. 93–128.

Partizipation:

eine Herausforderung in der Kinder- und Jugendhilfe

Es gibt Streit in einer betreuten Wohngruppe. Eine Jugendliche ist sauer, weil ihre Zimmertür strafweise ausgehängt wurde. Die Jugendliche geht zu ihrer zuständigen Betreuerin im Jugendamt. Dort wird das Mädchen abgespeist: Die Betreuer in der Wohngruppe würden schon gute Gründe haben, so zu handeln. Man schickt das Mädchen zurück. In der Zwischenzeit ist ihre Zimmertür wieder eingehängt worden.

Dieses Praxisbeispiel zeigt, dass Beteiligung der Adressat(inn)en[1] in der Kinder- und Jugendhilfe ein schwieriger Fall ist. Zwischen dem Anspruch, die betreuten Kinder und Jugendlichen zu beteiligen, und der Realität klafft oft eine Lücke.

Aus der Fachdiskussion der Kinder- und Jugendhilfe in Deutschland ist das Thema Partizipation nicht mehr wegzudenken. Kinderrechtsbewegung, UN-Kinderrechtskonvention, kinder- und jugendpolitische Beteiligungsmodelle, deutschlandspezifische (z. B. Achtes Sozialgesetzbuch) und bundeslandspezifische rechtliche Regelungen (z. B. Verordnungen zu Landesheimräten in Hessen und Thüringen), fachliche Empfehlungen zur Heimerziehung (z. B. in Bayern) und auch die Aktivitäten auf der Ebene der Kommunen, die bürgerschaftliches Engagement stärken wollen, haben die Diskussion um Partizipation von Adressat(inn)en in der Kinder- und Jugendhilfe in den letzten Jahren deutlich gefördert.

[1] Der Begriff Adressat(inn)en bezieht sich sowohl auf Kinder und Jugendliche als auch Eltern und auf die Tatsache, dass sie Leistungen nach dem § 27 ff. SGB VII (Hilfen zur Erziehung) beziehen.

Wie zentral Beteiligung für ein gelungenes Aufwachsen ist, belegen Studien und theoretische Ansätze aus unterschiedlichen Bereichen, z. B. das Konzept der Salutogenese[2], Ergebnisse zur Selbstbildung[3] oder auch Erkenntnisse der Entwicklungspsychologie (vgl. Pluto & Seckinger 2003). Diese Konzepte beschreiben den Einfluss, den Beteiligung auf das eigene Handeln hat, als zentralen Faktor für eine gelingende Lebensgestaltung. Auch Studien im Bereich der Kinder- und Jugendhilfe, wie die Tübinger Studie zu den Leistungen und Grenzen der Heimerziehung (Baur, Finkel, Hamberger & Kühn 1998), von Albert Lenz zur Erziehungsberatung (2001) und Klaus Wolf zu Machtprozessen in der Heimerziehung (1999) zeigen, dass Kinder und Jugendliche Hilfe als erfolgreich bewerten, wenn sie das Gefühl hatten, ernsthaft einbezogen worden zu sein.

Dass man sich mit dem Thema auf den unterschiedlichen Ebenen beschäftigt, ist ein Hinweis darauf, dass sich die Gesellschaft verändert hat. Pädagogische Grundannahmen, was erziehen heute sein kann, kommen nicht umhin, partizipatives Handeln und die dafür notwendigen Strukturen vorauszusetzen. Auch für Familien kann man diese Entwicklung anhand der Veränderung von einem gehorsamsorientierten zu einem aushandlungsorientierten Erziehungsstil zeigen (vgl. Du Bois-Reymond 2001).

Die Umsetzung in die Praxis bereitet - nicht nur, aber auch - den erzieherischen Hilfen nach wie vor Schwierigkeiten. Ein wesentlicher Grund liegt in den Voraussetzungen, die für fachliches Handeln in den erzieherischen Hilfen gelten: Wie jedes pädagogische Handeln ist es mit Unsicherheiten behaftet. Gleichzeitig sieht es sich mit einer doppelten Auftragslage konfrontiert (Hilfe und Kontrolle), muss sich nach den jeweiligen Handlungslogiken der Institutionen richten und ist einem hohen öffentlichen Erwartungsdruck nach schnellen, gesellschaftsverträglichen Lösungen ausgesetzt. Kinder, Jugendliche und deren Eltern befinden sich in einer krisenhaften Lebenssituation, in der häufig folgenreiche Entscheidungen für die Zukunft anstehen; das stellt die Praktiker/innen vor zusätzliche Herausforderungen, wenn sie dem Anspruch gerecht werden wollen, Kinder und Jugendliche zu beteiligen.

Der Anspruch, Adressat(inn)en an der Hilfe zu beteiligen, gerät so im Alltag der Kinder- und Jugendhilfe, insbesondere im Kontext der Hilfen zur Erziehung, zwischen

[2] Die Salutogenese wurde von dem israelisch-amerikanischen Medizinsoziologen Aaron Antonovsky (1923-1994) in den 1970er Jahren als Gegenbegriff zur Pathogenese entwickelt. Nach dem Salutogenese-Modell ist Gesundheit kein Zustand, sondern muss als Prozess verstanden werden. (vgl. http://de.wikipedia.org/wiki/Salutogenese).

[3] Konzepte zur Selbstbildung stellen die Eigenaktivität von Subjekten, die aus dem Wunsch entsteht, Sinnhaftes und Bedeutsames in der Welt durch die Auseinandersetzung mit der Umwelt zu erfahren, in den Vordergrund (vgl. z. B. Leu 1999).

die widerstreitenden Anforderungen und wird dabei nicht selten hintangestellt, aufgerieben oder weniger beachtet. Im Alltag müssen sich Adressat(inn)en ihr Beteiligungsrecht erst durch Wohlverhalten verdienen oder man versucht ihnen zu beweisen, dass sie sich besser in die Abhängigkeit professioneller Unterstützung begeben. Mitunter wird auch an der Einlösbarkeit des Beteiligungsrechts gezweifelt, als Gründe werden die vielen ungelösten gesellschaftlichen Spannungen und Probleme genannt, mit denen die Kinder- und Jugendhilfe konfrontiert ist. Um uns zu sensibilisieren, müssen wir uns an der Utopie einer Welt orientieren, in der das Recht an der Gestaltung des eigenen Lebens als unhintergehbar gilt, in der tatsächlich jede als Expertin und jeder als Experte für sein eigenes Leben angesehen wird; nur so können wir den mehr oder weniger subtilen Formen der Machtausübung entkommen, die im Namen der Koproduktion zu finden sind (vgl. Winkler 2000). Erst dann werden die Herausforderungen für die eigene professionelle Rolle, die Rahmenbedingungen der Institution und die Formen adäquater Beteiligung deutlich und können in die alltäglichen Handlungsvollzüge integriert werden.

Die in diesem Beitrag vorgestellten Ergebnisse sind im Rahmen des Projektes „Jugendhilfe und sozialer Wandel - Leistungen und Strukturen" am Deutschen Jugendinstitut entstanden; es wird durch das deutsche Bundesministerium für Familie, Senioren, Frauen und Jugend gefördert (vgl. Projekt Jugendhilfe und sozialer Wandel - www.dji.de/jhsw, Pluto 2006). Ziel dieses Projektes ist es, auf Basis unterschiedlicher empirischer Erhebungen[4] Aussagen über die Rahmenbedingungen und die Leistungsfähigkeit des Kinder- und Jugendhilfesystems zu treffen. Überprüft wird in diesem Projekt, inwiefern die Maximen, die dem Kinder- und Jugendhilfegesetz zugrunde liegen, umgesetzt werden und welche Rolle soziale Veränderungsprozesse spielen. Neben anderen Themen werden auch Daten zur Beteiligung von Adressat(inn)en erhoben. Die mittels Fragebogen gewonnenen Ergebnisse werden vor dem Hintergrund der Fachpraxis interpretiert und bewertet.

Im Rahmen dieses umfassenden Projekts wurde auch eine qualitative Studie zur Beteiligung von Adressat(inn)en in den Hilfen zur Erziehung durchgeführt. Im Mittelpunkt der Studie stand die Frage: Wie kann es gelingen, das zentrale Paradigma Partizipation im Alltag der erzieherischen Hilfen stärker als bisher zur Geltung zu bringen? Hierzu wurden Jugendliche, Eltern und Fachkräfte auf unterschiedlichen Hierarchieebenen in Einrichtungen der erzieherischen Hilfen und bei Jugendämtern interviewt; es wurde an Sitzungen eines Heimrats teilgenommen, Workshops und

[4] Befragt werden Jugendämter, Einrichtungen (teil)stationärer Hilfen zur Erziehung, Geschäftsstellen freier Träger, Jugendringe und Jugendverbände.

Fortbildungsveranstaltungen durchgeführt sowie Beteiligungsprozesse in Einrichtungen über einen längeren Zeitraum hinweg beobachtet. Eine genaue Beschreibung des methodischen Vorgehens findet sich bei Pluto, Mamier, van Santen, Seckinger & Zink 2003. Der Fokus der durchgeführten Leitfadeninterviews lag auf dem Erleben von Beteiligung und der Umsetzung (Verständnis von Partizipation, positive wie negative Erfahrungen mit Beteiligung). Das Forschungsinteresse richtete sich dabei sowohl auf den gesamten Prozess der Hilfeplanung als auch auf die konkrete Ausgestaltung der einzelnen Hilfeformen.

Beteiligung - ein schwieriger Fall für die Kinder- und Jugendhilfe?

Wie können Fachkräfte unterstützt werden, um die Adressat(inn)en an allen sie betreffenden Entscheidungen zu beteiligen? Im Folgenden greife ich vier Aspekte heraus, die aufzeigen, auf welchen Ebenen und in welcher Form ein Umdenken notwendig ist, damit Fachkräfte das Recht auf Beteiligung umsetzen können:

- Fachliches Selbstverständnis
- Rahmenbedingungen
- Beteiligte Fachkräfte
- Institutionelle Beteiligungsformen

Beteiligung braucht ein spezifisches fachliches Selbstverständnis

Eine Fachkraft im Jugendamt schildert ihre Bedenken, die sie gegenüber der Anforderung hat, Adressat(inn)en bei der Entscheidung über eine Hilfe zur Erziehung zu beteiligen. Man sei schließlich nicht auf dem Basar! Wo bliebe denn die eigene Fachlichkeit, wenn nun die Eltern oder deren Kinder entscheiden, welche Hilfe sie bekommen?

Dass die programmatischen Ansprüche nicht einfach umzusetzen und in die eigenen Handlungsvollzüge zu integrieren sind, zeigen die Ergebnisse der qualitativen Studie bezogen auf das Verständnis des fachlichen Standards „Partizipation von

Adressat(inn)en". Die Interviews mit den Fachkräften verdeutlichen, dass es bei den Fachkräften in den Einrichtungen und im Jugendamt eine tiefe fachliche Verunsicherung gegenüber dem Beteiligungsanspruch gibt, auch wenn grundsätzliche Übereinstimmung darüber besteht, dass Kindern und Jugendlichen gewisse Rechte und Mitwirkungsmöglichkeiten zustehen. Die Unsicherheit zeigt sich an verschiedenen Aspekten des professionellen Handelns und an den Reaktionen auf den Anspruch, Kinder und Jugendliche an der Gestaltung ihrer Lebensumwelt zu beteiligen (vgl. auch Pluto & Seckinger 2003).

Die Verunsicherung richtet sich auch auf die eigene Rolle als Expertin oder Experte: Nicht selten taucht die Frage auf, ob die eigenen erworbenen Fähigkeiten noch gebraucht oder aber entwertet werden. Diese Verunsicherung wird in dem skizzierten Beispiel angedeutet. Die Fachkraft grenzt ihr eigenes Handeln von dem eines Basars ab, um deutlich zu machen, dass es nicht nur um das Aushandeln geht.

Erkennbar wird die Verunsicherung der eigenen Expert(inn)enrolle auch daran, dass Partizipation nicht als integraler Bestandteil pädagogischen Handelns aufgefasst, sondern als eine von mehreren möglichen Handlungsalternativen begriffen wird. Häufig sind nur eingeschränkte Bereiche des Alltages der Kinder und Jugendlichen in stationären Hilfen für eine Beteiligung offen, während andere Bereiche für einen Aushandlungsprozess unzugänglich bleiben. Besonders deutlich wird dies an einem Vergleich der Bereiche, die Kindern und Jugendlichen für Aushandlungsprozesse geöffnet werden und welche nicht: Kinder und Jugendliche dürfen, so die Ergebnisse der Befragung von Einrichtungen, meistens bei der Freizeitgestaltung in der Einrichtung mitbestimmen, hingegen ist eine Beteiligung der Kinder und Jugendlichen an der Einstellung neuer Mitarbeiter/innen in drei von vier Einrichtungen ausgeschlossen, obwohl die Auswahl der Betreuungspersonen zentrale Fragen der Hilfegestaltung berührt (vgl. Gragert, Pluto, van Santen & Seckinger 2005).

Beteiligungsforderung erzeugt häufig das Missverständnis, dass ihre Realisierung eine Umkehrung der Machtverhältnisse zur Folge habe und die eigene Fachlichkeit dadurch ihre Berechtigung verliere. Partizipation wird damit gleichgesetzt, dass man als Fachkraft keine eigene Meinung vertreten dürfe. Dies löst Fantasien von Unkontrollierbarkeit, Grenzenlosigkeit und auch Angriff auf den eigenen fachlichen Status aus. Der Hilfeprozess wird somit für die Fachkräfte zu einem unsicheren Unterfangen, bei dem sie das Gefühl verlieren, dass der Prozess von ihnen im Voraus geplant und gesteuert werden kann. In der Konsequenz wird von den Fachkräften versucht, den Anspruch auf Beteiligung zu kontrollieren, ihn auf der Basis der eigenen fachlichen Einschätzung zuzulassen oder einzuschränken. Fachlich begleitete Aushandlungsprozesse werden in diesem Verständnis nicht eröffnet.

Die Betreuer einer Einrichtung haben unter der Überschrift „Beteiligung" ein Projekt in der Einrichtung gestartet, auf das sie sehr stolz sind: Das Heimgelände ist in Regionen aufgeteilt worden. Die Kinder und Jugendlichen sind seither selbst dafür verantwortlich, diese Parzellen sauber zu halten. Sie entscheiden allein, wann sie es von Papier und Unrat säubern, und erinnern andere daran, die Gebiete nicht zu verschmutzen.

Das Beispiel veranschaulicht eine andere Variante des missverstandenen Umgangs mit dem Beteiligungsrecht: Beteiligung wird mit der Erfüllung von Pflichten gleichgesetzt. Beteiligung wird vorgeschützt, um pädagogische Ziele (Selbstständigkeit im Bereich der Sauberkeit und Ordnung) zu erreichen, und passt somit ins eigene professionelle Selbstverständnis. In der Logik dieser Betrachtungsweise müssen Beteiligungsmöglichkeiten von den Adressat(inn)en erst im Laufe der Zeit verdient werden und können jederzeit entzogen werden. Andere Beispiele aus den Interviews betreffen den Umgang mit Regeln. In sehr vielen Einrichtungen existieren von den Fachkräften festgelegte Zeiten, wann man in einem bestimmten Alter zu Hause sein muss (die im Jugendschutzgesetz definierten Grenzen werden, wie eine Auswertung von Hausordnungen zeigt, dabei häufig unterschritten). Erst wenn man als Jugendlicher bewiesen hat, dass man pünktlich wieder in die Einrichtung zurückkehrt, erhält man beispielsweise das Recht, über eine Veränderung der Weggehzeiten diskutieren zu dürfen oder erhält im Gegenzug andere Rechte, die bis dahin verwehrt waren.

So stellt sich, angeregt durch die Beteiligungsdiskussion, die Frage, wodurch Expert(inn)en in der sozialen Arbeit ihre Expert(inn)enrolle begründen können, wenn im Rahmen der gemeinsamen Entscheidungsfindung die Adressat(inn)en durch ihre Mitwirkung großen oder sogar den größten Einfluss auf das Ergebnis haben? Oder anders formuliert: Die Adressat(inn)enbeteiligung stellt die Frage nach der professionellen Identität neu. Dies ist kein Thema, das auf die soziale Arbeit beschränkt ist: Die im Schul- oder Gesundheitssystem beobachtbaren Schwierigkeiten, zu mehr Beteiligung zu kommen, sind zum Teil auf berufliche Identitätsentwürfe zurückzuführen, bei denen die berufliche Identität auf dem klassischen Expert(inn)enmodell beruht.

Mit den empirischen Daten der Studie lässt sich zeigen, dass viele Fachkräfte in der Kinder- und Jugendhilfe ihre Expert(inn)enrolle dahin gehend definieren, dass sie wissen, was für Kinder, Jugendliche und ihre Familien gut ist. In ihren (Experten-)Augen ist es sinnlos, die Eltern und Kinder nach Strategien zur Verbesserung ihrer Lebenssituation zu fragen, es ist ja offensichtlich, dass sie mit ihren bisherigen Strategien gescheitert sind. So sagt etwa eine Mitarbeiterin eines Jugendamts im Interview, sie verstehe nicht, warum für das Hilfeplanverfahren ein solcher Aufwand notwendig sei! Sie wisse bereits nach wenigen Minuten, welche Hilfe die Familie bzw. das Kind brauche. Schließlich habe sie eine langjährige Berufserfahrung.

Je stärker die Fachkräfte die Verunsicherung durch den Beteiligungsanspruch empfinden, desto heftiger werden sie ihren Expertenstatus zu verteidigen suchen. Hinzu kommt, dass das öffentliche Image der Berufsgruppe den Status als Experte nicht unterstützt. Dies hat zur Folge, dass sich die berufliche Identität aus der Gewissheit speist, zu wissen, was für andere gut ist. Die berufliche Identität entsteht durch die sichere Überzeugung und die Erfahrung, dass man als Fachkraft wesentlich dazu beitragen kann, durch gezielte Intervention die Lebenssituation der Adressat(inn)en zu verbessern. Zur Förderung von Beteiligung wäre ein anderes Selbstverständnis viel hilfreicher: Expert(inn)en wissen, wie man Adressat(inn)en helfen kann, selbst herauszufinden, was gut für sie ist. Es scheint aber noch ein weiter Weg zu sein, bis der partizipationsfördernde Ansatz des Empowerments von den Fachkräften als identitätsstiftend erlebt wird. Bis es soweit ist, werden Fachkräfte die Forderung nach mehr Beteiligung weiterhin als Bedrohung ihrer beruflichen Identität erleben.

Beteiligung braucht entsprechende Rahmenbedingungen

Inwieweit werden Fachkräfte überhaupt darin unterstützt, Kinder und Jugendliche zu beteiligen? Sind die dafür notwendigen Rahmenbedingungen vorhanden? Es gibt zwar beispielsweise das Hilfeplanverfahren (§ 36 SGB VIII), das in vielen Jugendämtern entsprechend fachlich aufgegriffen wurde und die Beteiligungsmöglichkeiten für Adressat(inn)en verbessert hat, man kann aber auch feststellen, dass die vorhandenen Möglichkeiten und Instrumente für die Unterstützung von Aushandlungsprozessen bislang nicht ausreichend genutzt werden (vgl. Modellprogramm Fortentwicklung des Hilfeplanverfahrens). Die bisherigen Interviews mit den Adressat(inn)en zeigen, dass ihnen häufig sowohl der Stellenwert als auch die Konsequenzen eines Hilfeplangesprächs unklar sind. Sie fühlen sich nicht ausreichend über die anwesenden Personen, ihre eigenen Rechte und Möglichkeiten informiert: Wie können sie Vertrauenspersonen hinzuziehen, was sind die Ziele und die Tragweite des Hilfeplanes?

Die Rahmenbedingungen sind oft wenig förderlich: Informationsmaterial für Adressat(inn)en ist häufig nicht vorhanden; den Fachkräften fehlen Ressourcen, um über die dringende Gefahrenabwehr hinaus den fachlichen Anforderungen nachzukommen; Entscheidungsspielräume sind zu gering. Es fehlt an methodischem Know-how, wie man insbesondere kleinere Kinder mehr als nur mit einer bloßen Teilnahme an den Gesprächen in die Hilfeplanung einbeziehen kann, und es mangelt an entsprechenden Fortbildungsmöglichkeiten. Es ließen sich weitere Beispiele für den Einfluss der Rahmenbedingungen aufzeigen. Es ist jedoch offensichtlich, dass strukturelle Rahmenbedingungen für die Fachkräfte wichtige Unterstützungsfaktoren bei der Umsetzung von Beteiligung sind. Dazu gehören Fortbildungen, Supervision und das Festlegen entsprechender Qualitätsentwicklungsvereinbarungen; Entscheidungsbefugnisse der Mitarbeiter/innen; eine ausreichende Angebotspalette, die Wahlmöglichkeiten für die Adressat(inn)en überhaupt erst eröffnet. Diese Rahmenbedingungen bieten wichtige Reflexionsmöglichkeiten für das eigene Handeln. Diese Formen tragen dazu bei, dass Fachkräfte auch in die Lage versetzt werden können, die doppelte Auftragslage der erzieherischen Hilfen zu bewältigen und angemessene Handlungsstrategien zu finden. Beteiligung ist eine Frage der Haltung, ebenso aber eine Frage methodischen Handelns!

Beteiligung braucht beteiligte Fachkräfte

Die Erzieherinnen einer betreuten Wohngemeinschaft haben sich entschlossen, an einer Fortbildung teilzunehmen, bei der sie mehr über Möglichkeiten und Wege erfahren, Kinder und Jugendliche zu beteiligen. Etwa zur selben Zeit beschließt die Einrichtungsleitung im Alleingang eine neue konzeptionelle Ausrichtung eben dieser Einrichtung.

Wie sollen Fachkräfte, die selbst nicht an den wichtigen Entscheidungen innerhalb der Organisation beteiligt sind, Kinder und Jugendliche ermutigen, ihre Lebensbedingungen mitzugestalten? Die geplante Fortbildung wird von den Erzieherinnen vermutlich als Zumutung aufgefasst werden, Frustration ist vorprogrammiert. So einleuchtend dieser Zusammenhang auf dem Papier ist, im Alltag zeigen sich immer wieder Schwierigkeiten: Nach außen und nach oben (interne Hierarchie) tragen die Fachkräfte die Verantwortung für alles, gegenüber den Kindern und Jugendlichen sollen sie aber Verantwortung delegieren und damit Kontrolle abgeben. Auch deshalb braucht es einen Konsens über

Beteiligung: Sind die Fachkräfte selbst an innerbetrieblichen Entscheidungen beteiligt, dient dies auch als positives Modell.

Auch an einem weiteren Ergebnis wird dieser Zusammenhang offensichtlich: Beteiligung wird im Kontext der Hilfen zur Erziehung oft individualisiert gedacht. Vom Standpunkt des Hilfesystems und der Fachdiskussion betrachtet, ist die individuelle Perspektive zwingend notwendig: Qualifizierung bzw. Professionalisierung der Fachkräfte besteht zunehmend darin, individuell zugeschnittene Hilfen anbieten zu können. Wie die Praxis zeigt, ergeben sich daraus immer wieder Hürden für Partizipationsprozesse, z. B. indem Partizipationsmöglichkeiten von den Kompetenzen der Adressat(inn)en und der individuellen Problemkonstellation abhängig gemacht werden. Damit ist das Risiko groß, dass die Voraussetzungen und Bedingungen für Beteiligungsprozesse ebenfalls individualisiert werden und die institutionelle Form der Beteiligung eher abgelehnt wird. Die Möglichkeit für Adressat(inn)en, sich zu beteiligen, hängt somit von den einzelnen Fachkräften ab und ist insbesondere bei Konflikten zwischen den beiden Beteiligten wenig kalkulierbar. Auch für die Fachkräfte kann sich diese individualisierte Sicht nachteilig auswirken. Ihr persönliches Engagement für die Adressat(inn)en geht zugleich mit der Erwartung einher, dafür Anerkennung und Dankbarkeit zu erhalten. Diese Wertschätzung wird ihnen aber häufig genug versagt und als der Folge der Enttäuschung steigt das Risiko, dass Fachkräfte sich für die Gestaltung der Bedingungen für Beteiligung nicht mehr zuständig sehen. Adressat(inn)en geraten so in die Situation, erst beweisen zu müssen, dass sie sich beteiligen können, dass sie sich Beteiligung verdient haben. Wird Beteiligung jedoch als ein demokratisches Prinzip der Einrichtung verstanden, das für alle, also auch für die Fachkräfte gilt, sinkt die Gefahr dieser individualisierenden Sicht auf das Hilfegeschehen, in dem die Fachkräfte Einzelkämpfer sind.

Partizipation in Institutionen braucht institutionelle Beteiligungsformen

Der Heimrat einer Einrichtung schläft nach zwei Jahren Aktivität wieder ein. Die Jugendlichen, die an dem Aufbau des Heimrates mitgewirkt haben, haben die Einrichtung inzwischen verlassen. Andere Jugendliche sehen keinen Sinn darin, im Heimrat mitzuwirken, dort könne man ihrer Ansicht nach sowieso nichts erreichen. Einige Betreuer/innen der Einrichtung finden, dass die Jugendlichen zu wenig Interesse zeigen.

In der institutionellen, öffentlich organisierten Erziehung muss man Formen der Beteiligung finden, die die Individualität und das Besondere der Lebenssituation respektieren und gleichzeitig ernst zu nehmende, die Interessen der Kinder und Jugendlichen sichernde Instrumente sind. Fachkräfte tendieren dazu, sich hinter den Regeln der Institutionen zu verstecken. Damit verlieren die Adressat(inn)en Möglichkeiten, ihre Interessen, Bedürfnisse und Beschwerden angemessen einbringen zu können. Das Beispiel des nicht mehr aktiven Heimrates zeigt, dass diese institutionalisierten Beteiligungsmöglichkeiten nicht leicht zu verwirklichen sind. Dazu tragen die besonderen Bedingungen der erzieherischen Hilfen bei: Aufgrund der Fluktuation in den Einrichtungen kann die Zusammensetzung eines solchen Gremiums schnell wechseln. Als schwierig erweist sich auch, dass diese Gremien ohne Begleitung durch Fachkräfte nicht möglich sind, gleichzeitig den Kindern und Jugendlichen aber Entscheidungen nicht vorgegeben werden dürfen.

Bisher sind diese formalen Formen der Beteiligung, wie z. B. Beschwerdeverfahren, Heimräte und Kummerkästen wenig selbstverständlich (vgl. auch Babic & Legenmayer 2004). Die Ergebnisse der Erhebung bei Einrichtungen zu den institutionellen Mitbestimmungsmöglichkeiten zeigen, dass nur bei einem Drittel der Einrichtungen institutionalisierte Beteiligungsformen für die Adressat(inn)en vorhanden sind. Zudem wird deutlich, dass es nur bei wenigen Einrichtungen Indizien für eine entwickelte Partizipationskultur gibt, die sich in formalisierten Gremien abbildet; die Existenz von Gremien allein ist noch kein Ausdruck einer entwickelten Partizipation. Um zu sehen, welche Einrichtungen sich durch eine relativ hohe Absicherung institutioneller Beteiligungsmöglichkeiten auszeichnen, wurden folgende Kriterien untersucht: Es muss ein von den Kindern und Jugendlichen gewähltes Gremium geben, dessen Mitglieder auch eine Schulung erhalten haben. Nur 7 % aller Einrichtungen erfüllen diese Anforderungen.

Die Empirie gibt zudem Hinweise, dass institutionalisierte Formen der Beteiligung von den Fachkräften aus unterschiedlichen Gründen als für die Betreuung ungeeignet erachtet werden: Institutionalisierte Beteiligungsformen würden im Unterschied zur informellen Vorgehensweise zu wenig auf die Beziehungsebene zielen und eher unangemessen auf die individuelle Lage der Kinder und Jugendlichen reagieren; bei der Missachtung der jeweiligen Fallspezifik seien sie sogar kontraproduktiv. Aber kann man sich Situationen vorstellen, in denen es kontraproduktiv ist, die Rechte der Adressat(inn)en zu stärken?

Von formalisierten Beteiligungsformen wird insbesondere unter den Bedingungen einer dezentralisiert und individuell organisierten Kinder- und Jugendhilfe wenig erwartet. Um die formalen Beteiligungsformen tatsächlich nutzen zu können, müssten Kinder und Jugendliche bestimmte Anforderungen erfüllen (z. B. ein Problem an ein Gremium herantragen, die eigenen Bedürfnisse formulieren). Die meisten bräuchten Unterstützung, um eben diese Fähigkeiten zu erlernen. Aber genau das Gegenteil ist der Fall: Statt sie zu unterstützen, wird argumentiert, dass diese Beteiligungsformen keinen Sinn machen, weil Kinder und Jugendliche eben diese Anforderungen nicht erfüllen. Erschwerend wirken auch die hohen und fest gefügten Vorstellungen vieler Fachkräfte, wie Beteiligung in der Einrichtung institutionell gesichert werden könnte. Oft handelt es sich dabei um Formen, die sie selbst nicht unbedingt attraktiv fänden.

Institutionalisierte Beteiligung wird dann Relevanz für die Beteiligten entfalten können, wenn sie akzeptierter Bestandteil der Institution ist, von allen Beteiligten genutzt wird und somit selbstverständlicher Teil des Alltags wird. Bislang - so zeigen die Ergebnisse - sind sowohl Adressat(inn)en als auch Fachkräfte damit unzufrieden. Die Adressat(inn)en haben noch zu wenig Wissen über die Verfahren und die eigenen Handlungsmöglichkeiten, um sie tatsächlich für sich nutzen zu können. Insbesondere im Einrichtungskontext sind Fachkräfte noch zögerlich in der Bereitstellung institutionalisierter Verfahrensbeteiligung. Die institutionalisierten Formen werden immer noch eher als eine Störung und als etwas Zusätzliches verstanden. Solange die Befürchtung der Fachkräfte gerechtfertigt ist, dass diese Verfahren gegen sie gewendet werden können (als Umkehrung von Machtverhältnissen, als trägerinternes Controllingsystem, als Legitimation nach außen), werde Fachkräfte diese auch nicht aktiv unterstützen. Dort, wo gute Erfahrungen mit institutionellen Formen der Beteiligung gemacht werden, nehmen die Fachkräfte das Instrument als wichtige Möglichkeit wahr, Konflikte erkennen und bearbeiten zu können. Die bisherigen Erfahrungen zeigen, dass die befürchtete Zunahme der Konfrontation meist ausbleibt: Bereits das Wissen um die Existenz des Instrumentes führt dazu, dass Beschwerden ernst genommen werden und das Bemühen um eine Lösung vorangetrieben wird (vgl. van Santen 2006).

Auch ein Blick auf gesetzliche Regelungen in anderen europäischen Staaten zeigt, wo es bei den deutschen Gesetzen Veränderungsbedarf gibt. In den Niederlanden ist sowohl ein Beschwerdemanagementsystem als auch die Einsetzung von Mitbestimmungsgremien auf Trägerebene gesetzlich verankert (vgl. van Santen 2006). Zu beidem gibt es im deutschen KJHG keine Regelungen. Es ist noch ein weiter Weg, bis Beteiligungsrechte auch bei uns im Hilfeplanverfahren strukturell abgesichert sind: Noch wird es Kindern und Erwachsenen häufig verwehrt, Personen ihres Vertrauens zu ihrer Unterstützung in das Hilfeplangespräch mitzunehmen. Auch der Wunsch, den Hilfeplan mit einer anderen Fachkraft entwickeln zu können, weil zum Beispiel keine vertrauensvolle Beziehung aufgebaut werden konnte, wird häufig als unangemessene Forderung zurückgewiesen.

Beteiligung auf allen Ebenen - Partizipationskultur

Ist Beteiligung nun ein schwieriger Fall für die Kinder- und Jugendhilfe? Die Kinder- und Jugendhilfe hat vor allem im Bereich der Hilfen zur Erziehung die Aufgabe, sich den „schwierigen Fällen" zu widmen. Und sie wird auch mit diesem „Fall Partizipation" umgehen lernen.

Letztlich zeigt sich, dass Beteiligung nur funktionieren kann, wenn sie auf allen Ebenen umgesetzt wird: von gesetzlichen Regelungen über eine institutionelle Verankerung bis hin zur Gestaltung der pädagogischen Beziehung. Erst dann kann sie als integraler Bestandteil des Handelns innerhalb von Institutionen betrachtet werden. Bislang liefert die Empirie allerdings wenige Anzeichen auf eine institutionelle Verankerung der programmatischen und normativ kodifizierten Vorstellungen zur Partizipation von Adressat(inn)en im Sinne einer von allen Ebenen getragenen und implementierten Partizipationskultur in den Organisationen der Kinder- und Jugendhilfe. Die positiven Ansätze und Erfahrungen, die es bereits gibt, werden nur zögerlich auf andere Bereiche übertragen, in denen man sich mit der Beteiligung noch schwer tut. Das Ausbalancieren unterschiedlicher Interessen und das Aushalten der Schwierigkeiten, die sich aus dem pädagogischen Geschehen ergeben, sind Kennzeichen der Professionalität von Fachkräften. Die Hilfen zur Erziehung bieten einen geschützten Ort, an dem Partizipationsprozesse ermöglicht werden können.

Die Aufmerksamkeit muss dabei auf den fachlich wie institutionell notwendigen Bedingungen liegen, damit Kinder und Jugendliche Einfluss auf alle Belange ihrer Lebensgestaltung haben und somit das Schlagwort Partizipation produktiv in Erziehungsprozesse übersetzt werden kann.

Literatur

Babic, B. & Legenmayer, K. (2004): Partizipation in der Heimerziehung. Abschlussbericht der explorativen Studie zu den formalen Strukturen der Beteiligung von Kindern und Jugendlichen in ausgewählten Einrichtungen der stationären Erziehungshilfe in Bayern. Hg. vom Bayerischen Landesjugendamt, München.

Baur, D. / *Finkel*, M. / *Hamberger*, M. / *Kühn*, A. (1998): Leistungen und Grenzen von Heimerziehung. Ergebnisse einer Evaluationsstudie stationärer und teilstationärer Erziehungshilfen. Schriftenreihe des Bundesministeriums für Familie, Senioren, Frauen und Jugend. Stuttgart, Bd. 170.

Du Bois-Reymond, M. (2001): Familie und Partizipation. In Güthoff, F. / Sünker, H. (Hg.), Handbuch Kinderrechte. Partizipation, Kinderpolitik, Kinderkultur. Münster, S. 81–105.

Gragert, N. / *Pluto*, L. / *van Santen*, E. / *Seckinger*, M. (2005): Entwicklungen (teil)stationärer Hilfen zur Erziehung. Ergebnisse und Analysen der Einrichtungsbefragung 2004. München. Download unter: http://www.dji.de/jhsw.

Lenz, A. (2001): Partizipation von Kindern in Beratung und Therapie. Entwicklungen, empirische Befunde und Handlungsperspektiven. Juventa-Materialien, Weinheim / München.

Leu, H. R. (1999): Prozesse der Selbst-Bildung bei Kindern - Eine Herausforderung an Forschung und Pädagogik. In: DJI (Hg.): Das Forschungsjahr 1998. München, S. 168-185. Modellprogramm Fortentwicklung des Hilfeplanverfahrens: Informationen unter www.dji.de.

Pluto, L. / *Seckinger*, M. (2003): Die Wilde 13. Scheinbare Gründe, warum Beteiligung in der Kinder- und Jugendhilfe nicht funktionieren kann. In: Sozialpädagogisches Institut im SOS-Kinderdorf e. V. (Hg.). Beteiligung ernst nehmen. (Mit Beiträgen von Ullrich Gintzel, Liane Pluto und Mike Seckinger, Kristin Teuber, Andreas Tonke). Download: http://www.sos-kinderdorf.de/statisch/spi/con_popup_materialien3.html.

Pluto, L. (2006): Partizipation in den erzieherischen Hilfen - fachliches Selbstverständnis und institutionelle Unterstützung. In: Seckinger, M. (Hg.) (2006): Partizipation - ein zentrales Paradigma. Analysen und Berichte aus psychosozialen und medizinischen Handlungsfeldern. Tübingen, S. 155-172.

Pluto, L. / *Mamier*, J. / *van Santen*, E./ *Seckinger*, M. / *Zink*, G. (2003): Partizipation im Kontext erzieherischer Hilfen Anspruch und Wirklichkeit. Eine empirische Studie. München. Download unter: http://www.dji.de/jhsw.

Santen, E. van (2006): Beschwerdemanagement und Adressatenräte als institutionelle Formen der Partizipation in den erzieherischen Hilfen - das Beispiel Niederlande. In: Seckinger, M. (Hg.) (2006): Partizipation - ein zentrales Paradigma. Analysen und Berichte aus psychosozialen und medizinischen Handlungsfeldern. DGVT, Tübingen, S. 173-189.

Seckinger, M. (Hg.) (2006): Partizipation - ein zentrales Paradigma. Analysen und Berichte aus psychosozialen und medizinischen Handlungsfeldern. DGVT, Tübingen.

Winkler, M. (2000): Diesseits der Macht. Partizipation in „Hilfen zur Erziehung" - Annäherungen an ein komplexes Problem. In: Neue Sammlung: Vierteljahreszeitschrift für Erziehung und Gesellschaft, 40. Jg., Heft 2, S. 187–209.

Wolf, K. (1999): Machtprozesse in der Heimerziehung. Eine qualitative Studie über ein Setting klassischer Heimerziehung. Münster.

Tanja Gregorec

Wie Jugendliche Fremdunterbringung erleben

Ein Forschungsbericht

Dieser Artikel ist das Ergebnis eines Qualitätsforschungsprojekts, das im Rahmen von *Quality4Children* mit dem Ziel durchgeführt wurde, die Entwicklungschancen von Kindern und Jugendlichen in außerfamiliären Betreuungseinrichtungen in Europa zu sichern und zu verbessern. Unter anderem wurden Best-Practice-Beispiele gesammelt, wie die beteiligten Personen aus ihrer jeweiligen Perspektive außerfamiliäre Kinderbetreuung erleben.

Bei meiner Beschäftigung mit den Kinderrechten bemerkte ich, dass die Jugendlichen bei ihrer Fremdunterbringung kaum angehört werden und ihre Meinung selten zur Kenntnis genommen wird. Deshalb war es für mich nahe liegend, ein Best-Practice-Beispiel zu wählen, wo Kinder bzw. Jugendliche beteiligt, wo ihre Meinung, ihre Interessen, Bedürfnisse und Träume berücksichtigt werden. Erst wenn Partizipation all diese Aspekte einbezieht, handeln Sozialarbeiter/innen und alle anderen am Hilfeprozess Beteiligten zum Wohl des Kindes oder Jugendlichen. Auch wird eine Dienstleistung umso wirksamer sein, je besser die Nutzer in die Lage versetzt werden, an der Gestaltung und Bereitstellung von Leistungen aktiv mitzuwirken und so zu „Mitproduzenten" des öffentlichen Angebots zu werden.

Beteiligung im außerfamiliären Betreuungsprozess

Das Kernthema dieses Artikels und der unten beschriebenen Befragung ist die Umsetzung der UN-Konvention über die Rechte des Kindes (KRK). Dabei geht es insbesondere um den „Respekt vor der Meinung des Kindes" und um die „Beteiligung des Kindes" an den Entscheidungsfindungsprozessen. Art. 12 der KRK besagt:

> *„Die Vertragsstaaten sichern dem Kind, das fähig ist, sich eine eigene Meinung zu bilden, das* ***Recht*** *zu,* ***diese Meinung in allen das Kind berührenden Angelegenheiten frei zu äußern****, und berücksichtigen die Meinung des Kindes angemessen und entsprechend seinem Alter und seiner Reife. Zu diesem Zweck wird dem Kind insbesondere Gelegenheit gegeben, in allen das Kind berührenden Gerichts- oder Verwaltungsverfahren entweder unmittelbar oder durch einen Vertreter oder eine geeignete Stelle im Einklang mit den innerstaatlichen Verfahrensvorschriften gehört zu werden."*

Um im Interesse der Kinder zu handeln, ist ihre Beteiligung eine notwendige Voraussetzung, wie der Art. 3 der KRK ausführt:

> *„Bei allen Maßnahmen, die Kinder betreffen, gleichviel ob sie von öffentlichen oder privaten Einrichtungen der sozialen Fürsorge, Gerichten, Verwaltungsbehörden oder Gesetzgebungsorganen getroffen werden,* ***ist das Wohl des Kindes ein Gesichtspunkt, der vorrangig zu berücksichtigen ist****."*

Zur Einführung der Kinderbeteiligung in den außerfamiliären Betreuungsprozess möchte ich auf den Begriff der „*working relationship*, also der Arbeitsbeziehung, als eine mögliche Definition des Hilfekonzepts in der Sozialarbeit" (Čačinovič Vogrinčič 2005, S. 340) hinweisen. Meiner Meinung nach spricht dieses Konzept den Kernpunkt der hier beschriebenen Befragung an: die Erforschung des Standpunktes der Jugendlichen im Hilfeprozess, der Respekt vor diesem Standpunkt und dessen Berücksichtigung.

Beteiligung wird als ein möglicher postmoderner Ansatz wie z. B. der innovative, dialogische Ansatz in der Sozialarbeit anerkannt, um Würde, Emanzipation, Kompetenz und Empowerment zu fördern. (Čačinovič Vogrinčič 2003, S. 19) Die Aufgabe der Sozialarbeiterin bzw. des Sozialarbeiters ist die Wiederentdeckung und/oder Wiedererschaffung des Raumes für Dialog und Kooperation. Um das zu erreichen, muss eine Arbeitsbeziehung zwischen Sozialarbeiter/in, dem Kind bzw. Jugendlichen und der Familie hergestellt werden. Čačinovič Vogrinčič beschreibt „Arbeitsbeziehung“ als einen Prozess der „Kooperation bei der gemeinschaftlichen Verrichtung einer Arbeit. Es ist eine Beziehung, die mobilisiert und mehr Macht verleiht. Es ist die professionelle Art und Weise, das anzugehen, was von der Sozialarbeit erwartet wird, nämlich den Menschen über alles zu stellen.“ (Čačinovič Vogrinčič 2003, S. 19)Die einzige Möglichkeit, den Menschen über alles zu stellen, bestehe darin, die Beteiligten zu befragen, anzuhören und ihre Meinung und Antworten als wichtigste Elemente im Hilfeprozess zu betrachten. Die Konzentration auf das Verhältnis zwischen Sozialarbeiter/in und Klient/in (Kind oder Jugendliche/r) führt zu Qualität, Respekt, Würde und zu einer gemeinsam mit der Klientin/dem Klienten gefundenen Lösung. (Čačinovič Vogrinčič 2005, S. 336)

Die Arbeitsbeziehungskonzepte betonen, dass es in einem Hilfeprozess keine andere Wahlmöglichkeit gibt, als jene, mit dem zu arbeiten, was ein Mensch als seine Realität wahrnimmt oder erfährt; es gibt keinen besseren Rahmen für professionelle Arbeit als ein Arbeitsverhältnis, das auf Verständnis und Vereinbarungen beruht. (Čačinovič Vogrinčič 2005, S. 336)

Die Grundelemente jeder Sozialarbeitsbeziehung (Čačinovič Vogrinčič 2003, S. 20f.) sind:

- Vereinbarung
- instrumentale Definition des Problems
- persönliche Führung
- die Stärkeperspektive
- die Ethik der Beteiligung
- die Kopräsenz, „hic et nunc“
- umsetzbares Wissen („actionable knowledge“)

Vereinbarung: Dabei geht es um die Schaffung des Arbeitsverhältnisses, um die Übereinkunft, wie zusammengearbeitet wird. Es ist wichtig, jeden am Problem Beteiligten einzubinden: Dies garantiert Zeit und Raum für Entscheidungen, statt „dazu gebracht“ oder zu vagen Projekten überzeugt, gezwungen oder getrieben zu werden.

Die instrumentale Definition des Problems gemeinsam mit dem Klienten ist ein professioneller Akt des/der Sozialarbeiter/in. Die Benennung von Problemen gemeinsam mit einem Kind oder Jugendlichen, die Untersuchung der Lösungsmöglichkeiten und die konkrete Beteiligung des/der Betroffenen an Lösungen ist in einer Sozialarbeitsbeziehung möglich, in der Verständnis und Vereinbarung erfahren, verstärkt und aufrecht erhalten werden können.

Persönliche Führung erfordert die Fähigkeit, zu erprobten, klaren und vereinbarten Lösungen hinzuführen, die Fähigkeit, zu allen am Problem Beteiligten eine persönliche Beziehung aufzubauen und aufrechtzuerhalten.

Die Stärkeperspektive: Indem der Sozialarbeiter es dem Kind oder Jugendlichen ermöglicht, sich zu beteiligen, hört er ihm/ihr zu und unterstützt ihn/sie, seine/ihre Ziele zu erreichen und seine/ihre Träume zu verwirklichen. Auf diese Weise werden die Ressourcen der Kinder und Jugendlichen, ihre Stärke, Kraft und Lösungsfindungsfähigkeit mobilisiert.

Ethik der Beteiligung: Der/die Sozialarbeiter/in ist nicht länger Eigner der Lösungen oder richtigen Antworten. Gemeinsam mit dem Kind oder Jugendlichen interpretieren und deuten sie die Situation und machen sich auf die Suche nach Lösungen. Der/die Sozialarbeiter/in muss das Gespräch unterstützen, um dadurch die Suche nach neuen, nützlichen Antworten zu fördern. Er/sie ist verantwortlich für die Zusammenarbeit, durch die gemeinsam mit dem Klienten alternative Bedeutungen erforscht, interpretiert bzw. verstanden und neue Antworten gefunden werden.

Kopräsenz: Die Betonung liegt auf dem Gespräch, auf dem Dialog, auf der Entdeckung und gemeinsamen Erzeugung neuer Narrative und Lösungen - es ist Arbeit „hic et nunc". Gegenüberstellungen, Verständnis, Vereinbarungen sind Quellen neuer Erfahrungen und möglicher Änderungen. Sozialarbeiter/innen müssen greifbar sein, sie brauchen genügend Zeit, um mit dem Kind oder Jugendlichen einen Dialog zu führen.

Dem Anspruch der Beteiligung der Klient(inn)en, in diesem Fall also der Kinder und Jugendlichen, wird dieses Konzept der Arbeitsbeziehung meiner Meinung nach am besten gerecht.

Es berücksichtigt, dass die Lösungen und die Wege zur Erreichung dieser Lösungen gemeinsam mit den Klient(inn)en geschaffen und definiert werden. „Das Arbeitsverhältnismodell hilft den Fachleuten, mit Unsicherheit und Zweifeln zurande zu kommen und mit dem Klienten in Verbindung zu bleiben.“ (Čačinovič Vogrinčič 2005, S. 110)

Mit unserer qualitativen Forschung, die Mateja Debeljak, Sozialarbeiterin, und ich durchgeführt haben, wollten wir:

- Best-Practice-Beispiele sammeln, die den Standpunkt Jugendlicher mit Erfahrung in außerfamiliärer Betreuung vertreten;
- die Partizipation des Kindes an der Entscheidungsfindung und am Unterbringungsprozess, an der Betreuung und außerfamiliären Betreuung analysieren;
- herausfinden, welche Art Begleitung Kinder und Jugendliche brauchen, um an den Prozessen außerfamiliärer Betreuung teilnehmen zu können.

Zur Methodik

Die Forschung basiert auf qualitativer Datenverarbeitung, wobei die verwendeten Daten mit der Fokusgruppenmethode gewonnen wurden. Fünf Jugendliche zwischen 16 und 18 Jahren waren daran beteiligt. Zwei Mädchen und ein Junge lebten in einer betreuten Wohngruppe, ein Junge in einer Institution, ein weiterer in einer Pflegefamilie. Die Jugendlichen stammen aus verschiedenen Teilen Sloweniens.

Die Fokusgruppenmethode gewährleistet einen partizipativen Zugang, da alle Teilnehmer/innen ermutigt werden, sich einzubringen und ihre Meinung mitzuteilen. Diese Methode steht im Einklang mit unserer Absicht, die Jugendlichen aktiv in die Sozialarbeit im Bereich der außerfamiliären Betreuung einzubeziehen.

Was sagen die Jugendlichen?

Wir haben die Ergebnisse, die sich bei unserer Forschungsarbeit als besonders wichtig herausgestellt haben, zusammengefasst. Sie berücksichtigen sowohl positive als auch negative Erfahrungen der Jugendlichen:

Unterstützung durch die Herkunftsfamilie

Während des Entscheidungs- und Unterbringungsprozesses finden die Jugendlichen die Unterstützung ihrer Eltern oder eines Elternteils oder naher Verwandter (Geschwister) sehr wichtig. Auch wenn die Situation in den meisten Familien chaotisch und von zahlreichen Problemen geprägt ist, so wurden die Jugendlichen dennoch von zumindest einem Elternteil oder einem nahen Verwandten unterstützt. Für die Jugendlichen, die von ihrem Zuhause in eine nichtfamiliäre Struktur wechselten, ist dies äußerst wichtig. Vier von fünf unserer Befragten fühlen sich von den Fachleuten alleingelassen. Das ist möglicherweise darin begründet, dass die Sozialarbeiter/innen eine doppelte Rolle innehaben: einerseits fungieren sie als Ratgeber, andererseits leiten sie als Fachkundige das Verfahren.

Informationsweitergabe über Gründe der Fremdunterbringung

Die Befragten geben an, dass die Erklärungen der Sozialarbeiter/innen zu den Gründen, warum sie ihre Familien verlassen mussten, relevant und ausreichend waren.

Informationsfluss während des Verfahrens

Die Jugendlichen sind der Meinung, dass die Informationen, die sie während des Verfahrens erhalten haben, unzureichend sind. Sie sind der Ansicht, dass sie mehr Information über ihren weiteren Weg brauchen, also Informationen über ihr neues Heim, die Einrichtung, die Erzieher/innen und über andere Jugendliche, die bereits dort leben. Es werden aber von ihnen nur Informationen über ihre zukünftige Unterbringung (z. B. über die Regeln, das tatsächliche Zusammenleben) ernst genommen, die sowohl positive als auch negative Seiten enthalten. Die Fachleute, die dieses Anliegen berücksichtigen, haben das Vertrauen der befragten Jugendlichen gewinnen können.

Die Meinung der Jugendlichen über den Entscheidungs- und Unterbringungsprozess

Die Jugendlichen drücken in der Befragung aus, dass ihnen die Sozialarbeiter/innen nicht viel Raum ließen, um ihre eigenen Wünsche und Bedürfnisse im Entscheidungsprozess anzusprechen (z. B. zur Frage, welche Betreuung sie wollen; auch bräuchten die Jugendlichen mehr Informationen, als sie erhalten, um sich wirklich für eine bestimmte Unterbringung entscheiden zu können). Aus ihren Antworten geht hervor, dass sie mehr oder weniger passive „Hilfeempfänger" waren, sieht man von einer Ausnahme ab, wo sich ein Jugendlicher selbst für betreutes Wohnen entschied.

Insgesamt muss man aber sagen, dass die meisten der Jugendlichen die Möglichkeit hatten, sich zum Entscheidungsprozess zu äußern. Sie haben der Entscheidung zugestimmt, von ihrer Familie wegzugehen. Auch wenn die Jugendlichen in ihrer Entscheidungsfreiheit eingeschränkt sind, weil sie noch nicht großjährig sind und ihre Eltern der Entscheidung zustimmen müssen - allein die Tatsache, dass man ihnen eine Wahlmöglichkeit lässt, ist eine der wichtigsten Botschaften. Für die Jugendlichen bedeutet es, dass sie die Kontrolle über ihr Leben behalten.

Aufklärung über Rechte und Pflichten

Die Antworten der befragten Jugendlichen lassen darauf schließen, dass sie ihre Rechte in der Entscheidungsfindung und im Unterbringungsprozess so gut wie gar nicht kennen. Sie wünschen sich Aufklärung über ihre Rechte und Pflichten.

Verhältnis Sozialarbeiter/in und Jugendliche/r

Die Vorschläge der Jugendlichen zur Verbesserung des Verfahrens gehen hauptsächlich in Richtung Herstellung eines freundschaftlichen Verhältnisses zwischen Sozialarbeiter/in und Jugendlichen sowie genauere Information und Erklärung bezüglich des Verfahrens und der Unterkunft.

Positive Erfahrungen der Jugendlichen mit den Fachkräften

Die Jugendlichen haben mit Fachleuten während ihres Verfahrens positive und negative Erfahrungen gemacht, d. h., sie bewerten bestimmte Einwirkungen als negativ, andere als positiv. Da wir uns hauptsächlich für Best-Practice-Beispiele interessieren, betonen wir die Erfahrungen mit Fachkräften, die die Jugendlichen positiv bewerten:

- Übereinstimmung von Worten und Taten, Einhalten von Vereinbarungen.
- Erklärungen, die positive und negative Informationen berücksichtigen.
- Die Jugendlichen werden über die verschiedenen Unterbringungsmöglichkeiten informiert (z. B. durch Broschüren oder anderes Informationsmaterial).
- Alle Möglichkeiten, die den Jugendlichen offenstehen, werden ausgelotet.
- Die Fachleute bringen dem/der Jugendlichen Respekt und Vertrauen entgegen.
- Sie treten in ihrer Arbeit dauerhaft für die Interessen des/der Jugendlichen ein, z. B. indem sie alternative Möglichkeiten suchen.
- Sie sehen nach der/dem Jugendlichen, wenn sie/er bereits in Betreuung ist (z. B. durch Besuche in der Institution).
- Die Fachleute nehmen die/den Jugendliche/n als Menschen wahr und nicht als Problemfall; sie rücken besonders die positiven Seiten der jungen Menschen ins Licht.

Anpassung an die neue Umgebung

Während der Arbeit mit der Fokusgruppe konnten wir uns des Eindrucks nicht erwehren, dass Jugendliche, die in verschiedenen Formen der außerfamiliären Betreuung leben, eine bestimmte Überlebensstrategie herausbilden:

- Bei Ankunft in die neue Gruppe und am Beginn des Lebens in einer neuen Umgebung muss sich der/die Jugendliche selbst in der Gruppe durchsetzen sowie einen bestimmten Status und den Respekt anderer Gruppenmitglieder erobern.
- Die Anpassung an die Umgebung im Sinne des Akzeptierens und Einhaltens der Regeln geschieht primär aus Angst vor Sanktionen.

Einschätzung der Veränderungen

Wie sehen die Jugendlichen die Veränderungen, die sich für sie durch die Fremdunterbringung ergeben haben? Vier von fünf definieren ihre derzeitigen Lebensbedingungen als „besser als zu Hause", sie haben die tief greifende Veränderung in ihrem Leben als positiv und beruhigend erfahren. Nach einer bestimmten Zeit, nachdem die Jugendlichen in betreutes Wohnen, in eine Institution oder Pflegefamilie übernommen worden sind, wird die Veränderung, die während des Verfahrens passierte, von ihnen als positiv und für ihre Entwicklung förderlich betrachtet.

Wertgeschätzte Eigenschaften bei Fachkräften

Während ihres Lebens in der Institution erhoffen sich die Jugendlichen folgende Eigenschaften von ihren Sozialarbeiter(inne)n, Pädagog(inn)en und Erzieher(inne)n:

- Sie sind von ihrer Arbeit begeistert.
- Sie achten die Intimsphäre ihrer Schützlinge.
- Alles, was sie von ihren Schützlingen im Vertrauen erfahren, muss auch vertraulich behandelt werden.
- Die Betreuer/innen teilen mit den Jugendlichen bestimmte Bereiche ihres Privatlebens (offene Kommunikation).
- Sie stehen immer zur Verfügung, um Probleme jeglicher Art zu besprechen.
- Sie zeigen Taktgefühl und wissen, wann man jemanden allein lassen soll.

Wertschätzung der sich eröffnenden Möglichkeiten

Die Befragten bestätigen, dass sie (in der Wohngemeinschaft, Institution, in ihrer derzeitigen Pflegefamilie) die Möglichkeit

- zu einer Ausbildung,
- zur Übernahme von Verantwortung für sich selbst und
- zu Schritten in Richtung auf ein selbstständiges Leben haben.

Sie sind inzwischen der Ansicht, dass dies wertvolle und wichtige Ziele in ihrem Leben sind.

Ein angenehmes Zuhause

Die Jugendlichen fühlen sich in einer Umgebung wohl, die für sie die positiven Merkmale eines Zuhauses hat: Die Umgebung, in der sie leben, soll einer funktionierenden Familie möglichst nahe kommen. Sie schätzen ein gut organisiertes, freundliches Zuhause. Auch ist es wichtig, dass sie ihren eigenen Intimbereich haben und die Kontrolle über ihr Leben bewahren. Aus der Sicht der Jugendlichen wäre es besser, in jüngeren Jahren fremd untergebracht zu werden, da sie sich dann leichter anpassen könnten.

Welche Vorteile sehen die Jugendlichen selbst in der außerfamiliären Betreuung?

Schule: Die Schule wird von den meisten Jugendlichen positiv erwähnt, denn es ist ihnen allen bewusst, dass sie ihre Schulbildung nur unter den Umständen, die die Fremdunterbringung bietet, abschließen konnten. Das Wichtigste an einer Ausbildung ist für die Jugendlichen: Geld verdienen; einen Beruf erlernen, den man ein ganzes Leben lang ausüben kann.

Von den Eltern getrennt sein: Drei der Jugendlichen stellen fest, dass es für sie von Vorteil sei, von ihren Eltern getrennt zu sein (wegen Gewalt, wegen des Drucks, dem ihre Eltern sie aussetzten, des Fehlens von Grenzen etc.). Das Mädchen aus der Wohngemeinschaftsgruppe sieht den Vorteil darin, dass sie in der Zeit der Trennung das Vertrauen ihrer Eltern gewonnen hätte.

Erfolg haben: Die Jugendlichen erfüllen ihre Ziele und sind in der Schule erfolgreich.

Aktivitäten: Der Junge aus der Institution sieht als Vorteil, dass er mit anderen zusammenlebt und ihm niemals langweilig ist. Teenager aus der Wohngemeinschaft und die Teenager aus der Institution sind sich darin einig, dass sie jetzt aktiver als zu Hause sind. Ein Teil des Lebens in einer Wohngemeinschaft besteht auch aus Putzen und Haushaltsarbeiten, was von den Jugendlichen akzeptiert wird.

Stärke aus Imagination: Die Jugendlichen beziehen ihre Stärke aus der Vorstellung von der Zeit, in der sie unabhängig sein werden, und aus den Vorstellungen, was sie erreichen wollen.

Die befragten Jugendlichen sind der Meinung, dass die Wohngemeinschaft, die Institution oder Pflegefamilie einen Ort darstellt, an dem Kindern geholfen wird, ihre Ziele zu erreichen, ihre Träume zu verwirklichen und über ihre Probleme hinauszuwachsen. Alle Befragten sind über die Hilfe und Unterstützung, die sie als Individuen erfahren haben, begeistert. Sowohl in der Wohngemeinschaft als auch in der Institution gibt es zumindest eine Person (Pädagoge/in, Erzieher/in bzw. Sozialarbeiter/in), der sie vertrauen und an die sie sich um Hilfe wenden können. Das ist für sie sehr wichtig.

Was können wir von den Jugendlichen lernen? Schlussfolgerungen und Vorschläge

Auch wenn das keine Forschungsarbeit ist, aus deren Daten man allgemeine Schlüsse ziehen kann, ist es uns gelungen, die Ansichten und Meinungen der Jugendlichen selbst einzuholen. Sie haben viel zu sagen - Positives und auch Negatives, Empfehlungen und Wünsche.

Die befragten Jugendlichen haben selbst eine Reihe von Verbesserungsvorschlägen zum Verfahren bzw. zur Fremdunterbringung eingebracht.

Was brauchen die Jugendlichen zur **Verbesserung des Unterbringungsverfahrens**?

- Die Fachleute müssen den Jugendlichen freundlich begegnen.
- Die Jugendlichen wollen mehr Informationen und verständliche Erklärungen, warum sie wohin kommen. Einem Mädchen zufolge haben sich Informationsbroschüren als ausgezeichnete Idee erwiesen.
- Die Jugendlichen brauchen mehr Informationen über ihre Rechte. Wie unsere Recherchen ergeben haben, sind sie über ihre Rechte kaum aufgeklärt.
- Die Jugendlichen brauchen eine Person, die sich für ihre Rechte einsetzt und sicherstellt, dass der/die Jugendliche im Prozess gehört und respektiert wird.

Was brauchen sie zur **Verbesserung des Lebens in der Fremdunterbringung**, z. B. einer Institution oder Wohngemeinschaft?

- Intimsphäre respektieren;
- jeden einzelnen Menschen respektieren;
- individuelle Lösungen für Konfliktsituationen;
- klare Regeln und Sanktionen, wenn sich jemand nicht an die Regeln hält;
- ein besonderes Augenmerk auf jene Jugendlichen, die weniger Macht innerhalb der Gruppe haben;
- die Beziehung muss auf den positiven Merkmalen der Jugendlichen aufbauen;
- ein persönlicher Zugang.

Das Ergebnis unserer Befragung zeigt, wie wichtig die postmodernen Konzepte in der Sozialarbeit und in den Hilfeplanungsprozessen sind: Sie schließen den partizipativen und stärkenorientierten Ansatz, das Empowerment sowie das Arbeitsübereinkommen zwischen Sozialarbeiter/in und Klient/in ein. Die Partizipation des Klienten (des Kindes oder des/der Jugendlichen) spielt eine entscheidende Rolle. Die von uns befragten Jugendlichen drücken es so aus: „Die Möglichkeit, bei der Entscheidungsfindung mitzureden, ist für uns ganz wichtig, weil es bedeutet, dass wir die Kontrolle über unser Leben nicht verlieren." Durch Partizipation erfährt das Kind oder der/die Jugendliche, dass sie oder er über das eigene Leben selbst entscheiden und die Verantwortung für die Entscheidungen übernehmen kann. Seine/ihre Meinung wird in den sie betreffenden Prozessen gehört und respektiert. Die Position der Sozialarbeiter/innen darf nicht dazu führen, dass einem Kind oder Jugendlichen die Möglichkeit vorenthalten wird, auf seine Lebenssituation Einfluss zu nehmen. Ein Kind, ein Jugendlicher, eine Jugendliche ist jemand, der weiß, was für sie oder ihn am besten ist, was er oder sie braucht und was ihm oder ihr gut tut. Man muss ihnen nur die Möglichkeit geben, sie ermutigen und auffordern, im Hilfeprozess zu kooperieren, gemeinsam etwas zu schaffen und über die Lösungen zu entscheiden. Wie aus der Forschung hervorgeht, ist es möglich, die Jugendlichen zu Aussagen und Meinungen über sie betreffende Anliegen zu bewegen. Die Antworten und Meinungen, in denen die Einstellung der Jugendlichen vorgestellt werden, können uns, also die Sozialarbeiter/innen und alle am Prozess der außerfamiliären Unterbringung Beteiligten, zu Lösungen führen, die dem Kindeswohl am besten dienen. Diese Arbeitsprinzipien und Mechanis-men haben das Potenzial, die Umsetzung der UN-Konvention über die Rechte des Kindes im Bereich der Fremdunterbringung voranzubringen.

Literatur

Cree E., *Viviene / Davis*, Ann (2007): Social work: Voices from the Inside, Routledge, New York.

Čačinovič Vogrinčič, Gabi (2003): The Family: an Open Space for Encounter, Confrontation and Co-operation of Generations, Fakultät für Sozialarbeit, Universität Laibach, Slowenien.

Čačinovič Vogrinčič, Gabi (2005): Teaching Concepts of Help in Social Work: the Working Relationship, *European Journal of Social Work*, Bd. 8, Nr. 3, September 2005, S. 335–341.

UN-Konvention über die Rechte des Kindes: http://www.ohchr.org/english/law/pdf/crc.pdf (1. 2. 2007).

Zur Verbesserung der Fremdunterbringung:

Qualitätsstandards entwickeln

Der lange Weg zu international anerkannten Standards

Wachsende Übereinstimmung: Es braucht Standards

Internationale Standards zum Schutz fremd untergebrachter Kinder sind in allen Gebieten der Welt ein Gebot der Stunde. Vieles weist darauf hin, nicht zuletzt das aufgrund der UN-Studie "Gewalt gegen Kinder" gesammelte Belegmaterial und der daraus entstandene, 2006 veröffentlichte Abschlussbericht[1].

Bevor ich auf einige der wichtigsten Themen in diesem Zusammenhang eingehe, möchte ich mich kurz der Situation der Kinder widmen, die Opfer von Katastrophen sind - Katastrophen, die sowohl von der Natur als auch von Menschenhand verursacht werden. Alle Notsituationen sind „Problem-Mikrokosmen", die gelöst werden müssen: Den Bedürfnissen von Kindern ohne elterliche Betreuung muss nachgekommen, ihre Interessen müssen gewahrt und ihre Rechte geschützt werden. Diese Notsituationen lösen eine ganze Reihe von Maßnahmenvorschlägen für die betroffenen Kinder aus, die ein Spiegel für den tatsächlichen Stand der heutigen Politik und Praxis sind. Sie unterstreichen sowohl die allgemeine Einstellung gegenüber als auch die Bemühungen

[1] http://www.violencestudy.org/r25.

für diese Kinder. Mit anderen Worten: Sie können ein Hinweis darauf sein, wie weit entfernt von - oder nahe an - der Gewährleistung „guter Praxis" wir im Bereich der Fremdunterbringung liegen.

Von der vietnamesischen Aktion Babylift zum Genozid in Ruanda und dem Konflikt in Ex-Jugoslawien, von Hurrikan Mitch zu den Erdbeben von Gujarat und Bam - alle vorgeschlagenen Maßnahmen verrieten ein durchgehendes und ernsthaftes Fehlverstehen oder Geringschätzen der Rechte und Bedürfnisse von Kindern! Meistens beinhalten die Vorschläge die breit gestreute Errichtung von Waisenhäusern und bzw. oder die Massenaussiedelung von Kindern in ein anderes Land, um sie dort vorübergehend oder dauerhaft fremd unterzubringen.

So war es nicht überraschend, dass als Folge der Tsunamikatastrophe am 26. Dezember 2004 sowohl behördliche als auch private Einrichtungen einige derartige Initiativen diskutierten. So etwa

- veröffentlichte eine evangelische US-Organisation Pläne, 300 Waisen per Hubschrauber aus Banda Aceh auszufliegen, um sie in Jakarta in einem christlichen Waisenheim unterzubringen;
- kündigten die indonesischen Behörden selbst wiederholt den Bau eines großen Waisenhauses in Banda Aceh und wenn notwendig eines weiteren in Medan an;
- kündigte ein Europakommissar an, dass sich EU-Länder bereit erklären würden, tausenden Kindern aus der betroffenen Region vorübergehend Zuflucht zu gewähren.

Sehr wohl überraschend war jedoch, dass meiner Erfahrung nach noch nie zuvor derart klar, verbreitet und effektiv Widerstand gegenüber derartigen Unternehmungen ausgedrückt wurde:

- Die indonesische Regierung verweigerte die Genehmigung für das Ausfliegen der Kinder und teilte schließlich mit, dass das Unterstützen jener Familien, die Kinder aufgenommen hatten, Priorität habe und institutionelle Betreuung nur der letzte Ausweg sei.
- Das vorgeschlagene Angebot der EU wurde angesichts starker Kritik seitens Organisationen wie UNICEF und Save the Children sofort zurückgezogen.

- Nur wenige Tage nach der Katastrophe - in den USA bereits am 29. Dezember - untersagten die Regierungen westlicher Industriestaaten ihren Bürgern in offiziellen Kundmachungen die Adoption von Kindern aus den betroffenen Ländern. Die indonesische Behörde verbot unter 16-jährigen das Land zu verlassen, außer sie wurden von ihren Eltern begleitet. Sri Lanka stoppte Adoptionen aus der betroffenen Region.

Wie es scheint, haben wir aus den Erfahrungen ja doch gelernt!

Aus diesem scheinbar neu entdeckten, langsam entstehenden Übereinkommen der Regierungen, der internationalen Gemeinschaft und der verschiedenen nichtstaatlichen Organisationen bezüglich der geeigneten Formen von Betreuung für Kinder, deren Eltern sich nicht um sie kümmern können, lässt sich Nutzen zur Verbesserung des Schutzes dieser Kinder ziehen. Hier geht es keineswegs nur um Kinder aus Katastrophengebieten, es geht ebenso um die Millionen Kinder, die aus verschiedenen Gründen unter „normalen" Bedingungen ohne elterliche Betreuung leben. Dazu zählen auch die 2 Millionen Kinder, die in Europa fremd untergebracht leben.

Fremdunterbringung hat viele Gesichter. Die Bandbreite reicht von informeller Betreuung durch Verwandte bis hin zu unterschiedlichen Formen von Heimunterbringung. Fremdunterbringung dient als Maßnahme angesichts breit gefächerter Phänomene - Verwaisung, Trennung, Missbrauch, Ausbeutung, Behinderung etc. Außerdem umfasst sie viele Akteure, von individuellen (formellen und informellen) Betreuer(inne)n hin zu Sozialarbeiter(inne)n, staatlichen Anbietern und - immer mehr, wie es scheint - privat betriebenen Einrichtungen, ganz zu schweigen von bilateralen Hilfsorganisationen und internationalen Vereinigungen. Um innerhalb dieser heterogenen Gruppe auf allen Ebenen und weltweit eine „gute Praxis" zu erzielen, besteht eindeutig Bedarf an umfassenden und detaillierten, international anerkannten Standards zur Regelung alternativer Betreuungsformen.

Die UN-Kinderrechtskonvention (KRK) ist notwendig, aber bei weitem nicht ausreichend: Sie gibt den Rahmen vor, unterstreicht gewisse Themen und legt verschiedene Auflagen für die Staaten fest. Die KRK legt aber nicht - und könnte dies auch nicht - die volle Bandbreite an „fachlichen" Aspekten und Überlegungen dar, die für eine solide Basis für Politik und Praxis notwendig ist, wie das Beispiel Jugendrecht zeigt. Die KRK gibt in diesem Bereich den Ton an, jedoch mussten ihre Bestimmungen weiter entwickelt werden: in Form der Peking-Regeln[2] zur Verwaltung der Jugendstrafjustiz, der UN-Standards zum Schutz von Jugendlichen unter Freiheitsentzug[3], der Riyadh-Richtlinien[4] zur Prävention von Jugendkriminalität. All diese Regelungen wurden auf höchster internationaler Ebene im Rahmen der UN-Generalversammlung verabschiedet. Ähnliche ergänzende Texte sind notwendig, um auch den Bereich der Fremdunterbringung zu regeln.

Die Themen

Gegen Ende des Jahres 2004 wurde eine Arbeitsgruppe mit Mitgliedern aus unterschiedlichen internationalen, nichtstaatlichen Organisationen eingerichtet. Diese sollte unter der Schirmherrschaft der NGO-Gruppe für die KRK die „Richtlinieninitiative" vorantreiben. Berufen wurde die Arbeitsgruppe vom International Social Service, einem internationalen Verband; zu den Mitgliedern zählten auch die Quality4Children-Organisationen FICE, IFCO und SOS-Kinderdorf International. Die NGO-Arbeitsgruppe stellte einen Überblick über jene Themen zusammen, die ihrer Meinung nach in den Richtlinien thematisiert werden sollten, und legte insgesamt vier Grundziele fest:

- Trennung vermeiden und, wo möglich, Kind und Eltern zusammenhalten;
- sicherstellen, dass Unterbringungsentscheidungen auf Basis gültiger Kriterien getroffen werden und dass verschiedene Optionen bestehen, um die speziellen Bedürfnisse jedes Kindes erfüllen zu können;
- permanente Lösungen ohne unangemessene Verzögerungen sicherstellen, vorzugsweise mittels Wiedervereinigung der Familie oder eines alternativen Familienumfelds;
- Kinder in jedem Unterbringungsumfeld vor Missbrauch, Vernachlässigung und Ausbeutung schützen.

Der oben erwähnte Begriff „jedes Unterbringungsumfeld" deckt ein weites Spektrum ab, und viele dieser Umfelder werden aus einer Standardperspektive oft übersehen, wie z. B.: informelle Betreuung durch Verwandte; Haushalte, die von Kindern geführt werden; Notunterkünfte und Durchgangszentren für von ihren Eltern getrennte Kinder,

[2] http://www.unhchr.ch/html/menu3/b/h_comp48.htm.
[3] http://www.unhchr.ch/html/menu3/b/h_comp37.htm.
[4] http://www.unhchr.ch/html/menu3/b/h_comp47.htm.

die sich außerhalb jenes Landes befinden, in dem sie ihren gewöhnlichen Wohnsitz haben. Ebenso breit ist die erforderliche Erfahrung und Fachkenntnis, um glaubwürdige Richtlinien erstellen zu können. Es gibt aber auch einige Fallen, die vermieden werden müssen.

Viele Optionen, aber keine Hierarchie

An erster Stelle der potenziellen Fallen steht meiner Meinung nach die simplifizierende, aber allzu oft hierarchische Sichtweise hinsichtlich der Unterbringungsoptionen, laut welcher familiär definitionsgemäß gut ist, Heimeinrichtungen im besten Fall der letzte Ausweg und im schlimmsten Fall schlecht sind.

Ein Problem hierbei kann natürlich der Standpunkt sein, den die KRK selbst implizit eingenommen hat. Idem sich der Vertrag auf Fremdbetreuungsmaßnahmen bezieht, die, „falls erforderlich, die Unterbringung in einer geeigneten Kinderbetreuungseinrichtung" umfassen (20.3) und festlegen, dass die speziellen Bedürfnisse von Kindern mit Behinderung „in einer Weise, (...) die der möglichst vollständigen sozialen Integration (...) des Kindes (...) förderlich ist" (23.3), zu erfüllen sind, wird oft interpretiert, dass die KRK Heimunterbringung ablehnt, obwohl an einer anderen Stelle klar anerkannt wird, dass diese „anderen Formen der Betreuung" (20.2) für manche Kinder notwendig sind.

Forscher verkünden geradezu einhellig das hohe Risiko langfristiger Schäden bei Kindern unter drei oder sogar fünf Jahren, die auch nur wenig länger als für die Dauer einer kurzfristigen Notbetreuung in Heimeinrichtungen untergebracht werden. Diese Ergebnisse müssen natürlich bei Unterbringungsentscheidungen für diese Altersgruppe gebührend berücksichtigt werden. Die allgemeine Zielsetzung sollte jedoch darin bestehen, jene Sichtweise zu fördern, dass alle alternativen Betreuungsformen eine Vielfalt an Optionen darstellen und dass es sich dabei nicht um eine hierarchische Auflistung handelt.

Wenn ein Kind fremd untergebracht werden soll, zieht man im Normalfall selbstverständlich zuerst familiäre Unterbringungsmöglichkeiten in Betracht, erst dann wird das Spektrum Richtung Heimunterbringung geöffnet. Welche Unterbringung letztlich ausgewählt wird, sollte immer von den Bedürfnissen, von den Eigenheiten, von der Geschichte und der Situation des jeweiligen Kindes abhängen. Geht man von der Vorstellung einer vorgeblich impliziten - und somit automatisch zutreffenden - positiven oder negativen Qualität der jeweiligen Unterbringungslösung ohne Rücksicht auf das jeweilige Kind aus, begibt man sich in eine Sackgasse. Das ist an sich natürlich kein neuer Ansatz, aber er gerät gegenüber der allgemeinen Verteufelung der Heimunterbringung und der Forderung nach „Deinstitutionalisierung um jeden Preis" ins Hintertreffen.

Um nicht missverstanden zu werden, möchte ich nochmals betonen, dass ich nicht eine Entwicklung unterstütze, die eher in Großgruppenmodelle als in familiäre Unterbringungsmöglichkeiten investiert, die die Möglichkeit und Richtigkeit einer Unterbringung bei Verwandten erst gar nicht in Betracht zieht, ehe sie eine professionelle Unterbringung in einer Pflegefamilie überlegt. Mein Anliegen ist: Wir müssen uns in der Entwicklung internationaler Standards davor hüten, unreflektiert eine Schwarz-Weiß- oder Gut-Böse-Sicht der Unterbringungsmöglichkeiten wiederzukauen, die unter Umständen weder der Realität, der Situation, noch den Bedürfnissen, ganz zu schweigen von den Wünschen des einzelnen Kindes, entspricht.

Verwirrende Terminologie

Ein Thema, das nicht unmittelbar als pädagogisches verstanden wird, ist für die Entwicklung von Standards wesentlich: die Terminologie. Was genau wird unter Begriffen wie „Institution", „Heimeinrichtung", „Heimunterbringung" oder „Betreuung" verstanden? Offizielle Verlautbarungen sind da oft auch nicht gerade hilfreich. Die im Mai 2005 verabschiedete Empfehlung des Ministerkomitees des Europarats an die Mitgliedsstaaten über die Rechte von Kindern in Heiminstitutionen[5] könnte die terminologische Verwirrung sogar noch verschärfen: Obwohl der Begriff „Institutionen" im Titel enthalten ist, legt die zweite Richtlinie der Empfehlung fest, dass Unterbringung in „einer kleinen familiären Lebenseinheit" erfolgen soll, also einer Art von Einrichtung, die nicht so leicht mit einem institutionellen Umfeld assoziiert wird. Dies ist ein Beispiel dafür, warum beim Erstellen von internationalen Standards den Definitionen und der Terminologie besondere Aufmerksamkeit geschenkt werden muss. Angesichts der äußerst euphemistischen und irreführenden Namen mancher Heimeinrichtungen, sowohl in Europa als auch weltweit, und angesichts der Abweichungen zwischen den einzelnen Ländern, ist dies umso notwendiger.

Sieht man von den terminologischen Unsauberkeiten ab, so sollte anerkannt werden, dass die oben erwähnten Empfehlungen und der dazu gehörende erläuternde Bericht[6] viele Überlegungen beinhalten, die, sofern gebührend berücksichtigt, zweifellos als

[5] Empfehlung (2005)5, verabschiedet am 16. März 2005.
[6] Ministerkomitee (2005)24 Addendum, 15. Februar 2005.

Inspiration und Beitrag für die Entwicklung internationaler Richtlinien dienen können.

Eng verbunden mit der Notwendigkeit, für Vielfalt bei den Betreuungsmöglichkeiten zu sorgen und infolgedessen auf pragmatische, differenzierte und undemagogische Art und Weise an das Thema heranzugehen, wird es auch notwendig sein, einige diesbezügliche Mythen oder weithin ungeprüft angenommene „Tatsachen" in Hinblick auf gewisse Unterbringungsoptionen genauer anzuschauen. Im Folgenden nur einige Beispiele für die vielen Themen, die genauer betrachtet und im Rahmen der Standarderstellung thematisiert werden müssen.

Betreuung durch Verwandte

Die gängigste Form der Alternativbetreuung ist die vorübergehende oder langfristige Betreuung durch ein Familienmitglied. Meist ist die Unterbringung informeller Natur, aber in vielen Ländern wird sie auch zunehmend im Kontext formeller Verfahren eingesetzt. Diese oft als optimal angesehene Unterbringungsform birgt aber eine Reihe nicht zu unterschätzender, dokumentierter Risiken:

- innerfamiliäre Reibereien, weil Verwandte darauf bestehen, für das Kind zu sorgen; weil die Aufteilung der Verantwortung und der Entscheidungsmacht zwischen den Verwandten und den Eltern unklar ist oder angezweifelt wird;
- unautorisierter Kontakt zwischen dem Kind und den Eltern wird erlaubt bzw. autorisierter Kontakt verweigert;
- missbräuchliches oder vernachlässigendes Verhalten, da die Betreuer/innen aus derselben Problemfamilie kommen;
- Verwandte erhalten unter Umständen (sogar in informellen Unterbringungssituationen) höhere Beihilfen als jene, die den Eltern zur Verfügung stehen, was die Rückkehr des Kindes zu seinen Eltern eher verhindert als fördert;
- negative Darstellung der leiblichen Eltern seitens Verwandter oder aber auch in der eigenen Wahrnehmung des Kindes, was die Wahrscheinlichkeit einer Reintegration des Kindes in seine leibliche Familie mindern kann;
- das Risiko, dass Kinder Schwierigkeiten damit haben, sich selbst einer Generations- oder genealogischen Ebene zuzuordnen, wie es beispielsweise der Fall ist, wenn Kinder von ihren Großeltern beinahe gleich wie Geschwister eines Elternteils aufgezogen werden.

In anderen Worten: Wie auch bei der Adoption durch Verwandte, die ja generell gegenüber Adoptionen durch Fremde vorgezogen wird, besteht auch bei der Betreuung durch Verwandte die Notwendigkeit, Antragsteller zu prüfen, die allgemeinen Umstände und wahrscheinlichen Konsequenzen einer derartigen Maßnahme zu untersuchen und für angemessene Unterstützung zu sorgen. Angesichts des Drucks, dem viele formelle Pflegefamilien-Systeme ausgesetzt sind, und der Tatsache, dass Betreuung durch Verwandte oft gerade deshalb angeboten wird, um eine Intervention von außen in die Unterbringungsentscheidungen zu vermeiden, ist es zwar schwierig, aber unumgänglich, angemessene und umsetzbare Standards im Bereich der Verwandtenbetreuung zu entwickeln.

Unterbringung in Pflegefamilien

Der gegenwärtige Trend, sich vermehrt auf Unterbringung in Pflegefamilien als bevorzugte Option im Kontext der Deinstitutionalisierung zu verlassen, sowie ihre Förderung in Gesellschaften, in denen diese Praxis zuvor unbekannt war, wird weithin als häufige Tendenz zu „übermäßigem Vertrauen" erkannt. Leider kommt die Forderung nach Unterbringung in Pflegefamilien nicht nur von kinderfreundlichen Politiker(inne)n; in vielen Staaten wird sie eher als angenehm billige Betreuungsoption gesehen denn als notwendigerweise hoch-fachmännische Dienstleistung, die die Aufrechterhaltung des Kontakts mit den biologischen Eltern beinhaltet und für die das Bestehen effektiver Unterstützungsdienste unerlässlich ist.

In Folge übersteigt die Nachfrage oft das Angebot an geeigneten Betreuer(inne)n, was zu einer genehmigten oder geduldeten Lockerung von Anwerbungsstandards führen und/oder eine Überbelastung einzelner Betreuer(inne)n nach sich ziehen kann. „Billig" steht im Pflegefamilienkontext oft für unzureichende Bereitstellung von Unterstützung und Betreuung. Neu festzusetzende Standards werden diese Vorstellung auf implizite oder explizite Weise anfechten müssen: strenge Bestimmungen und Registrierung, polizeiliche Führungszeugnisse und andere Absicherungen in der Bewerbungsphase. Ebenso wie für die verantwortlichen Mitarbeiter/innen im Bereich der Heimunterbringung sind angemessene Vorbereitung, Ausbildung, Kontrolle und Unterstützung erforderlich. Standards müssen auch die Bedenken berücksichtigen, dass Pflegefamilien schwer zu kontrollieren sind und dass Kinder in kleinen Pflegefamilien größere Schwierigkeiten als Kinder in Heimeinrichtungen haben, sich über ihre Behandlung zu beschweren. Aufgrund dieser Situation ist die englische „National society for the prevention of cruelty to children" (NSPCC) der Meinung, dass die zunehmende Bevorzugung von Unterbringung in Pflegefamilien gegenüber Heimunterbringung zwar eine „generelle Verbesserung" darstellt, Kinder in einem Pflegeumfeld paradoxerweise aber „isolierter" leben.[7]

Und was wollen die Kinder?

Selbst jene Politikvorstöße und Entscheidungen, die auf allgemein akzeptierten Prioritäten und Prinzipien beruhen, entsprechen nicht unbedingt den Wünschen der Kinder. Das haben wir in unseren immer häufiger stattfindenden Beratungen mit Kindern erkannt. Auch wenn ihre Stimmen manchmal noch recht schüchtern sind, ihre Meinung bringen sie ein:

Wir sprechen etwa mit Kindern, die viel lieber in einer betreuten Wohngemeinschaft als bei einer Ersatzfamilie leben wollen. Dahinter können extrem negative Erfahrungen mit Familienleben stehen oder die Angst, dass eine Ersatzfamilie zu eng und aufgrund der Intimität zu herausfordernd ist. Obwohl Adoption der Inbegriff von Langfristigkeit ist und als Lösung für Kinder angestrebt wird, deren eigene Eltern nie wieder für sie Sorge tragen können: Wir haben in den Gesprächen mit Kindern gehört, dass viele von ihnen keineswegs den Wunsch haben, adoptiert zu werden.

Die zu entwickelnden Standards müssen sicherstellen, dass die Stimmen der Kinder gehört werden: in allen Phasen der Entscheidungsfindung und des Aufnahmeprozesses, also auch in Bezug auf Langfristigkeit, auf Sicherheit und Stabilität der Fremdunterbringung, aber auch immer wieder während der gesamten Zeit ihrer Unterbringung! Es wird nicht einfach sein, verschiedene realisierbare Optionen auszuformulieren und anzubieten, um den Wünschen dieser Kinder angemessen nachzukommen.

Private Anbieter

Das Verhältnis zwischen der Verpflichtung des Staates, alternative Unterbringung zu sichern, und der zunehmend wichtigen Rolle des privaten Sektors in deren Bereitstellung ist ein weiteres wichtiges Thema. In den vorgeschlagenen Standards wird es sicher nicht darum gehen, Fragen bezüglich Vorteile, Nachteile oder Rechtfertigung

[7] National Society for the Prevention of Cruelty to Children, zitiert in BBC News Online, 15. Februar 2000.

privater Anbieter zu beantworten, sondern klarzustellen, wie eine angemessene Qualitätsüberprüfung dieser Dienste gewährleistet werden kann. In vielen Ländern stellen die Regierungen nicht genug Ressourcen für Bewilligungsverfahren und für die laufenden Kontrollen privater Fremdunterbringungsanbieter bereit. So etwa ergab eine Untersuchung des französischen Senats, dass mehr als zwei Drittel der 1.570 Einrichtungen, die im Verantwortungsbereich der *Protection judiciaire de la jeunesse* (offizielle Behörde, die für die Fremdunterbringung von gefährdeten Minderjährigen verantwortlich ist) liegen, von beinahe 500 privaten Vereinigungen betrieben werden. In den von anerkannten privaten Vereinigungen betriebenen Einrichtungen findet scheinbar keine Kontrolle, die auch als solche bezeichnet werden kann, statt.[8]

Obwohl in Rumänien gesetzlich festgelegt ist, dass sowohl öffentliche als auch private Anbieter Standards in der Heimunterbringung von Kindern respektieren müssen, hat man festgestellt, dass es im privaten Fremdunterbringungssektor kein strenges Prozedere zur Überprüfung der Strafregister potenzieller Arbeitnehmer gibt. NGOs hätten eben ihre eigenen Auswahlverfahren, die sie nicht immer öffentlich bekannt geben.[9]

In den Standards müssen Minimalanforderungen festlegt werden, um derartige Situationen zu regeln.

Von Kurzzeitpflege und Notunterkünften

Bevor Entscheidungen bezüglich Richtlinien getroffen werden, müssen viele weitere Situationen genau untersucht werden:

- *Zufluchtstätten und Notunterkünfte*: Ist es unter Rücksichtnahme auf die KRK vertretbar und sinnvoll - ganz zu schweigen von durchführbar -, sich die sichere und adäquate Betreuung von Kindern vorzunehmen, die oftmals für sehr kurze Zeit / in jeder Altersstufe / aus unterschiedlichsten Gründen (von Obdachlosigkeit hin zu Missbrauch und illegaler Immigration sowie Delikten seitens noch nicht strafbarer Kinder) in den Zufluchtsstätten und Notunterkünften fremd untergebracht werden, wie dies derzeit in vielen Ländern praktiziert wird? Wie kann diese Frage in den Richtlinien behandelt werden?
- Wie sollte mit von *Kindern geführten Haushalten* als Betreuungsoption umgegangen werden?

[8] Délinquance des mineurs: La République en quête de respect, Bericht einer Untersuchung einer Senatskommission, Rapport d'information 340, Tome I (2001-2002).

[9] Bescheid im Rahmen von Forschungstätigkeit für die UN-Studie „Gewalt gegen Kinder", UNICEF Rumänien.

- Wie kann der Schutz beispielsweise unbegleiteter Minderjähriger[10] sichergestellt werden, ohne auf Lösungen zurückzugreifen, die gleichbedeutend mit *Freiheitsberaubung* sind?
- *Internationale Unterbringung in Pflegefamilien oder Kurzzeitpflege* unterliegt oft weit weniger strengen Bedingungen als auf innerstaatlicher Ebene. Dieses Thema betrifft jährlich zehntausende Kinder und viele Länder Europas, sowohl die Gastgeberländer als auch jene Länder, deren Kinder untergebracht werden. Die Richtlinien sollen festlegen, dass die Standards, die in diesen Situationen befolgt werden müssen, nicht unter jenen liegen, die die innerstaatliche Unterbringung in Pflegefamilien regulieren.
- Wie können die Richtlinien darüber hinaus helfen, dass Kinder - wo immer möglich - in der *Betreuung ihrer Eltern* bleiben oder dorthin zurückkehren? Wie kann sichergestellt werden, dass die vorgeschlagene Unterbringungsform wirklich ihren Bedürfnissen nachkommt?

Der Prozess

Überzeugungsarbeit: Richtlinien sind notwendig!

Das Kinderrechtskomitee erkannte erstmals im September 2004 an, dass Richtlinien für die Fremdunterbringung notwendig sind: Es erließ einen Bescheid, der die Entwicklung von UN-Richtlinien in diesem Bereich einforderte, die dann von Regierungen, dem privaten Sektor, der Zivilgesellschaft und der internationalen Gemeinschaft zur Festlegung angemessener Verfahrensweisen und Programme verwendet werden sollten. Dieser Schritt führte dann auch zur Einrichtung der oben erwähnten NGO-Arbeitsgruppe. Gemeinsam mit UNICEF versuchte sie, aktiv auf dem Entscheid aufzubauen, indem sie die Akzeptanz für einen derartigen Text vorantrieb und somit den Weg für dessen Entwicklung ebnete.

Der Entscheid des Komitees beinhaltete auch die Forderung, in der Sitzung der Menschenrechtskommission im Jahr 2005 eine Entwurfsgruppe zu bilden, die einen Vorschlagstext erarbeiten sollte. Es stellte sich jedoch heraus, dass wichtige Mitglieder der Kommission einem derartigen Schritt nicht zugestimmt hätten. Innerhalb der UNO gibt es immer wieder Widerstände gegenüber Prozessen zur Festlegung von

[10] Hier sind Kinder gemeint, die außerhalb ihres Heimatlandes bzw. ihres gewöhnlichen Wohnortes von ihren Familien getrennt sind.

Standards, vermutlich da sie über Jahre gehen können und Ressourcen binden. Als „Plan B“ war vorgesehen, dass die Menschenrechtskommission das KRK-Komitee ersuchen sollte, die Verantwortung für die Vorbereitung eines Texts zu übernehmen, der dann der Kommission zur Genehmigung vorgelegt werden sollte.

Auch dieser Vorschlag stieß auf Schwierigkeiten, vorgeblich aus zwei Gründen: Einerseits brachten einige Regierungsdelegationen ihre Angst zum Ausdruck, dass ein potenziell gefährlicher Präzedenzfall gesetzt werden könnte, indem ein unabhängiger Ausschuss auf Vorschlag des Ausschusses selbst gebeten wird, eine bestimmte Aufgabe zu übernehmen.[11] Andererseits hatten manche das Gefühl, es sei nicht notwendig, ein zusätzliches „politisches“ Dokument auszuhandeln, es genüge ein von Experten erarbeitetes „fachliches“ Dokument, welches dann von einer „politischen“ Instanz bewilligt werde.

Die NGO-Arbeitsgruppe konnte deshalb nur erreichen, dass die Kommission in ihrem Beschluss anerkannte, dass Richtlinien zum Schutz von Kindern, die ohne ihre Eltern aufwachsen, und für die Fremdbetreuung dieser Kinder notwendig sind. Jedoch geschah dies ohne jeglichen Hinweis darauf, wer das Dokument erarbeiten oder welches Gremium es schließlich verabschieden sollte.

Der nächste größere Schritt war das Ergebnis des “Day of General Discussion“ zum Thema „Kinder ohne elterliche Betreuung“, der am 16. September 2005 vom KRK-Komitee einberufen wurde. In seinen abschließenden Empfehlungen vertrat das Komitee die Auffassung, dass es nur ansatzweise und begrenzt konkrete Orientierung für Staaten gibt, die an ihrer Verpflichtung bezüglich angemessener Fremdunterbringung arbeiten, und empfahl daher, dass die internationale Gemeinschaft, einschließlich der Staatsparteien, UN-Behörden und Gremien sowie relevanter regionaler Organisationen, internationaler und nationaler nichtstaatlicher Organisationen, akademischer Einrichtungen und internationaler Berufsverbände ein Expertentreffen organisieren solle, um eine Reihe internationaler Standards zum Schutz von Kindern ohne elterliche Betreuung und für deren Fremdunterbringung auszuarbeiten, die im Jahr 2006 von der UN-Generalversammlung geprüft und verabschiedet werden solle.

Auf dieser Basis konnte mit einem Entwurf begonnen werden.

[11] Dies ist tatsächlich ein eher unberechtigtes Argument, da es bereits Präzedenzfälle gab. So hat zum Beispiel die UN-Generalversammlung im Jahr 1992 das KRK-Komitee explizit eingeladen, die Möglichkeit einer generellen Aussage bezüglich Straßenkindernzu erwägen (GA res. 47/126). Im vorliegenden Fall hätte eine „Einladung“ in ähnlichem Tonfall ausgesprochen werden können.

Das Entwerfen

In den Monaten unmittelbar nach dem "Day of General Discussion" erarbeitete die NGO-Arbeitsgruppe einen Rohentwurf der Richtlinien, den sie im Jänner 2006 ausführlich mit Mitgliedern des Better Care Network und einer Gruppe junger Menschen diskutierte, die eigene Erfahrung mit Fremdunterbringung hatte. Die überarbeitete Version wurde für eine weitere Beratungsrunde freigegeben, ehe schließlich im Juni 2006 die NGO-Arbeitsgruppe und UNICEF dem KRK-Komitee einen nochmals überarbeiteten Text zur Prüfung vorlegte.

Inzwischen war man mit der Bitte, ein zwischenstaatliches Expertentreffen zur Durchsicht des Textes zu beherbergen, an die brasilianischen Behörden herangetreten und zu einer Einigung gekommen. Der vom KRK-Komitee novellierte Entwurf wurde den Mitgliedern dieses Treffens vorgelegt, das zwischen 9. und 11. August 2006 in Brasilia stattfand; es kamen Abgesandte von 40 Regierungen aus der ganzen Welt, sowie drei Mitglieder des KRK-Komitees und UNICEF-Vertreter zusammen, wobei das ISS (International Social Service) als Sekretariat diente.

Bei diesem Schlüsseltreffen reagierten erstmals Regierungen sowohl auf die Initiative selbst als auch auf den Inhalt und die Form eines vorgeschlagenen Textes. Die Ergebnisse waren ermutigend: Die Erwünschtheit von Richtlinien wurde keineswegs in Frage gestellt; grundsätzlich unterstützt wurden die grundlegenden Vorstöße sowie die Art, wie der Entwurf an das Thema heranging; viele Delegationen hatten sich mit dem Entwurf intensiv auseinandergesetzt, das zeigte sich an der großen Zahl von Änderungswünschen und an den vorgeschlagenen Zusätzen, mit denen sie ihre besonderen Anliegen unterzubringen suchten.

Die Teilnehmer/innen des Treffens entschieden, eine Gruppe der „Freunde der Initiative" einzurichten. Ihre Mitglieder - über ein Dutzend Regierungen aller Kontinente - sollten Brasilien im Vorantreiben der Initiative unterstützen. Es wurde ein Bericht erarbeitet, der alle Regierungsvorschläge enthielt. Brasilien selbst erstellte anschließend einen neuen Entwurf, der all diese Vorschläge berücksichtigte. Der Bericht und der Entwurf Brasiliens wurden dann zur Kommentierung an die Freundesgruppe ausgesandt und im Anschluss noch einmal überarbeitet. Am 31. Mai 2007 präsentierten die brasilianischen Behörden diesen Entwurf formell dem KRK-Komitee. Dabei brachten sie ihre Hoffnung zum Ausdruck, dass das Komitee seine Zustimmung zum Weiterführen des Prozesses auf Basis des Dokuments geben würde. Nachdem es noch einige weitere Änderungen vorgeschlagen hatte, teilte das Komitee tatsächlich mit, dass es die Weiterführung der Aufgabe voll unterstützen würde. Brasilien hat den neuen Arbeitsentwurf nun zur Konsultierung zur Verfügung gestellt.

Perspektiven

Brasilien plant im Sommer 2007 eine Zusammenkunft der Freundesgruppe zu veranstalten.[12] Im Anschluss daran ist ein größeres zwischenstaatliches Treffen geplant, um genügend Unterstützung für eine gewährleistete Verabschiedung der Richtlinien seitens der UN-Generalversammlung zu gewinnen.

Das im Jahr 2005 vom KRK-Komitee gesetzte Ziel, eine Verabschiedung seitens der UN-Generalversammlung im Jahr 2006 zu sichern, wurde also nicht erreicht und scheint auch für das Jahr 2007 unwahrscheinlich. Das ist jedoch weder überraschend, noch sollte es entmutigen. Man muss sich vor Augen halten: Es hat volle zehn Jahre gedauert, ehe die nur 24 Paragrafen umfassende Erklärung des Jahres 1986 über die sozialen und rechtlichen Grundsätze bezüglich Unterbringung in Pflegefamilien und Adoption entworfen und der Generalversammlung vorgelegt werden konnte. Es ist natürlich richtig, dass sich die Zeiten geändert haben: Einerseits ist der Kalte Krieg zu Ende, andererseits ist die KRK heute die unangefochtene Basis für den Umgang mit Kinderthemen. Aber auch wenn wir daher vernünftigerweise ein weit schnelleres Verfahren erwarten können, so enthält der Richtlinienentwurf doch 170 Paragrafen, die überprüft werden müssen ... Eine realistische Erwartungshaltung ist also angesagt!

Von nun an liegt die Initiative im Wesentlichen in Händen der Regierungen, wie es zu diesem Zeitpunkt ja auch sein soll. Aber die NGO-Gemeinschaft muss weiterhin wachsam bleiben und bei interessierten Regierungen für ein gezieltes Vorantreiben in die richtige Richtung eintreten, damit die bereits entstandene Dynamik nicht verloren geht. Andernfalls besteht die Gefahr, dass das Projekt zurückgestellt oder gar aufgegeben werden könnte.

So weit, so gut. Das KRK-Komitee sichert seine volle Unterstützung zu und mehrere Regierungen bringen weiterhin ihr klares Interesse zum Ausdruck, die Initiative gemeinsam mit Brasilien voranzutreiben. Und wenn es tatsächlich nicht im Jahr 2007 sein soll, dann zumindest im Jahr 2008 ...

[12] Zeitpunkt des Verfassens dieses Textes: Juni 2007.

Die wesentlichen Punkte des Entwurfs zur Verbesserung des Schutzes von Kindern ohne elterliche Betreuung

Die letzte Version (Juni 2007) des Richtlinienentwurfs umfasst neun Teile:

Teil 1 legt den **Zweck** dar: Aufbauend auf der UN-Kinderrechtskonvention sollen die Richtlinien Regierungen, Experten und der Zivilgesellschaft klarere Leitlinien geben, um Kinder, die entweder bereits in Fremdbetreuung sind oder fremd untergebracht werden sollen, zu schützen und ihr Wohlbefinden zu sichern.

Teil 2 erläutert die **allgemeinen Grundsätze und Perspektiven**, die dem Text zugrunde liegen. Diese reichen vom vorrangigen Bemühen, Kindern das Verbleiben bei ihrer Familie zu ermöglichen, über Förderung der Deinstitutionalisierung von Unterbringungsangeboten bis hin zur Unterstützung internationaler Kooperationen zur Umsetzung der Richtlinien.

Teil 3 beschäftigt sich mit dem **Wirkungsbereich** der Richtlinien, dem angemessenen Einsatz von und den Bedingungen für Fremdunterbringung für alle Personen unter 18 Jahren, unabhängig von der Betreuungssituation, und beinhaltet Definitionen der wichtigsten im Text verwendeten Konzepte. Der Verweis auf den angemessenen Einsatz der Fremdunterbringung hebt ein Hauptziel der Standards hervor, dass ungerechtfertigte Fremdunterbringung tunlichst zu vermeiden ist.

In diesem Sinne geht es in Teil 4 darum, der **Notwendigkeit der Fremdunterbringung** vorzubeugen: Maßnahmen, um die Betreuung durch die Eltern zu fördern und um Kinder in von Kindern geleiteten Haushalten zu unterstützen; Familientrennung vorbeugen (einschließlich Kinder, deren Mütter nicht in Freiheit leben können) und Wiedereingliederungen in die Familie fördern.

In einem kurzen 5. Teil wird ein **Rahmen für das Unterbringungsangebot** festgelegt; es geht um die Notwendigkeit, unterschiedliche qualitative Optionen zu gewährleisten, einschließlich der Sicherstellung von Unterstützung und Kontrolle informeller Unterbringung.

Teil 6 widmet sich der **Entscheidungsfindung bezüglich der besten Unterbringungsform** für jedes einzelne Kind. Besonderes Augenmerk liegt auf der Planung der Bereitstellung von Unterbringung und auf deren Beständigkeit; Beratung mit dem Kind und der Familie; regelmäßige, gründliche Überprüfung der Notwendigkeit und Eignung einer Unterbringung.

Teil 7 ist der wichtigste Teil bezüglich der **Bedingungen in der Fremdunterbringung**. Hier werden Standards abgedeckt, die alle Unterbringungsformen betreffen (zum Beispiel Gesundheits- und Sicherheitsanforderungen, effektiver Schutz vor Missbrauch und Ausbeutung, sowie Zugang zu Beschwerdemöglichkeiten), aber auch Standards, die in bestimmten Umfeldern respektiert werden müssen, so etwa in der informellen Unterbringung, der Unterbringung in Pflegefamilien oder der Heimunterbringung. Dieser Teil fordert auch, dass jedes Kind von der Ernennung einer Person profitieren soll, die in loco parentis agiert; Die Person soll, wenn die Eltern abwesend oder nicht in der Lage sind, tägliche Entscheidungen im besten Interesse des Kindes treffen. Weiters ist die Registrierung, Prüfung und Kontrolle aller Unterbringungsanbieter vorgesehen. Ein spezieller Unterabschnitt beschäftigt sich mit der Unterstützung jener Kinder, die von einer Fremdunterbringung zu einem unabhängigen Leben wechseln.

Teil 8 berücksichtigt spezielle Anforderungen in Fällen, in denen Kinder **im Ausland fremd untergebracht** werden (zum Beispiel für Kurzzeitpflege, medizinische Betreuung, ...) oder der Fremdbetreuung bedürfen, wenn sie aus irgendeinem Grund bereits in einem fremden Land sind (Migrantinnen und Migranten, Asylwerber/innen, Opfer von Kinderhandel, ...).

Teil 9 legt spezielle Erwägungen bezüglich der Bereitstellung von **Unterbringung in Notsituationen** dar, die die Bestimmungen für Unterbringung im Allgemeinen ergänzen.

Aktuelle Versionen der Richtlinieninitiative und neuester Entwurfstext:
www.crin.org/bcn/initiatives.asp

Quality4Children

Qualitätsstandards zur Verbesserung der Lebenssituation von fremd untergebrachten Kindern in Europa

> *„Der Kontakt zwischen den Sozialeinrichtungen und den fremd untergebrachten Kindern sollte so sein, wie der Kontakt bei uns, sie sollten mit den Kindern reden und ihnen zuhören, damit sie ihnen sagen, was sie wollen" (ein Junge aus Schweden, Code 29.01.02).*

Es gibt viele Gründe, warum tausende von Kindern in Europa nicht in ihren eigenen Familien aufwachsen können und weshalb sie nach Intervention durch die Jugendhilfebehörden fremd untergebracht werden müssen. Für diese Kinder gibt es unterschiedliche Betreuungssysteme, die die Sicherung und Verbesserung ihrer Entwicklungschancen zum Ziel haben. Ein inadäquates Betreuungsumfeld kann jedoch die Entwicklung gefährden und die Kinder dem Risiko weiterer Verletzungen ihrer grundlegenden Rechte aussetzen.

Trotz der großen Aufmerksamkeit für dieses Thema, das sich in der Kinderrechtskonvention der Vereinten Nationen manifestiert, forderte das UN-Komitee für die Rechte des Kindes im Jahr 2004 die Entwicklung von weltweit gültigen Richtlinien zum Schutz von Kindern, die ohne elterliche Betreuung aufwachsen.

Die drei internationalen Organisationen FICE (Fédération Internationale des Communautés Educatives), IFCO (International Foster Care Organisation) und SOS-Kinderdorf International haben auf Basis ihrer Erfahrungen im europäischen Kontext ein starkes Bedürfnis für die Entwicklung von Qualitätsstandards im Bereich der Fremdunterbringung von Kindern und Jugendlichen geortet. In einem Europa, das hauptsächlich mit wirtschaftlichem Wachstum beschäftigt ist, bedarf es ganz besonders auch europaweiter Initiativen, die eine Antwort auf soziale Herausforderungen geben.

Vor diesem Hintergrund haben die genannten drei Kinderbetreuungsorganisationen im März 2004 ein Projekt gestartet, das die Entwicklungschancen von fremd untergebrachten Kindern in Europa zu sichern und zu verbessern sucht: Quality4Children (Q4C).

Die Philosophie von Quality4Children

Quality4Children hat sich der **Leitidee** verpflichtet, dass alle Kinder und Jugendlichen, die nicht bei ihren Eltern aufwachsen können, die Möglichkeit erhalten, ihr Leben so zu gestalten, dass sie zu selbstständigen, selbstverantwortlichen und aktiven Mitgliedern der Gesellschaft heranwachsen. Durch ein unterstützendes, schützendes und fürsorgliches Umfeld wird die volle Entfaltung ihres Potenzials gefördert.

Der **Auftrag** von Q4C besteht darin, die Situation und die Entwicklungschancen fremd untergebrachter Kinder mithilfe folgender Ziele zu verbessern:

- Schaffung eines europäischen Netzwerks von relevanten Stakeholdern, die für die Rechte von fremd untergebrachten Kindern eintreten,
- Entwicklung von Qualitätsstandards auf Basis der Erfahrungen und der Praxisbeispiele von Personen, die unmittelbar durch Fremdunterbringung betroffen sind,
- Förderung der Akzeptanz, Umsetzung und Beobachtung der Qualitätsstandards für fremd untergebrachte Kinder auf nationaler und europäischer Ebene.

Werte

Quality4Children hat fünf gleichwertige **Grundsätze**, die für das gesamte Projekt berücksichtigt wurden. Diese sind:

Partizipation: Personen, die in der Betreuung von fremd untergebrachten Kindern und jungen Erwachsenen direkt betroffen sind, wurden seit 2004 aktiv in das Projekt involviert. Dazu zählen Kinder und junge Erwachsene mit Fremdunterbringungserfahrung, Herkunftsfamilien, Betreuer/innen und Sozialarbeiter/innen

- als „Geschichtenerzähler/innen", die ihre persönlichen Geschichten als Basis für die Q4C-Standards eingebracht haben;
- als Mitglieder der nationalen Teams, die die Entwicklung des Projektes in ihren Ländern vorangetrieben haben;
- als Feedback-Partner, die im weiteren Verlauf des Prozesses Feedback zu den Entwürfen der Standards geliefert haben;
- als Mitglieder der Projekt-Steuerungsgruppe, die Q4C Form und Richtung gab.

Gender Mainstreaming und Diversität: Der Prozess berücksichtigt Gender Mainstreaming über den gesamten Projektverlauf und spiegelt die Diversität aller an der Fremdunterbringung beteiligten Personen wider. 50 % der „Geschichtenerzähler/innen" waren Kinder oder junge Erwachsene, einige davon gehören ethnischen Minderheiten wie Roma oder Sinti (vorwiegend in osteuropäischen Ländern) an und einige von ihnen sind in westeuropäischen Ländern lebende Marokkaner/innen und Südamerikaner/innen.

Die Q4C-**Partnerschaft** umfasst die drei Organisationen FICE, IFCO und SOS-Kinderdorf International. Diese engagieren sich gemeinsam als Träger des Projektes für die Verwirklichung der Vision von Q4C auf nationaler und internationaler Ebene.

Verpflichtung: Q4C ist der UN-Konvention über die Rechte des Kindes verpflichtet. Die Q4C-Standards wurden von einer externen Organisation, der niederländischen Sektion von "Defence for Children International" auf ihre Validität gegenüber den Kinderrechten überprüft.

Verantwortlichkeit und Nachhaltigkeit: Q4C ist gegenüber den drei Organisationen, die das Projekt ins Leben gerufen haben, verantwortlich. Das von den drei Organisationen gesteuerte europäische Netzwerk gewährleistet die Nachhaltigkeit des Projekts und wird die Förderung der Standards sowie die Entwicklung von Partnerschaften zur Verbesserung der Situation und Entwicklungschancen von fremd untergebrachten Kindern und jungen Erwachsenen sicherstellen.

Die Entwicklung der Q4C-Standards

Die Q4C-Standards wurden entwickelt, um einen adäquaten Rahmen für die Qualität der Betreuung von fremd untergebrachten Kindern abzubilden und Information und Hilfestellung für alle am Fremdunterbringungsprozess Beteiligten zu geben. Zu den Beteiligten zählen Kinder und junge Erwachsene, die bereits fremd untergebracht sind oder bei denen eine Fremdunterbringung ansteht, die Herkunftsfamilien der Kinder, Betreuer/innen, die Leiter/innen von Betreuungseinrichtungen und deren Trägerorganisationen, Sozialarbeiter/innen, Kinderschutzbeauftragte, Forscher/innen im Bereich Kindheit und Jugend, NGOs, Vertreter/innen von Jugendhilfebehörden etc.

Zielländer für die Entwicklung der Standards waren Belgien, Bulgarien, Dänemark, Deutschland, Estland, Finnland, Frankreich, Griechenland, Großbritannien, Irland, Island, Italien, Kroatien, Lettland, Litauen, Luxemburg, Malta, Niederlande, Norwegen, Österreich, Polen, Portugal, Rumänien, Schweden, Schweiz, Slowakei, Slowenien, Spanien, Tschechien, Türkei, Ungarn und Zypern.

Geschichten sammeln

„Es ist wichtig, die Kinder zu verstehen und ihre Gefühle richtig zu interpretieren ... Man muss ihnen aufmerksam zuhören, sie als einmalige Individuen betrachten und sorgsam mit ihnen umgehen, damit sie das Gefühl bekommen, verstanden zu werden ... Wenn Ihnen das gelingt, ist das Problem schon beinahe gelöst ..." (Mitarbeiter einer türkischen Betreuungsorganisation).

Die „menschliche Seite", nämlich die Teilnahme von Menschen mit persönlicher Erfahrung im Bereich der Fremdunterbringung von Kindern, war bei der Entwicklung der Standards einer der wichtigsten Aspekte des Projekts. Um eine effiziente Beteiligung aller involvierten Personen sicherzustellen, kam bei Q4C eine innovative Methode der Datensammlung zur Anwendung: das Erzählen von Geschichten oder „Storytelling".

Die im Rahmen von Q4C verwendete Storytelling-Methode umfasste fünf Phasen:

Planung: Beteiligte an Fremdunterbringung wurden ausgesucht und zur Teilnahme an einem Storytelling-Workshop eingeladen.
Interview/Geschichten erzählen: Gruppen zu je zwei Personen wurden gebildet. Innerhalb dieser Gruppe stellte eine Person der anderen z.B. folgende Frage: „Was war für die Fremdunterbringung Ihrer Meinung nach am Wichtigsten, seit das Kind sein Zuhause verlassen musste?" Der Interviewer machte Aufzeichnungen über die Erzählungen des Interviewpartners (Storytellers). Anschließend werden die Rollen getauscht und der Prozess wiederholt.
Ausarbeitung: In Gruppen haben die Teilnehmer/innen am Workshop die „Juwelen" aus diesen Geschichten, die wiederkehrenden Themen, die Hauptcharaktere und deren Interessen sowie Emotionen und Schlüsselbedeutungen herausgearbeitet.
Formulierung: Die Geschichten wurden zusammengefasst und gemäß einer vorgegebenen Struktur gestaltet: Titel, Zusammenfassung, Geschichte und Liste der Juwelen.
Bestätigung: Der letzte Schritt bestand darin, die strukturierte Geschichte dem/der Geschichtenerzähler/in zwecks Bestätigung der Ergebnisse zu präsentieren.
Durch die Verwendung der Storytelling-Methode war die Rolle der Interviewpartner in der Datensammlungsphase nicht auf eine passive Teilnahme beschränkt, vielmehr waren diese durch die Befragung ihrer Partner und die Überprüfung der Daten aktiv eingebunden.

Analyse der Geschichten

Die 332 gesammelten Erzählungen aus den Zielländern wurden nach demografischen Kriterien in unterschiedliche Gruppen aufgeteilt. Jede Gruppe wurde außerdem noch in eine weibliche und eine männliche Geschichtenerzähler-Untergruppe unterteilt.

- Kinder und junge Erwachsene
- Biologische Eltern und Geschwister
- Betreuer/innen (dazu gehören Pflegeeltern, SOS-Kinderdorf-Mütter, Betreuer/innen und Leiter/innen der Jugendeinrichtungen)
- Familienmitglieder im weiteren Sinn (z. B. Großeltern)
- andere (dazu gehören Sozialarbeiter/innen, Anwälte, Richter etc.)

Nach der Kategorisierung wurden die Geschichten anhand der Methode der Inhaltsanalyse untersucht. In dieser Phase wurden wesentliche Themen, die für die Geschichtenerzähler wichtig waren, identifiziert und drei Bereichen des Fremdbetreuungsprozesses zugeordnet. Hier einige der interessantesten Themen, die die Geschichtenerzähler/innen in ihren Erzählungen erwähnten:

Kommunikation und Partizipation
Die Geschichtenerzähler/innen brachten zum Ausdruck, dass eine adäquate und transparente Art der Kommunikation während des Fremdunterbringungsprozesses wichtig ist. Die Wichtigkeit, gehört zu werden und die eigenen Meinungen berücksichtigt zu wissen, wurde in den Erzählungen unterstrichen.

Intervention durch das Jugendamt
Unverzügliche und angemessene individuelle Lösungen für das Kind inklusive der gemeinsamen Unterbringung von Geschwistern, der Beteiligung der Herkunftsfamilie sowie das Monitoring von Schlüsselprozessen waren häufige, von den Geschichtenerzähler(inne)n genannte Themen.

Betreuung
Gemeinsame Themen, die im Bereich der Betreuung identifiziert wurden, waren: reibungsloser Wechsel von einer Betreuungsform in eine andere, der Kontakt zwischen Kindern, Herkunftsfamilie und erweiterter Familie und Betreuungspersonen.

Strukturen, Regeln, Rituale, das Setzen, Erkennen und Akzeptieren von Grenzen wurden von jungen Erwachsenen häufig als wichtige Themen im Alltagsleben während der Fremdunterbringung genannt.

Die Wichtigkeit von stabilen Beziehungen und Zuneigung zwischen dem Kind und dem/der Betreuer/in, von emotionaler Bindung und der Förderung des Potenzials des Kindes wurde für die Betreuung von Kindern und jungen Erwachsenen betont.

Verselbstständigung
Für die Geschichtenerzähler/innen waren die Hauptaspekte, die ein/e Betreuer/in berücksichtigen muss, wenn er/sie das Kind oder die/den junge/n Erwachsene/n auf die Verselbstständigung vorbereitet, folgende: Unterstützung des Kindes oder des/der jungen Erwachsenen beim Treffen von eigenen Entscheidungen und dem Aufbau eines eigenen Soziallebens, Vorbereitung auf ein selbstständiges Leben sowie die Unterstützung und Beratung während des Nachbetreuungsprozesses.

Geschichten		
Entscheidungsfindung und Aufnahme	**Betreuungs-prozess**	**Verselbstständigungs-prozess**
• Kommunikation und Partizipation • Interventionen von Kinderschutzdiensten • Beziehungen und Zuneigung	• Kommunikation und Partizipation • Betreuung • Struktur, Regeln, Bräuche, Grenzen setzen, Erkennen und Akzeptieren von Limits • Beziehungen und Zuneigung	• Kommunikation und Partizipation • Beziehungen und Zuneigung • Ausscheiden aus der Betreuung

Tabelle 1: Darstellung der Analysematrix

Die Ergebnisse der Analyse flossen in einen Bericht ein, der anschließend gemeinsam mit den Geschichten als Basis für die Entwicklung der Q4C-Standards diente.

Finalisierung der Quality4Children-Standards

Die Standards wurden zunächst in nationalen Teams entwickelt. In vielen dieser Teams waren junge Menschen mit Erfahrung in der Fremdunterbringung vertreten. Zur Entwicklung der Standards wurden alle Geschichten, die Ergebnisse der Geschichtenanalyse (Bericht) sowie eine vorgegebene Struktur zur Gestaltung der Standards herangezogen.

Nach der Entwicklung der Standards durch 26 nationale Teams entstand eine Erstversion des Dokuments mit über 100 Standards. Im Laufe des Jahres 2006 wurden diese in zahlreichen internationalen Treffen bearbeitet, um eine Überlappung der Inhalte zu vermeiden.

Mitglieder aus allen drei Organisationen und eine Jugendliche übernahmen die Finalisierung der Standards und entwickelten die 18 Standards umfassende Endversion.

Die Quality4Children-Standards

> *„Ich bin sehr glücklich, dass es Leute gibt, die so eine fantastische Arbeit leisten. Ich habe den Eindruck, dass alle möglichen Themen abgedeckt sind und dass im Dokument nichts fehlt. Es ist eine wundervolle Sache, dass Leute aus ganz Europa in diesen Prozess eingebunden sind" (ein Geschichtenerzähler während des Feedback-Prozesses).*

Inhaltlicher Rahmen der Quality4Children-Standards

Das Quality4Children-Dokument beinhaltet achtzehn Standards, welche in drei Bereiche der Fremdunterbringung unterteilt wurden.

1. Entscheidungs- und Aufnahmeprozess

Der erste Teil umfasst sechs Standards und beschäftigt sich mit zwei Prozessen, die stark ineinander übergreifen.

a) Der Entscheidungsfindungsprozess beinhaltet vor allem eine Erfassung der Bedürfnisse des Kindes und seiner Familiensituation sowie die Entscheidung darüber, welche die bestmögliche Lösung für das Kind ist. Falls Fremdunterbringung die beste Option ist, um das Wohl des Kindes zu gewährleisten, geht es bei der nächsten Phase des Entscheidungsfindungsprozesses um die Identifikation der bestmöglichen Unterbringungsform. Der Entscheidungsfindungsprozess ist abgeschlossen, wenn sich alle beteiligten Parteien über die Unterbringung geeinigt haben.

b) Der Aufnahmeprozess beinhaltet alle Aktivitäten im Hinblick auf die Integration des Kindes in seine zukünftige Lebenssituation. Alle Parteien, die direkt an der Entwicklung des Kindes beteiligt sind, bekommen alle relevanten Informationen über den Entscheidungsfindungsprozess und tauschen diese aus. Wenn Kinder mit speziellen Bedürfnissen aufgenommen werden, wird ihr spezifischer Bedarf berücksichtigt.

2. Betreuungsprozess

Der zweite Teil beinhaltet acht Standards. Dieser Teil deckt die Phase zwischen dem Aufnahmeprozess und dem Verselbstständigungsprozess ab.

Kinder und junge Erwachsene, die fremd untergebracht sind, werden dabei unterstützt, ihre Zukunft zu gestalten und zu selbstständigen, unabhängigen und aktiven Mitgliedern der Gesellschaft heranzuwachsen. Dies wird durch das Leben in einem unterstützenden, schützenden und fürsorglichen Umfeld gefördert.

3. Verselbstständigungsprozess

Dieser letzte Teil umfasst vier Standards. Der „Verselbstständigungsprozess" bezieht sich auf den Prozess, in dem das Kind bzw. der/die junge Erwachsene selbstständig wird, zu seiner/ihrer Herkunftsfamilie zurückkehrt oder anderswo untergebracht wird. Dieser Prozess beinhaltet die Entscheidung über die Beendigung der Betreuung, den Auszug und die Nachbetreuung.

Die Struktur der Standards

Die Quality4Children-Standards weisen eine detaillierte Struktur auf, die speziell entwickelt wurde, um ein möglichst optimales Verständnis ihrer Inhalte und Ziele zu unterstützen.

Die Struktur hilft auch dabei, jene verantwortlichen Personen/Einrichtungen zu definieren, die in die Umsetzung der Standards involviert werden müssen.

Die Q4C-Standards beinhalten die folgenden Elemente:

- **Titel und Kurzbeschreibung des Standards**
  enthalten klare Aussagen über die notwendige Qualität und liefern eine konkrete Anleitung für die Arbeit in der Betreuung von fremd untergebrachten Kindern und jungen Erwachsenen.
- **Zitate**
  Ausgewählte Zitate aus den Interviews mit den Geschichtenerzähler(inne)n; diese sind der Q4C-Datenbank entsprechend codiert.
- **Verantwortlichkeiten**
  Aufgaben, Pflichten und definierte Zuständigkeitsbereiche für alle Interessensgruppen, die in die Implementierung der jeweiligen Standards involviert sind.
- **Richtlinien**
  Anforderungen im Zusammenhang mit der Umsetzung des jeweiligen Standards.
- **Warnzeichen**
  Beschreibung von Entscheidungen, Handlungen, Maßnahmen und Auswirkungen, die bei der praktischen Umsetzung des jeweiligen Standards nicht passieren dürfen.

Zur Veranschaulichung nachstehend ein konkretes Beispiel eines Quality4Children-Standards:

Standard 3: Ein professionell gestalteter Entscheidungsfindungsprozess stellt die bestmögliche Betreuung für das Kind sicher

Beim Entscheidungsfindungsprozess werden zwei Fragen behandelt: Welche Lösung dient dem Wohl des Kindes? Falls Fremdunterbringung erforderlich ist, welche ist die bestmögliche Unterbringungsform für das Kind?

Alle Parteien, die direkt an der Entwicklung des Kindes beteiligt sind, arbeiten zusammen und nutzen dafür ihre jeweiligen Fachkenntnisse. Sie bekommen alle relevanten Informationen über den Entscheidungsfindungsprozess und tauschen diese aus.

Wenn Kinder mit speziellen Bedürfnissen aufgenommen werden, wird ihr spezifischer Bedarf berücksichtigt.

„Die Person, welche die Pflegefamilien berät, erklärt den möglichen Pflegefamilien die Bedürfnisse des Kindes, und wenn sie zustimmen verständigt das Zentrum das Kind. Dem Kind werden die möglichen Pflegefamilien im Detail präsentiert. Das Zentrum stellt das Kind und seine Herkunftsfamilie der Pflegefamilie vor, bevor das Kind bei ihr zur Betreuung untergebracht wird. Anschließend gibt es ein Abkommen zwischen allen Beteiligten" (Mitarbeiterin des Jugendamtes aus Slowenien, Code 27.08.03).

Verantwortlichkeiten	
Jugendamt	• Stellt einen professionellen Entscheidungsfindungsprozess sicher. • Stellt sicher, dass der Prozess partizipativ und transparent ist.
Plegefamilie/Betreuungseinrichtung	• Stellt dem Jugendamt alle relevanten Informationen über die Betreuungsform, die sie anbietet, zur Verfügung.

Richtlinien

1. Der Prozess ist partizipativ und transparent

Die verantwortliche Person stellt sicher, dass alle relevanten Parteien am Prozess teilnehmen. Sie sammelt alle Informationen und dokumentiert sie klar und deutlich. Die verantwortliche Person informiert die beteiligten Parteien auf sensible Art und stellt sicher, dass alle Beteiligten Zugang zu den relevanten Informationen haben und diese verstehen.

2. Kooperation mit externen Fachleuten und Einrichtungen

Die verantwortliche Person stellt sicher, dass Expert(inn)en von unterschiedlichen Organisationen die Situation des Kindes beurteilen und beratend tätig werden.

3. Informationen über die möglichen Konsequenzen der Unterbringung werden zur Verfügung gestellt

Die verantwortliche Person evaluiert die möglichen Auswirkungen der Maßnahme sorgfältig und stellt sicher, dass alle beteiligten Parteien sich der möglichen Konsequenzen der Fremdunterbringung bewusst sind.

4. Wenn die ursprüngliche Unterbringung nicht adäquat ist, wird eine alternative Unterbringung überlegt

Die verantwortliche Person stellt sicher, dass im Entscheidungsfindungsprozess eine alternative Unterbringung überlegt wird, falls sich herausstellt, dass die ursprüngliche Option nicht adäquat ist.

5. Die Entscheidung basiert auf relevanten Fakten

Die verantwortliche Person stellt sicher, dass die Untersuchung sorgfältig durchgeführt und die resultierende Dokumentation analysiert wird. Auf Basis dieser Daten wird eine adäquate Entscheidung getroffen, um das Wohl des Kindes sicherzustellen.

6. Die bestmögliche Unterbringung für das Kind wird ausgewählt

Das Jugendamt wählt die bestmögliche Unterbringung aus, wobei der ethnische, soziale, religiöse und medizinische Hintergrund des Kindes besonders berücksichtigt wird. Gemeinsam mit der Betreuungseinrichtung stellt es sicher, dass die Unterbringung ein stimmiges, unterstützendes, schützendes und fürsorgliches Umfeld bietet.

Der/die potenzielle Betreuer/in muss qualifiziert sein, regelmäßige Weiterbildung und Supervision sowie ausreichend Ressourcen erhalten, um das Kind (oder die Geschwister) betreuen zu können.

7. Betreuungseinrichtungen kooperieren, wenn ein Kind von einer Betreuungsform in eine andere wechselt

Falls ein Kind von einer Betreuungsform in eine andere wechselt, unterstützen der/die aktuelle Betreuer/in und Betreuungseinrichtung den Prozess und stellen dem/der zukünftigen Betreuer/in alle nötigen Informationen über das Kind zur Verfügung.

Warnzeichen

- Die Entscheidung wird nicht zum Wohl des Kindes getroffen.
- Die Unterbringung berücksichtigt die Bedürfnisse des Kindes, seine Lebenssituation und/oder sein ursprüngliches soziales Umfeld nicht.
- Es gibt keine alternative Unterbringungsmöglichkeit, falls sich herausstellt, dass die ursprüngliche Unterbringung nicht adäquat ist.

- Die Entscheidung basiert nicht auf Fakten.
- Es gibt keine Dokumentation des Entscheidungsfindungsprozesses.
- Es gibt keine Informationstransparenz.
- Das Kind, die Herkunftsfamilie und andere relevante Parteien werden nicht miteinbezogen oder verstehen den Prozess nicht.
- Die Entscheidung ist für das Kind und seine Herkunftsfamilie plötzlich und unerwartet.
- Es gibt keine Kooperation mit externen Fachleuten.

Die Implementierung der Quality4Children-Standards

Das generelle Ziel des Projekts Q4C ist es, Kindern ohne elterlichen Schutz die Chance zu geben, ihre Zukunft zu gestalten und ihr individuelles Potenzial so weit als möglich zu entfalten. Damit sie zu selbstverantwortlichen, selbstständigen und aktiven Mitgliedern der Gesellschaft heranwachsen können, ist ein Betreuungsumfeld notwendig, in dem sie unterstützt und geschützt werden sowie Anteil an ihrem Leben genommen wird.

Dieses Ziel soll durch die Schaffung eines europäischen Netzwerks erreicht werden, das die Förderer der Kinderrechte zusammenbringt. Dieses Netzwerk soll darüber hinaus die Akzeptanz der Q4C-Standards, ihre Umsetzung und Weiterentwicklung sowohl unterstützen als auch vorantreiben.

Die drei Partnerorganisationen FICE, IFCO und SOS-Kinderdorf haben ein klares Bekenntnis zur Umsetzung der Q4C-Standards innerhalb ihrer Organisationen abgegeben.

Am 13. Juni 2007 wurden die Quality4Children-Standards für fremd untergebrachte Kinder in Europa im Europäischen Parlament der Öffentlichkeit präsentiert, und zwar auf Einladung der Abgeordneten Lissy Gröner und mit Unterstützung von Europakommissarin Benita Ferrero-Waldner.

Im Anschluss an die Präsentation der Q4C-Standards im Europäischen Parlament wurde ein Q4C-Koordinationsteam gegründet. Dieses Team wird aus neun Mitarbeiter(inne)n der drei Partnerorganisationen gebildet, wobei es sich bei drei dieser Mitglieder um junge Erwachsene mit Fremdunterbringungserfahrung in einer der drei Organisationen handelt.

Das Q4C-Koordinationsteam hat die Aufgabe, die Q4C-Standards auf nationaler, europäischer und internationaler Ebene voranzutreiben. Es sucht die Mitarbeit und Partnerschaft aller Personen und Institutionen, die am Wohl von fremd untergebrachten Kindern interessiert sind. Neben der vom Europarat verabschiedeten Empfehlung „Recommendation of the Committee of Ministers to member states on the rights of children living in residential institutions" und den UN-Richtlinien „UN Guidelines for the protection of children without parental care" positionieren sich die Q4C-Standards als weiterer bedeutsamer internationaler Referenzrahmen für die Betreuung fremd untergebrachter Kinder und Jugendlicher.

Downloads der Q4C-Standards in verschieden Sprachen unter
www.quality4children.info

Literaturnachweis

Atteslander, Peter (1992). Methoden der empirischen Sozialforschung. Walter de Gruyter, Berlin/New York.

Council of Europe (2005). Recommendation Rec(2005)5 of the Committee of Ministers to member states on the rights of children living in residential institutions. (https://wcd.coe.int/ViewDoc.jsp?id=835953&Site=CM&BackColorInternet=9999CC&BackColorIntranet=FFBB55&BackColorLogged=FFAC75)

Frenzel, Karolina; *Müller*, Michael; *Sottong* Hermann (2004). Storytelling, das Harun-al-Raschid-Prinzip. Carl Hanser Verlag, München

Hart, Roger A. (1997). Children's participation. Earthscan/UNICEF

Quality4Children (2007). Standards für die Betreuung von fremd untergebrachten Kindern und jungen Erwachsenen in Europa. Hermann-Gmeiner Akademie (Hrsg.). Eine Initiative von FICE, IFCO und SOS-Kinderdorf International. (http://www.quality4children.info)

Reinmann-Rothmmeier, Gabi; *Erlach*, Christine; *Neubauer*, Andrea (2000). Erfahrungsgeschichten durch Story Telling - eine multifunktionale Wissensmanagement-Methode. Ludwig-Maximilians-Universität, Lehrstuhl für Empirische Pädagogik und Pädagogische Psychologie, München.

Strauss, Anselm L. (1994) Grundlagen qualitativer Sozialforschung. Wilhelm Fink Verlag, München

Barbara Lill-Rastern

Forschung als Beitrag zur Qualitätsentwicklung in einer Non-Profit-Organisation

Forschung und Evaluation im SOS-Kinderdorf haben in den letzten Jahren immer mehr an Bedeutung gewonnen. In einzelnen Ländern wurden Forschungsprojekte in unterschiedlichen Bereichen der SOS-Kinderdorf-Arbeit und in unterschiedlichen Formen immer wieder durchgeführt. Seit einigen Jahren wird Forschung systematisch und auf globaler Ebene verfolgt.

Forschung und Evaluation sind ein wichtiger Bestandteil einer lernenden und sich kontinuierlich weiterentwickelnden Organisation. Nur durch fortwährende Reflexion des fachlichen Handelns kann eine qualitativ hochwertige Betreuung und Unterstützung von Kindern und Familien erfolgen. Der wissenschaftliche Dialog und die Auseinandersetzung mit angewandten Forschungsfragen stellen eine unverzichtbare Ergänzung zu unserem breiten, auf langjähriger Erfahrung basierenden Know-how aus der Praxis dar. Erst die Kombination von beidem ermöglicht kreatives Denken, das einerseits Bestehendes analysiert und Stärken und Schwächen aufzeigt, andererseits den Weg bereitet für innovative und an die jeweiligen Bedürfnisse angepasste Konzepte. So bieten Forschungsergebnisse eine solide Entscheidungsgrundlage für strategische Entwicklungen auf globaler Ebene und fördern pädagogische Professionalität.

Eine wesentliche Voraussetzung, um Forschungsergebnisse betrieblich nutzen zu können, ist die Bereitschaft, zu lernen: Neue Erkenntnisse irritieren. Sie stellen Bestehendes in Frage und lassen eine Situation der Ungewissheit entstehen: Was geschieht mit den neuen Erkenntnissen? Wo führen sie die Organisation hin? Welches Handeln und welche Entscheidungen machen sie nötig?

„Eine lernende Organisation ist eine Organisation, die sich im Wesentlichen durch zwei Fähigkeiten auszeichnet: die Fähigkeit zur Selbstreflexion und die Fähigkeit, sich offen zu halten für Irritationen aus der Umwelt und diese Irritationen zu verarbeiten" (Beucke-Galm 1997). Angstfreiheit und Vertrauen als elementare Werte sind nach Papmehl & Siewers (1999) eine wesentliche Voraussetzung für den Prozess des organisationalen Wandels. Lernen wird als eine Art der Grenzüberschreitung definiert, zu dem ein angstfreies und vertrauensvolles Klima in einer Organisation nötig ist.

Die Herausforderung für die Organisation besteht nicht nur darin, Forschungsprojekte durchzuführen, sondern der Forschung einen angemessenen Platz zu geben sowie ihre Reichweite und ihre Grenzen für die Organisation zu bestimmen: Denn es besteht die Gefahr, dass Forschung im angewandt-organisationalen Kontext einerseits als „Lösungsinstrument" überhöht wird, oder andererseits als theoretisches, wissenschaftliches Konzept angstvoll abgewehrt wird.

Grundsätzliche Betrachtungen

> *„Der Klimawandel stellt nach Einschätzung von UN-Generalsekretär Ban Ki Moon für die Menschheit inzwischen eine ebenso große Bedrohung dar wie Kriege" (aus: ZDFheute.de - Online Ausgabe vom 2. März 2007).*

Was hat diese - zugegeben bedeutungsschwere - Feststellung mit dem Thema Forschung und Qualitätsentwicklung zu tun? Wie ich auf den nächsten Seiten darlegen darf, wesentlich mehr als es auf den ersten Blick den Anschein haben mag. Lassen Sie mich also einleitend anhand dieses Beispieles die wichtigsten Themenbereiche von Forschung und ihrem möglichen Nutzen für die Qualitätsentwicklung ausbreiten. Aber auch auf den Zwiespalt, der dadurch zustande kommt, dass Forschung oft nur in ihrer Dienlichkeit für bestimmte Zwecke gesehen wird, sei hingewiesen.

Das Grundprinzip von Forschung ist zumindest seit der Aufklärung jenes der Unabhängigkeit. In der Entwicklungsgeschichte der Naturwissenschaften war das insbesondere die Loslösung von religiösen Dogmen, die einen freien Forschungsprozess behinderten. Inzwischen ist die Unabhängigkeit weiter gefasst und bezieht sich unter anderem auch auf staatliche und wirtschaftliche Einflussnahme. Es handelt sich um einen Prozess, der nicht prinzipiell als abgeschlossen zu betrachten ist, vielmehr ist die Annäherung an ein Ideal der unabhängigen Forschung ein stetiges Bemühen.

Forschung muss also nicht zwingend zu Erkenntnissen kommen, die einen bestimmten Dienst, in die eine oder andere Richtung, erfüllen. Die Klimaforschung ist ein gutes Beispiel. Sicherlich galt nicht immer, dass Klimaforschung uns an die Folgen unseres Handelns mahnen soll, und sie dient auch heute nicht ausschließlich dazu, Klimakonferenzen mit neuen Szenarien bezüglich des kommenden Klimawandels zu bereichern. Aber im Rahmen ihrer Forschungstätigkeit stießen immer mehr Klimatologen auf deutliche Hinweise bezüglich der Folgen des erhöhten Ausstoßes von Kohlenstoff, und letztlich mündeten diese Erkenntnisse im aktuellen Bericht der UNO.

Klimatologen liefern auf diese Weise entscheidende und lebenswichtige Erkenntnisse, und ihre Forschungen dienen einer Qualitätsentwicklung und Qualitätssicherung im globalen Ausmaß. Doch erschreckend lang war der Weg und fast lähmend langsam der Erkenntnisprozess, der nun dazu geführt hat, dass selbst Hardliner sich entschlossen, den Klimawandel ernst zu nehmen.

Gerade wenn Forschung durch ihre Erkenntnisse bedrohlich an lieb gewonnen Gewohnheiten und Haltungen rüttelt, kommt es zu folgenden Mustern:

Negation

Erkenntnisse und Theorien werden abgelehnt und negiert, insbesondere dann, wenn Forschungsergebnisse nicht mit Teilen des bestehenden Wissens und eigener Erfahrung korrespondieren bzw. bestehende Werte in Frage stellen. Der Widerstand steigt dabei proportional zur Alltagsrelevanz der Forschungserkenntnisse.

Polarisierung

Forschungsergebnisse werden von einzelnen Gruppen verteidigt und von anderen ebenso vehement bekämpft. In dieser Phase der „Politisierung“ von Forschungsergebnissen ist die

Gefahr einer Einflussnahme auf einzelne Forscher/innen besonders hoch, aber auch der Anreiz, Gegenposition als Forscher zu beziehen, um aus deren Schatten zu treten.

Inkubation

Forschungsergebnisse werden langsam als Allgemeingut anerkannt, in das Alltagswissen inkubiert und auch als handlungsrelevant akzeptiert, allerdings oft ohne weitere Folgen - es ist eher ein Zustand der Stasis, das Thema hat sich durch die Länge der Auseinandersetzungen in den beiden vorhergehenden Phasen oft abgelebt und fristet sein Dasein eher im Unbewussten.

Ausbruch

Forschungsergebnisse treten aufgrund der Dringlichkeit wieder in den Vordergrund und beginnen nun ernsthaft Auswirkungen im täglichen Handeln zu zeitigen.

Das Thema Weltklima hat genau diese Phasen durchlaufen. Von einer Phase der Negation in den 70er Jahren kam es zu einer Phase extremer Polarisierung, insbesondere mit Beginn der Grünen Bewegung, und ab Mitte der 90er Jahre hatte das Thema seine Inkubationsphase, um nun vehement auszubrechen und global als bedeutsam und im höchsten Maße handlungsrelevant (endlich) seine Anerkennung zu finden.

Forschung, die im Laufe ihres Erkenntnisprozesses in einem globalen, betrieblichen oder wie auch immer gearteten Kontext Ergebnisse liefert, die unmittelbare Auswirkungen auf das Handeln in diesen Kontexten haben - mithin also auch solche zur Qualitätsentwicklung und Qualitätssicherung - befinden sich immer im Zwiespalt, der durch die oben beschriebenen Phasen dargelegt wurde. Sie sind wichtig, ja sehr oft lebenswichtig, aber der Erkenntnisgewinn - Voraussetzung jeder Entwicklung - ist langwierig und oft steinig.

Wem muss ich dienen, um zu sein? Forschung in organisationalen Strukturen

Wem muss ich dienen, um zu sein? So könnte die Grundfrage lauten, der sich Forschung gegenübersieht, wenn sie Ergebnisse liefern soll, die per se handlungsrelevant sein sollen - ganz besonders dann, wenn Forschung als eigene Forschungsabteilung in einem Unternehmen tätig wird. Zur Illustration ein frei erfundenes Szenario:

Die Forschungsabteilung eines äußerst erfolgreichen Traditionsunternehmens zur Produktion von Tafelschokolade erhält von der Abteilung für Qualitätssicherung folgenden Auftrag: Sie soll feststellen, ob angesichts veränderter Konsumgewohnheiten der Generation zwischen 20 und 40 Jahren von der bisherigen Strategie der reinen Tafelschokolade auf Schokoriegel umgestiegen werden soll. Die Firma ist in Familienbesitz und wird seit 30 Jahren vom Seniorchef geleitet. Dessen Sohn hat die Abteilung für Qualitätssicherung aufgebaut und ist unmittelbarer Auftraggeber.

Das Ergebnis der Forschungsabteilung legt nahe, nicht an eine gänzliche Umstellung der Produktion zu denken, sondern von der reinen Tafelschokolade hin zu mehr Variantenreichtum zu wechseln. Die Ergebnisse werden im Rahmen eines Meetings präsentiert und führen in Folge - Sie ahnen es sicher - zu Phase 1, der Negation der Ergebnisse. Damit nicht genug, soll die Forschungsabteilung, darin sind sich Vater und Sohn einig, verkleinert und in ihrem Spielraum eingeschränkt werden.

Ein Worst-Case-Scenario? Wohl eher nicht, vielmehr ein typisches Beispiel für den zwiespältigen Umgang mit dem Thema Forschung in betrieblichen Strukturen. Forschung ist also als Allerersters mit der Frage konfrontiert, unter welchen Bedingungen und mithilfe welcher Standards sie mit ihren Ergebnissen dienen kann.

Hier einige Standards, die mir für betriebliche Forschung als besonders wichtig erscheinen:

Voraussetzung allen wissenschaftlichen Arbeitens ist das Bekenntnis zu einer objektiven und von Außeneinflüssen möglichst freien Forschung.

Eingebettet in eine Organisation oder ein Unternehmen, die/das sich mit der Installation einer Forschungsabteilung unter anderem zum Ziel gesetzt hat, sich selber einer ständigen Überprüfung zu unterziehen, sollte man besonders strenge Auflagen und Maßstäbe geltend machen.

- Die Forschungsabteilung muss möglichst große Autonomie gegenüber der Organisation / dem Unternehmen haben, um in ihrem Handeln unbeeinflusst zu sein und nach wissenschaftlichen Kriterien zu optimalen Ergebnissen kommen zu können.
- Wirksame Forschung braucht einen erheblichen Einsatz von kompetenter Arbeitskraft, Arbeitszeit und Kontinuität. Ohne sie ist professionelle Qualität nicht erreichbar.

- Die Forschergruppe handelt transparent und dem wissenschaftlichen Konsens empirischer Sozialforschung entsprechend. Messdaten und Methodik entsprechen dem allgemeinen wissenschaftlichen Standard.
- Forschung braucht Öffentlichkeit. Die Forschungsergebnisse sind einer jederzeitigen Überprüfung im offenen wissenschaftlichen Diskurs zugänglich.
- Die Entwicklung eigener Messinstrumente, die Datenerhebung und deren Auswertung folgen einem festgesetzten prozessorientierten Schema. Nach Möglichkeit werden für globale Erhebungen Messinstrumente anderer Institutionen einbezogen, um so größtmögliche Vergleichbarkeit herzustellen (z. B. Vergleich globaler Daten aus UNICEF-Erhebungen mit eigenen Daten).
- Gütekriterien und Projektabläufe werden auf Basis eines Qualitätsmanagements festgelegt.
- Die Verwendung von Forschungsergebnissen für die Qualitätssicherung und Qualitätsentwicklung erfolgt in systematischer Weise, sodass ihr Nutzen für die Organisation gewährleistet ist.

Diese Mindestanforderungen sollten erfüllt sein, um qualitätsvolles Forschen zu gewährleisten. Die Verantwortung und direkte Einflussnahme von Anwendungsforscher(inne)n endet gemeinhin (und sinnvollerweise) mit der Darstellung von Ergebnissen und daraus resultierenden Empfehlungen für die Auftraggeber. Welche Gültigkeit, ja Wertigkeit die Ergebnisse für die Auftraggeber haben, welche Schlüsse eine Organisation aus den Ergebnissen zieht, welche Konsequenzen, Entscheidungen und Veränderungsprozesse daraus folgen, ist ein Aushandlungsprozess, der Teil des professionellen, jedoch nicht-wissenschaftlichen Alltags ist, wie er skizzenhaft oben beschrieben wurde.

Forschung darf also nicht Dienerin von Interessen eines Unternehmens sein, sondern ist Dienerin einer standardisierten Methodik, die es ihr erlaubt, möglichst intersubjektiv gültige Daten zu liefern. Die Vorgaben, welche Fragestellungen bearbeitet werden sollen, sind hingegen durch die Interessen des Unternehmens / der Organisation definiert oder beeinflusst (und sollen es natürlich auch sein). Das „Was" bestimmen die Auftraggeber, die Experten des Unternehmens / der Organisation, das „Wie" bestimmen die Experten der Forschung.

Die Forschungsabteilung von SOS-Kinderdorf International setzt im Rahmen der quantitativen Methodik schwerpunktmäßig Fragebögen als standardisiertes Instrument ein. Daher als Überleitung zu einzelnen Beispielen unserer Forschungstätigkeit hier einige grundsätzliche Überlegungen.

Das Orakel von Delphi. Geheimnis versus Offenheit in der Forschung

Forschung im Kontext eines Unternehmens soll also der Methodik dienen, um Ergebnisse frei von Einflüssen des Unternehmens halten zu können. Erst dann ist qualitätsvolle Forschung überhaupt möglich.

Es ist ein Beispiel mit einigen Widerhaken und dennoch sollte es die Problematik verständlich - wenngleich durchaus überzeichnend - näherbringen können: Das Orakel von Delphi!

Das Orakel von Delphi war eine der wichtigsten Anlaufstellen antiker Persönlichkeitsforschung. Nach einem beschwerlichen und oft kostspieligen Weg konnte es zu verschiedenen Problemen befragt werden. Es war geheimnisvoll, und unerklärlich blieb für die Menschen, wie das Orakel zu seinen Ergebnissen gelangte. Es ist eine antike „Forschungsabteilung“, allerdings geheimnisumrankt und undurchsichtig. Bis zu einem gewissen Grad gilt dies auch für moderne Forschung, jedoch sieht sich diese zu Transparenz verpflichtet, vor allem wenn es um den wissenschaftlichen Diskurs und die Überprüfbarkeit von Ergebnissen geht. Dennoch bleibt ein Rest - zwar nicht im Verborgenen, aber insoweit verschleiert, als viele Methoden eine profunde Kenntnis der Methodik verlangen, die dem Forschungslaien schwer zugänglich sind.

Ein häufig eingesetztes Instrument in unserer Forschungsabteilung ist die Fragebogentechnik. Ein Fragebogen kann ein passendes Mittel für verschiedene Forschungszwecke gerade im Bereich der Qualitätssicherung sein, jedoch muss man dessen gewahr sein, dass im Gegensatz zum Orakel von Delphi, bei dem weitestgehend alle Methodik verdeckt oder in einem geheimnisvollen Nebel verborgen bleibt, ein Fragebogen suggeriert, ihn verstehen und durchblicken zu können. Daraus resultiert der Versuch, als wissenschaftlicher Laie „fehlende“ Fragen zu monieren oder Fragen als unnötig verwerfen zu wollen. Aus alltagspsychologischer Sicht fühlen wir uns alle kompetent, die „richtigen“ Fragen zu stellen. Ein Fragebogen ist jedoch nur so gut wie seine nach gewissen methodischen Voraussetzungen entwickelten Fragen. Mit anderen Worten: Ein Fragebogen wird immer stärker der Einflussnahme ausgesetzt sein als andere Methoden, ganz einfach deshalb, weil er nicht als geheimnisvoll erlebt wird. Ein

Fragebogen kann jedoch im wissenschaftlichen Kontext methodisch sehr komplex sein, und es erfordert profunde Kenntnis der Materie, ihn so zu erstellen, dass er wirklich als Messinstrument dienen kann. Dieses Geheimnis (in Annäherung an das Beispiel des Orakels von Delphi) muss innerhalb des Unternehmens/der Organisation transportiert werden, indem aufgezeigt wird, wie komplex das Verhältnis einzelner Fragen zueinander ist.

Daraus resultiert die Aufgabe einer Forschungsabteilung, das Thema Forschung, ihre Ziele, Kompetenzen, Grenzen und entsprechende Alltagsbilder zu thematisieren: Das bedeutet zum einen eine Entmystifizierung von Forschung als ein Handlungsgebäude, das mit (scheinbar undurchsichtigen) Methoden die Welt erklärt und Wahrheiten liefert, sondern vielmehr klarzulegen, dass Forschung (mehrere und manchmal widersprüchliche) Interpretationsangebote, Beschreibungen und Erklärungen von Phänomenen liefert, die dem Praktiker helfen, zu verstehen, und sein Handeln absichern können. Dazu gehört auch, das spezielle Wissen des Forschers anzuerkennen und die Grenzen des sogenannten „Laienforschers" deutlich zu machen, wie es obiges Beispiel der Fragebogenkonstruktion nahelegt. Zum anderen gilt es, die Skeptiker zu gewinnen, die Forschung als „zu abstrakt, nicht handlungsrelevant" erleben, durch das wissenschaftliche Handeln selbst zu überzeugen, und damit das häufig zitierte Bild der „Forschung im Elfenbeinturm", das in Abstufungen immer noch zum Mythos von Forschung gehört, zumindest ein Stück weit zu verändern.

Beispiele aus unserer Forschungstätigkeit für SOS-Kinderdorf

Ein wichtiges Prinzip der Forschungsarbeit bei SOS-Kinderdorf ist die Partizipation, die eine Beteiligung von Kindern und Jugendlichen sowie den verschiedenen pädagogischen und administrativen Mitarbeiter(inne)n verlangt. Kinder und Jugendliche werden so nicht als reines „Forschungsobjekt", sondern vielmehr selbst als Forscher/innen, als Experten für ihre Lebenssituation, Bedürfnisse und Wünsche wahrgenommen und in den Planungs- und Entwicklungsprozessen involviert.

Folgende Themen beschäftigen die globale Forschungsgruppe schwerpunktmäßig:

Aufwachsen und Selbstständigwerden von SOS-Kinderdorf-Kindern

Das erste globale Forschungsprojekt „Tracking Footprints" stellt seit 2002 ein zentrales Instrument zur Reflexion der SOS-Kinderdorf-Arbeit in den einzelnen Ländern dar. Die Lebensverläufe von ehemaligen SOS-Kinderdorf-Kindern, ihre Erfahrungen und Empfehlungen liefern uns wichtige Hinweise für die Weiterentwicklung der pädagogischen Arbeit. Bisher haben 22 Länder das Projekt durchgeführt; bis Ende 2008 werden weitere 59 Länder teilnehmen.

Evaluation von SOS-Kinderdorf-Programmen

- Die Selbstevaluation von SOS-Kinderdorf-Mitarbeiter(inne)n hat zum Ziel, die eigene Arbeit vor dem Hintergrund der pädagogischen Qualitätsstandards zu reflektieren. SOS-Kinderdörfer weltweit sind engagiert an diesem Prozess beteiligt.
- Wie funktionell ist das gegenwärtige Arbeiten mit dem Instrument der Entwicklungsplanung? Eine Studie an ca. 80 SOS-Kinderdörfern beleuchtet den Nutzen und möglichen Veränderungsbedarf.
- Die Familienstärkungsprogramme wachsen. Für zielgerichtetes, nutzenorientiertes Arbeiten ist es nötig, die mit dem Programm erreichten Ziele und den Effekt für Familien in Not zu evaluieren. Ein entsprechendes Projekt ist in Vorbereitung.

Partizipation und Kinderschutz

Beteiligung von Kindern und Jugendlichen an Prozessen ihres eigenen Lebens wird immer wichtiger.

- Mit dem Projekt „Listening to Children" hat die Organisation erstmals 600 Kinder und Jugendliche aus 26 Ländern weltweit eingeladen, sich über ihre Wünsche, Hoffnungen und Ängste für sich selbst, ihre Familie und ihre Gemeinde zu äußern und damit einen Beitrag zur strategischen Planung von SOS-Kinderdorf zu leisten.
- Im Rahmen des weltweiten Prozesses „Child Protection" werden Kinder befragt, was für sie Sicherheit bedeutet, wodurch sie sich sicher fühlen und was sie dafür brauchen.

Kinderbetreuungsorganisationen im Vergleich

Das Benchmark-Projekt „Compare the Model" vergleicht - vorerst in den zwei Pilotländern Indien und Südafrika - unterschiedliche Kinderbetreuungsmodelle und inwieweit sie nationale oder globale Standards in der Kinderbetreuung erfüllen.

Forschung setzt nicht nur Maßstäbe, sondern erzwingt, bestehende Modelle zu hinterfragen, zu verwerfen und kritisch neu zu definieren. Gerade wenn jedoch lieb gewonnene „Kernideale" zur Diskussion stehen, ist jener Prozess von der „Inkubation" bis zum „Ausbruch" zu beobachten und erfordert Mut und diplomatisches Geschick im Umgang mit solchen Ergebnissen.

Tracking Footprints - ein erstes globales Forschungsvorhaben

Die international und langfristig angelegte Studie Tracking Footprints beleuchtet die Kinderdorf-Zeit erwachsener SOS-Kinderdorf-Kinder unter folgenden Aspekten:

- Welche Erfahrungen haben sie im und mit SOS-Kinderdorf gemacht und wie leben sie heute?
- Was können wir von ihnen lernen, um die Arbeit von SOS-Kinderdorf zu verbessern?

Die SOS-Erwachsenen werden als Experten angesehen, die Empfehlungen für die zukünftige Arbeit geben und beitragen sollen, die SOS-Kinderdorf-Arbeit zu verbessern bzw. weiterzuentwickeln. In diesem Sinn ist die Studie Teil eines laufenden Qualitätsdiskurses von SOS-Kinderdorf.

Das Konzept für Tracking Footprints basiert auf den Prinzipien von Partizipation und größtmöglicher interkultureller Transparenz: Es wurde gemeinsam mit Partnern der einzelnen SOS-Kinderdorf-Regionen entwickelt. Auf lange Sicht soll das Projekt dezentral verankert und die Verantwortlichkeit für die Koordination in die jeweiligen Regionen verlagert werden.

Zwischen dem Pilotjahr 2002 und 2008 werden ca. 80 Länder aus den Kontinenten Afrika, Asien, Amerika und Europa an der Studie teilnehmen. Aus der Zielgruppe wird pro Land eine Zufallsstichprobe von 60 Personen gezogen. Die Bereitschaft zur Teilnahme ist generell sehr hoch. Die rund eineinhalbstündigen Interviews basieren auf einem Fragebogen mit rund 70 offenen und geschlossenen

Fragen. Die besondere Herausforderung besteht darin, den Fragebogen so zu gestalten, dass er im globalen, interkulturell vielfältigen Kontext nutzbare Daten liefert. Gerade dieses globale Ziel galt es im Verhältnis zu einzelnen Länderinteressen immer wieder zu verteidigen. Um einen möglichst neutralen Zugang zu gewährleisten, wird die Befragung von SOS-externen Interviewer(inne)n durchgeführt.

Eine Fülle von Ergebnissen liegt bereits vor. Damit die Forschung nicht bei einer Bestandsaufnahme stehen bleibt, werden - gemeinsam mit Auftraggebern und Verantwortungsträgern der Länder - Veränderungsprozesse auf pädagogischer und konzeptueller Ebene eingeleitet.

Forschungsergebnisse aus Tracking Footprints

Lernen findet nicht nur auf der Ergebnis-Ebene der Studie statt, sondern umfasst das Erleben des gesamten Forschungsprozesses, der Entwicklungen, Hürden und Erfolge, die in der Durchführung der Studie stattfinden, aus dem Prozess entstehen und eine Lernchance für die Organisation auf vielen Ebenen bietet.

Der globale Forschungsprozess Tracking Footprints macht mit seinen geplanten Schritten und ungeplanten Effekten deutlich, dass das Projekt einen starken Impuls zur Wissens- und Qualitätsentwicklung auf unterschiedlichen Ebenen in Gang setzt. Das bedeutet: Die Ergebnisse aus den Interviews lassen nicht nur jenes Wissen entstehen, das explizit und beabsichtigt erfasst wird (darum dreht es sich ja schließlich in der Studie), sondern bringen auch ein anderes, unerwartetes Wissen mit sich. Es handelt sich hier um Erfahrungen, Empfehlungen und (Re-)Konstruktionen der Befragten.

Wir bewegen uns in einem komplexen und dynamischen Gefüge, in dem überraschende und unvorhergesehene Momente passieren. Das kann zum Wohlklang des Gesamten beitragen und nicht weiter auffallen, es kann jedoch auch zu Irritationen führen. Ursprünglich nicht geplant - und daher unerwartet - wird zum Beispiel Wissen im Zusammenhang mit Projektmanagement bzw. Prozessgestaltung durch das Projektteam und seine Partner generiert. Zusätzlich bringen die Mitarbeiter/innen in den Ländern durch ihre Projektarbeit, ihre Erkenntnisse und Erfahrungen vor Ort Bewegung in ihr gewohntes Arbeitsumfeld. Wir haben mit Tracking Footprints einen weitreichenden Forschungsprozess in Gang gesetzt und erleben in seiner Dynamik unvorhergesehene Effekte, die irritieren, den Prozessablauf mitunter stören. Gerade aus diesem Grund erscheinen sie uns besonders interessant und jedenfalls wert, sie in einer Auswahl näher anzuschauen:

Auf personell-hierarchischer Ebene

Ein Effekt unseres Forschungsprojekts war, dass Mitarbeiter/innen Aufgaben übernommen haben, die zuvor nicht Teile ihrer Arbeit waren. Zum Beispiel:

Einem Dorfleiter, der Wissen und Erfahrung in Bezug auf Forschung hat, wird die Funktion eines regionalen Steering Partners übertragen. Er wird somit zum Ansprechpartner für das Forschungsprojekt für mehrere Länder. Im Normalfall ist ein Dorfleiter für ein einzelnes SOS-Kinderdorf verantwortlich. Es wird ihm nun erlaubt und zugetraut, dass er nicht nur für dieses Dorf sprechen kann, und nicht nur für das Land, in dem sich sein Kinderdorf befindet, sondern gleich für mehrere Länder, die zu einer Region zusammengefasst sind.

Eine nationale Direktorin steht vor der Herausforderung, sich zum ersten Mal mit Forschungsprozessen auseinanderzusetzen. Ihre Funktion besteht üblicherweise darin, die SOS-Kinderdorf-Arbeit in unterschiedlichen Einrichtungen in ihrem Land zu koordinieren, die Geldflüsse zu managen, sich um die Personalangelegenheiten zu kümmern. Forschung ist etwas Fremdes und Neues für sie. Sie kann als Bedrohung und Chance gleichermaßen erlebt werden, nicht zuletzt, weil durch dieses Projekt ihre Arbeit beleuchtet wird.

Das Forschungsprozedere fordert in den jeweiligen Ländern die Zusammenarbeit mit externen Forschungseinrichtungen. Die nationale Direktorin hat in ihrer Rolle als Auftraggeberin die Aufgabe, diesen Expert(inn)en das Forschungsprojekt näher zu bringen, Anleitungen und Anweisungen für die Umsetzung zu geben. Denn das Projekt muss projektbezogenen, international gültigen Standards für die Umsetzung folgen, damit eine globale Zusammenführung der Ergebnisse gewährleistet werden kann. Somit ergibt sich eine Schieflage von Kompetenz zwischen den beiden Partnern. Das erfordert von der nationalen Direktorin Überwindung, Stärke und Feingefühl.

Auf kommunikationsbezogener Ebene

Im Leitbild von SOS-Kinderdorf steht unter anderem geschrieben, dass die Kommunikation zwischen Mitarbeiter(inne)n wertschätzend sein soll. Im Rahmen der Kooperation mit Führungsebenen ist dieser Leitgedanke der wertschätzenden Kommunikation manchmal verloren gegangen. Das kann vermutlich darauf zurückgeführt werden, dass das Wissen über die Ergebnisse bzw. ein tiefer Einblick in bestimmte Zustände für die Führungsebene zuweilen bedrohlich wurde. In diesem Zusammenhang wird deutlich, was Wissen bewirken kann und welche Macht es besitzt. Hierarchie ist definierbar mit Besitz und Weitergabe von Wissen einerseits, oder seinem Zurückhalten andererseits. Die Art der Steuerung von Wissen gibt Einblick in das hierarchische Gefüge.

Auf struktureller Ebene

Tracking Footprints hat maßgeblich dazu beigetragen, dass das Thema Forschung in der Gesamtorganisation einen bedeutenden Platz einnimmt. Auch der partizipative Ansatz wurde mit der Struktur der „Regionalen Steering Partners", die mehrere Länder in der Zusammenarbeit mit der Projektleitung betreuen, übernommen. Ein weiteres Beispiel ist die Idee der Kooperation mit organisationsexternen Forschungseinrichtungen bzw. Universitäten, die in das Konzept der globalen Forschungspolitik eingeflossen sind.

Im Sinn der Verankerung von Forschung bei SOS-Kinderdorf kann Tracking Footprints bis jetzt als erfolgreiches Beispiel betrachtet werden. Der nächste Schritt ist nun, und hier zeigt sich vermutlich das „echte" Bekenntnis einer Organisation zu Forschung, Veränderung aufgrund von wissenschaftlichen Erkenntnissen zuzulassen. Erst wenn eine Organisation bereit ist, aus Forschungsergebnissen für die Weiterentwicklung ihrer Arbeit zu lernen, kann angewandte Forschung ihre vollen Möglichkeiten und ihren Nutzen entfalten.

Lernerfahrungen aus der angewandten Forschungsarbeit

Angewandte Forschung in einer Organisation bewegt sich im Spannungsfeld zwischen oft unterschiedlichen Ansprüchen und Arbeitsprinzipien von Praktiker(inne)n, Auftraggeber(inne)n und Forscher(inne)n. Entsprechende Reibungspunkte sind meiner Erfahrung nach nicht gänzlich auflösbar, sondern nur durch gegenseitige Offenheit und ein Verständnis für die jeweilige Arbeitsweise des anderen in einem produktiven Verhältnis zu halten. Dazu ein kleines Beispiel: Auftraggeber möchten sichere und schnelle Ergebnisse, die möglichst klare Handlungsanleitungen beinhalten. Forschung braucht Zeit, liefert komplexe Antworten und keine Rezepte zum Handeln.

Im Folgenden möchte ich einige Lernerfahrungen aus der Auftragsforschung im SOS-Kinderdorf beschreiben:

Erfolgsfaktor Beziehungen:

- Gute Kompetenzaufteilung, offene Kommunikation, Beruhigungsmechanismen im Projektteam.
- Leidenschaft für das Projekt (Rückschläge kommen ohnehin).
- Externe Unterstützung für das Team (inhaltlich und psychologisch). Motto: Lob kommt schneller von außen als innen.
- Individuelle, sorgfältige Ansprache der Partner. Motto: So persönlich als möglich.

Erfolgsfaktor Inhalte:

- Kulturell sensitiv vorgehen.
- Sorgfältige Auftragsklärung und laufende Rückkoppelung mit Auftraggebern.
- Prozessevaluation im Projektverlauf einplanen.
- Laufende Dokumentation des Prozesses (Nachvollziehbarkeit, Reflexion und Anpassung von Prozessschritten).
- Forschungsergebnisse liefern keine Rezepte, jedoch eine Basis für Entscheidungen und Handlungsschritte.

Erfolgsfaktor Planung:

- Betroffene zu Beteiligten und Experten ihres Feldes machen.
- Feedback in gesundem Maß (ansonsten Verzögerung).
- Zugunsten von bestmöglichen Projektabläufen Aufweichung von Hierarchien, Kommunikationsstrukturen einfordern.
- Externe Forscher an bestimmten Schnittstellen, wie z. B. bei Stichprobenauswahl, Datenerhebung, Auswertung und Dateninterpretation erhöhen die Glaubwürdigkeit organisationsinterner Forschung.
- Qualitätsvolle Forschung braucht Zeit.

Erfolgsfaktor Strategie:

- Lobbying bei Stakeholdern, internes Marketing als zentralen Projektschritt von Anfang an einsetzen.
- Im internen Marketing des Projektes sehr auf adäquate Sprache achten.
- „Plan B"-Szenarien vorbereiten.

Zusammenfassende Bemerkungen

Die Bereitschaft, zu lernen und auch unerwartete und den eigenen Vorstellungen widerstrebende Ergebnisse anzunehmen, ist Voraussetzung, um Forschung entsprechend nutzen und würdigen zu können. Das kann nur auf Basis einer unabhängigen und wissenschaftlichen Standards entsprechenden Forschung passieren.

Forschungsergebnisse sind keine Handlungsanweisungen oder Rezepte. Sie bieten vielmehr die Möglichkeit zur Reflexion und stellen - in einem zweiten Schritt - eine wertvolle Grundlage für Entscheidungen dar. SOS-Kinderdorf hat hier Großartiges geleistet, indem es eine eigene Institution für die pädagogischen Bereiche und die Abteilung Forschung als eigenständigen Verein geschaffen hat: die Hermann-Gmeiner-Akademie. Neuere Entwicklungen gehen nun dahin, diesen eigenständigen Verein insofern umzustrukturieren, als die inhaltlichen Abteilungen verlegt werden sollen. Wie im vorliegenden Artikel ausgeführt, ist größtmögliche Unabhängigkeit von Forschung der wesentliche Faktor erfolgreicher Forschung im angewandten Feld. Es bleibt zu hoffen, dass diese Veränderungsprozesse mit der nötigen Behutsamkeit vorgenommen werden, um auch in Zukunft Forschung auf hohem Niveau gewährleisten zu können, denn sie bildet letztlich die Grundlage für die Qualitätsentwicklung und die Qualitätssicherung einer Organisation.

Literatur

Beucke-Galm, M. (1997): Teamentwicklung durch Dialog. Dialog als Weg und Ort für gemeinsames Denken. In: Dokumentation zur Tagung „Frauen und Organisationsentwicklung. Fachtagung für LehrerfortbildnerInnen, TeamerInnen, SchulentwicklerInnen und Frauenbeauftragte“. Fuldatal.

Larcher, D.: Evaluation. Vortrag im Rahmen einer Tagung von SOS-Kinderdorf. Innsbruck, 30. Juni 1994.

Moser, H. (1995): Grundlagen der Praxisforschung. Freiburg: Lambertus.

Müller-Vorbrüggen, M. (2002): Kontrolle & Evaluation. Thesenpapier. Quelle: http://www.carstenseel.de/studium/bp/organisationsentwicklung.htm.

Papmehl, A. / *Siewers*, R. (Hg.) (1999): Wissen im Wandel: Die lernende Organisation im 21. Jahrhundert. Ueberreuter, Wien.

Reinmann-Rothmeier, G. et al. (2001): Wissensmanagement lernen. Beltz, Weinheim.

Schmitz, C. / *Zucker*, B.: Wissen managen? Wissen entwickeln! In: Papmehl, A. / Siewers, R. (Hg.) (1999): Wissen im Wandel: Die lernende Organisation im 21. Jahrhundert. Ueberreuter, Wien.

Rena Geibel, Neil Mc Millan, Diane M. Swales

Qualitätsbetreuung für Kinder in Ost- und Zentralafrika

Was verstehen wir unter Qualitätsstandards in der Kinderbetreuung? Wie kann bei so unterschiedlichen Kontexten gemessen werden, was in einem angemessen ist, nicht aber in einem anderen? Wie können die Betreuer/innen Qualitätsbetreuung gewährleisten, wenn sie selbst in Armut leben? Ist das überhaupt möglich?

Mit Fragen wie diesen beschäftigten sich dank der Initiative des Kinderschutzberaters von "Save the Children UK" in Ost- und Zentralafrika zahlreiche Projektmitarbeiter/innen und lokale Partner. Ihre Fragen machen ihre Bedenken deutlich, die sie angesichts der Betreuung der zunehmenden Zahl von Waisenkindern und der von ihren Eltern getrennt lebenden Kinder haben. Der zweijährige Prozess resultierte aus der Suche nach praktischen Antworten auf diese Fragen; er war somit der Ausgangspunkt für die Entwicklung der Save-the-Children-Betreuungsstandards und erlaubt einen Einblick in die Praxis der Umsetzung hochwertiger Kinderbetreuung in den unterschiedlichen Kontexten Ost- und Zentralafrikas.

Ausgangslage: schlechte Betreuung elternloser Kinder

Im Jahr 2002 war Save the Children UK in acht Ländern Ost- und Zentralafrikas aktiv, nämlich in Äthiopien, Somalia, der demokratischen Republik Kongo (DRC), Ruanda, Tansania, Kenia sowie dem nördlichen und südlichen Sudan. Viele dieser Länder litten oder leiden immer noch unter den Auswirkungen interner Konflikte, an wirtschaftlichen Umwälzungen oder chronischer Armut. Der Kontext ist zwar in jedem Land unterschiedlich, aber eines der häufigsten gemeinsamen Probleme war jenes, die Betreuung und den Schutz von Kindern zu gewährleisten, die ohne Eltern oder primäre Bezugspersonen aufwachsen.

In den letzten Jahren hat sich dieses Problem aufgrund von HIV/Aids dramatisch verschärft. Die Epidemie führt zu einer zunehmenden Desintegration und Aufsplittung von Familien, wodurch traditionelle Bewältigungssysteme überfordert werden. Dazu kommt, dass sich immer mehr Familien um Kinder von Verwandten oder Nachbarn kümmern, ohne dabei ausreichend unterstützt zu werden. Immer mehr Kinder müssen ohne Erwachsene oder primäre Bezugspersonen auskommen.

Um darauf zu reagieren, haben Regierungen, NGOs und private Betreuungsdienste eine ganze Reihe von Dienstleistungen ins Leben gerufen, wie etwa institutionelle und gemeinschaftliche Varianten der Fremdunterbringung (z. B. Fremdunterbringung bei Verwandten). Angesichts der Zahl an Kindern ohne primäre Bezugspersonen haben sich diese Maßnahmen als unzureichend erwiesen und konnten den Unterstützungsbedarf von Großfamilien nicht decken.

Auch wenn einige dieser Dienstleistungen qualitativ hochwertig sind, zeigt die Erfahrung, dass dies für die weitaus größere Zahl nicht der Fall ist. Aufgaben in der Kinderbetreuung werden generell nicht als optimale Karrierechance gesehen, weshalb auch nur wenige Universitäten professionelle Ausbildung im Bereich Kinderbetreuung anbieten. Die Mehrzahl der Betreuer/innen sind unqualifizierte Arbeiter/innen, die wenig oder keine fachspezifischen Fähigkeiten im Bereich der Entwicklung, der Betreuung und des Schutzes von Kindern mitbringen. Die Qualität der Betreuung unterschreitet jenes Niveau, das den Schutz sowie die Begleitung der Kinder sicherstellen könnte und das für ein Minimum an Kindesentwicklung notwendig wäre. Eine derart niedere Qualität der Betreuung geht auf mangelnde Kenntnis oder mangelndes Verständnis des Qualitätsniveaus zurück, das für außerfamiliäre Betreuungssysteme notwendig oder akzeptabel wäre - und das trotz des steigenden Bewusstseins für die Kinderrechte auf individueller Ebene, seitens der NGOs und der Regierungen, trotz deren Bestreben, diese zu fördern.

Die Antwort von Save the Children UK

Vor diesem Hintergrund und als Antwort auf die Sorge um die Qualität der Betreuungsleistungen für Kinder hat die Außenstelle Ost- und Zentralafrika von Save the Children mit finanzieller Unterstützung des holländischen Regierungsprojektes TMF Neil McMillan als Berater eingesetzt, um einige grundlegende Qualitätsstandards für qualitativ hochwertige Kinderbetreuung zu entwickeln. Die daraus resultierenden Standards können bei Ressourcenarmut oder in Notsituationen quer durch verschiedene Formen von Betreuung angewendet werden. Sie wurden unter dem Titel *Raising the Standards: Quality Childcare Provision in East and Central Africa* (Erhöhung der Standards: Qualitätsbetreuung für Kinder in Ost- und Zentralafrika) im Februar 2005 veröffentlicht.

Die Publikation verfolgte folgende Ziele: Die enthaltenen Standards und Indikatoren sollen allen Dienstleistern im Bereich der Kinderbetreuung und der Unterstützungseinrichtungen einen Anhaltspunkt bieten. Den Dienstleistern soll geholfen werden, Mindeststandards in der Betreuung jener Kinder zu verwirklichen, die besonders verletzlich hinsichtlich ihrer Rechte, ihrer Entwicklung und ihres Schutzes sind.

Die Methode

Auf Basis der Programmarbeit von Save the Children UK in Kenia und der demokratischen Republik Kongo wurden unterschiedliche Dienstleister und deren Partner im Bereich der Kinderbetreuung ausgewählt, die Neil McMillan als Berater besuchte. Dies führte zu einem besseren Verständnis der unterschiedlichen Gegebenheiten in der Region und sollte die Standards in der Realität der verschiedenen ostafrikanischen Kontexte verankern. Zunächst wurde der Entwurf der Standards an ausgewählte Programme verteilt, um Rückmeldungen zu erhalten, bevor er an eine größere Zielgruppe verteilt wurde. Nachdem die Rohversion der Qualitätsstandards fertig war, wurde sie zu einer Feedback-Runde an eine große Anzahl internationaler Netzwerke und Institutionen verteilt, wie etwa das internationale "Better Care Network“, UNICEF-Programme und -Büros in New York oder das Internationale Rote Kreuz. Diese Version ging auch an Einzelpersonen, die unmittelbar mit Kinderbetreuungsleistungen zu tun haben bzw. Regierungen in ihrer Kinderbetreuungsarbeit unterstützen, sowie an Institutionen, die sich mit der HIV/Aids-Epidemie beschäftigen.

Der Anwendungsbereich der Standards

Die Standards sollen von Mitarbeiter(inne)n und Manager(inne)n in verschiedenen Bereichen angewendet werden können. Dazu gehören:

- **Personalentwicklung**: um Trainingsbedarfe zu identifizieren; als Basis für Diskussionen und Fortbildungen
- **Assessment**: als Basis für die Bewertung des aktuellen Betreuungsangebotes
- **Planung**: als Instrument zur Bestimmung von Dienstleistungsanforderungen und -standards
- **Dienstleistungsentwicklung**: als Rahmen für die Entwicklung des Angebots im Pflegebereich
- **Monitoring/Evaluierung**: als Messlatte für angebotene Dienstleistungen
- **Entwicklung von Richtlinien**: als Basis für die Entwicklung praxisnaher Advocacy-Maßnahmen in Zusammenarbeit mit Partnern und Regierungen, um Richtlinien zu entwickeln und nationale Mindeststandards festzulegen
- **Advocacy**: als Advocacy-Werkzeug für den Dialog und das Handeln im Hinblick auf die Entwicklung internationaler Standards für die Kinder- und Jugendbetreuung

Da die Standards und Indikatoren auch für jene Mitarbeiter/innen und Partner/innen nachvollziehbar und zugänglich sein sollen, die keine Ausbildung in Kinderbetreuung haben, beschränkt sich jeder Standard auf eine Seite. Es gibt keine Priorisierung innerhalb der Standards, sondern lediglich eine Gruppierung gemäß den folgenden Themenbereichen:

- Berufspraxis
- Persönliche Betreuung
- Betreuer/in
- Ressourcen
- Administration

Darüber hinaus wird jeder Standard nach dem folgenden Schema dargestellt:

Der Standard: Beschreibung einer Praxis oder eines Themas, das Bedeutung für den Kinderbetreuungsprozess oder den Serviceleister hat.
Indikatoren: Verhalten, Umstände oder Anzeichen, die darauf hindeuten, dass ein Standard ausreichend erfüllt bzw. bereits etabliert ist.
Gegenindikatoren: Verhalten, Umstände oder Anzeichen, die darauf hindeuten, dass ein Standard gar nicht erfüllt bzw. nicht in ausreichendem Maße umgesetzt wird.
Basis: Die Faktoren, auf die sich der Standard bezieht. Dabei handelt es sich in der Regel entweder um Artikel der Kinderrechtskonvention oder Good-Practice-Beispiele. Es kann aber auch die lokale Gesetzgebung als Basis für den Standard dienen. Natürlich unterscheidet sich die Gesetzgebung von Land zu Land. Da die UN-Kinderrechtskonvention nur Minimalstandards vorgibt, soll je nach Eignung der lokale oder der internationale Rahmen zur Anwendung kommen.
Auswirkungen auf die Praxis: Hier wird erläutert, welche Bedeutung der jeweilige Standard für das Leben der Kinder hat bzw. haben kann.

Als Beispiel für Form und Inhalt dient der folgende Standard:

5.2 Administration: Schriftliche Aufzeichnungen und vertrauliche Informationen über Kinder werden respektvoll behandelt und sorgfältig aufbewahrt

Der Standard:

Alle Betreuungseinrichtungen haben klare Richtlinien zum Schutz der Privatsphäre, die den Betreuer(inne)n bekannt sind und von ihnen eingehalten werden.

Indikatoren:

Es existieren klare Richtlinien hinsichtlich des Schutzes der Privatsphäre, von denen sowohl Betreuer/innen als auch Kinder von vornherein in Kenntnis gesetzt werden. Sämtliche Aufzeichnungen werden sicher verwahrt und sind nur jenen Personen zugänglich, die deren Inhalt kennen müssen, und werden nur dann abgefragt, wenn Bedarf gegeben ist. Informationen über Kinder werden nicht an andere Institutionen weitergegeben, es sei denn, dies ist unumgänglich; in diesem Fall wird nach Möglichkeit das Einverständnis des Kindes eingeholt. Die Kinder haben auf Anfrage

Zugang zu ihren Daten, deren Inhalt ihnen von den Betreuer(inne)n verständlich gemacht wird. Die Betreuer/innen gehen sowohl im Umgang mit den Kindern als auch mit anderen Erwachsenen diskret mit Informationen um. Die Erfahrungen und Lebensgeschichten der Kinder werden ohne ausdrückliche Zustimmung der Kinder nicht verwendet. Sämtliche Informationen die Identität des Kindes betreffend sollten weder Gegenstand von Veröffentlichungen sein noch Advocacy-Zwecken dienen.

Gegenindikatoren:
Informationsweitergabe erfolgt ohne das Einverständnis der Kinder und ihrer Familien. Betreuer/innen sprechen öffentlich über Kinder und intime Details ihrer Lebensumstände. Daten werden nicht sicher verwahrt und sind offen zugänglich. Die Kinder haben kein Recht, ihre Daten einzusehen. Die Kinder haben kein uneingeschränktes Vertrauen in die Erwachsenen.

Basis:
Eine gute Betreuungspraxis und eine entsprechende nationale Gesetzgebung.

Auswirkungen auf die Praxis:
Die Entwicklung von Vertrauen zwischen Kindern und Betreuer(inne)n ist entscheidend für die Qualität der Arbeit. Wenn Kinder darauf vertrauen, dass ihre Privatsphäre respektiert und Informationen diesbezüglich mit Bedacht verwendet werden, so fördert dies die Vertrauensbildung enorm. Kinder haben ein Recht darauf, dass intime Details und Informationen über ihr Leben und das Leben ihrer Familien nicht ohne ihr Wissen und ohne Rücksicht auf ihre Gefühle an die Öffentlichkeit geraten. Erwachsene müssen vorsichtig mit den Sichtweisen und den Gefühlen der Kinder im Zusammenhang mit ihrem Leben umgehen. Was für einen Erwachsenen kein Thema sein mag, kann auf ein Kind höchst besorgniserregend wirken! Informationsweitergabe soll nur im Bedarfsfall erfolgen.

Alle Standards sind gleichwertig und untereinander verbunden, gemeinsam bilden sie die Basis für Qualitätssicherung innerhalb eines Kinderbetreuungsdienstes. Da die Standards einen breiten Anwendungsbereich umfassen, erscheinen einige davon in bestimmten Bereichen leichter umsetzbar als in anderen, einige scheinen für manche

Anwendungsbereiche gar irrelevant. Dennoch sollte jede Einrichtung sich bemühen, jeden einzelnen dieser Standards umzusetzen, unabhängig davon, ob es sich nun um Fremdunterbringung, die Unterstützung von Kinderhaushalten oder andere Formen der Unterstützung handelt.

Pilotprozess zur Umsetzung der Standards

Die positiven Reaktionen auf "Raising the Standards“ vonseiten anderer Institutionen stärkte das Regionalbüro für Kinder (Children Regional Office) in seiner Auffassung, dass die Verbreitung der Standards alleine nicht genügen würde, um eine Veränderung in Politik und Praxis zu bewirken. Ein Pilotprojekt zur Umsetzung der Standards wurde gestartet, in dem die Erfahrungen bei der Umsetzung dokumentiert werden und somit aufgezeigt wird, dass die Standards für den durchschnittlichen Anbieter von Betreuungsleistungen auch umsetzbar sind. Darüber hinaus könnte die so gewonnene Dokumentation durch ihre praktischen Erfahrungswerte als Hilfestellung für interessierte Anbieter von Betreuungsleistungen, Einrichtungen und Regierungen dienen. Das daraus resultierende Material wurde im Jahr 2005 unter dem Titel "Applying the Standards“ veröffentlicht.

Im Rahmen der Pilotinitiative arbeiteten die Save the Children-Mitarbeiter/innen für soziale Anliegen und regionale HIV/Aids-Beratung mit einer Kerngruppe von fünf Institutionen in vier Ländern (im weiteren Text als „Umsetzungsteam“ bezeichnet) zusammen, um Umsetzung und Dokumentation der Qualitätsstandards für die Betreuung von Kindern über einen Zeitraum von zehn Monaten zu unterstützen. Die Arbeit mit einer Kerngruppe an Einrichtungen ermöglichte es, die Umsetzung der Standards in unterschiedlichen Betreuungssettings zu verfolgen sowie mit einer Reihe von Betreuer(inne)n und verschiedenen Anbietern zu arbeiten, die unterschiedliche Aufgaben verfolgten. Dennoch wurde darauf geachtet, dass die Gruppe relativ klein blieb (ca. 12 teilnehmende Mitglieder), um so ein gedeihliches Umfeld für ehrliche, offene Auseinandersetzungen zu Betreuungsthemen zu schaffen und um überhaupt die Voraussetzungen für eine qualitativ hochwertige Betreuung zu haben. Das Umsetzungsteam traf sich fünf Mal in Intervallen von zwei Monaten, zunächst um sich mit den Qualitätsstandards vertraut zu machen, schließlich um regelmäßige Gelegenheit für Rückmeldungen über die Fortschritte zu schaffen und um kritische Fragen zu diskutieren, die in den einzelnen Kontexten aufgetaucht waren. Das gesammelte Material aus diesem Prozess wurde 2006 unter dem Titel "Applying the Standards - Improving quality child care provision in east and central Africa“ (Umsetzung der Standards - Verbesserung des Angebots an Qualitätsbetreuung für Kinder in Ost- und Zentralafrika) veröffentlicht.

Umsetzung der Standards

Trotz der Unterschiede innerhalb des Umsetzungsteams fanden die Mitglieder, dass es zahlreiche gemeinsame Themen, Ansätze, Strategien und Ergebnisse gab, welche von potenziellen „Umsetzern“ berücksichtigt werden sollten. Dazu zählen etwa die Einbindung sämtlicher Standards in die Planungsprozesse, in die Ausbildungsunterlagen und in die Monitoring-Systeme. Die fertige Publikation gibt einen Einblick in den Umsetzungsprozess und die daraus resultierende Begleitung bei der Analyse des Betreuungsniveaus, erläutert Aufgaben und Arbeitsschritte, die jede Institution im Umsetzungsteam übernimmt, unterstreicht Erkenntnisse und benennt Themen, die durch den Prozess aufkommen können. Eine Art Zusammenfassung gibt Themen für ein weiteres Vorgehen vor.

Es ist nicht sinnvoll, hier den Inhalt dieser bereits online verfügbaren Publikationen[1] eins zu eins wiederzugeben. Zwei Schlüsselelemente der Arbeit haben jedoch entscheidende Bedeutung für das Verständnis und die Anliegen des Umsetzungsteams. Diese Elemente beziehen sich auf Fragen wie Anzahl der Betreuer/innen und ihre Rollen, das Budget und die Zuteilung von Ressourcen.

Es hat sich gezeigt, dass Dienstleister aus dem Bereich der Kinderbetreuung, die wenige Ressourcen zur Verfügung haben, oft der Meinung sind, dass es nur möglich und oft auch ausreichend ist, die Grundbedürfnisse der Kinder nach Nahrung und Unterbringung zu befriedigen; eine Steigerung der Qualität der Betreuungsleistung sei weder leistbar noch notwendig. Bei der Analyse von Kinderbetreuungsthemen muss man sich vor Augen halten, dass viele Familien unterhalb der Armutsgrenze leben. Trotzdem bieten sie ein Qualitätsniveau, das es dem Kind ermöglicht, persönliche

[1] Beide Dokumente Raising the Standards - Quality Child Care Provision in East and Central Africa und Applying the Standards- Improving quality child care provision in east and central Africa können von der Save the Children Website heruntergeladen werden: http://www.savethechildren.org.uk/scuk/jsp/resources.

Widerstandskräfte zu entwickeln und auf die Umsetzung seines Potenzials als Erwachsener in der Gesellschaft hinzuarbeiten, während sich durchaus auch Kinder in einem finanziell besser gestellten Zuhause schlechter entwickeln. Es sollte daher festgehalten werden, dass mehr Geld, finanzielle Unterstützung oder mehr Ressourcen nicht automatisch gleichbedeutend mit einer besseren Betreuung der Kinder sind.

Trotz dieser Erkenntnis ist klar, dass Kinderbetreuung Geld kostet. Die Arbeit des Umsetzungsteams hat gezeigt, dass auch begrenzt verfügbare Ressourcen effizienter genutzt und damit Dienstleistungen auf Basis der Qualitätsstandards angeboten werden können. So können auch Qualitätsdefizite einfacher sichtbar gemacht und als Grundlage für die Information der Finanzplaner über Zuschussbedarfe verwendet werden. Für jede qualitativ hochwertige Dienstleistung ist entscheidend, dass der Kapazität an Mitarbeiter(inne)n und Freiwilligen potenziell größere Bedeutung beigemessen werden muss als den leichter messbaren finanziellen Bedürfnissen.

Mitarbeiter/innen: die Methode des Betreuungsschlüssels

Die unterschiedlichen Dienstleistungsangebote der Teilnehmer/innen am Umsetzungsteam waren eine einzigartige Gelegenheit, die Fakten bezüglich Mitarbeiterzahlen und angebotenen Dienstleistungen unter die Lupe zu nehmen[2]. Unabhängig von der Form der Fremdunterbringung ist die Zahl der Kinder, die unmittelbar von einem/einer Mitarbeiter/in betreut werden, ein deutliches Indiz, ob qualitativ hochwertige Betreuung gewährleistet werden kann oder nicht. Dieser Abschnitt umreißt, wie das Verhältnis Mitarbeiter/Kinder berechnet werden kann und wie sich die unterschiedlichen Betreuungsschlüssel auf die Betreuung der Kinder auswirken.

Das Verhältnis Mitarbeiter/Kinder muss ausreichend sein, um die Bedürfnisse der Kinder nach Betreuung und Schutz zu decken; es muss dem Kind die Möglichkeit geben, eine Bindung zum/zur Betreuer/in aufzubauen, und dem/der Betreuer/in ausreichend Zeit, um jedem einzelnen Kind täglich individuelle Aufmerksamkeit zu schenken. Das Verhältnis Mitarbeiter/Kinder variiert je nach Alter der Kinder in der Betreuungseinrichtung, nach Verteilung von Alter und Geschlecht. Ein wichtiger Faktor ist auch die Anzahl jener Kinder, die besondere Betreuungs- oder Schutz-

[2] Obgleich es eine anerkannte Tatsache ist, dass im Gemeinschaftsbereich Betreuer und Freiwillige sich selbst nicht als „Personal" verstehen, leisten sie dennoch eine Arbeit, die professionelle Anerkennung, Entwicklungsmöglichkeiten und Unterstützung verlangt. Aus diesem Grund werden diese Personen in diesem Dokument allgemein als „Personal"bezeichnet und nicht als „Freiwillige", „Gemeinschaftsbetreuer" oder „Fremdbetreuer".

bedürfnisse haben, wie etwa sehr junge Kinder mit Behinderungen. Zusätzlich variiert das Verhältnis Mitarbeiter/Kinder auch je nach Kompetenzen der Betreuer/innen selbst. Wenn es sich um neue, unausgebildete, besonders junge oder unerfahrene Mitarbeiter/innen handelt, ist mehr Personal erforderlich. Hilfskräfte, medizinische Bedienstete, administratives Personal und Sicherheitsleute müssen bei den Berechnungen ausgespart werden und dürfen nicht als Ersatz für Betreuer/innen betrachtet werden.

In den westlichen Ländern haben einige Regierungen und Behörden auf lokaler Ebene Richtlinien mit spezifischen Schlüsseln erstellt, die aufbauend auf Alter, Geschlecht und Bedürfnissen jedes Kindes die Zahl der verfügbaren Betreuer/innen oder Betreuungsmitarbeiter/innen festlegen; daneben fixieren sie den zusätzlichen Bedarf, der in Zusammenhang mit der Betreuungspraxis und dem Berufsbild steht. Man weiß natürlich, dass in ressourcenarmen Ländern derartige Regelungen oder Empfehlungen für die Kinderbetreuung nicht existieren und dass eine Festlegung des Verhältnisses Mitarbeiter/Kinder ohne Berücksichtigung der tatsächlichen Gegebenheiten problematisch ist. Trotzdem darf die entscheidende Rolle des Betreuungspersonals nicht außer Acht gelassen werden, und es müssen Betreuungsschlüssel in den unterschiedlichen Kontexten gefunden werden.

Wenn beispielsweise der Schlüssel Personal : Kind mit 1 : 10 festgelegt wird, dann ist das bei der Betreuung 12-jähriger Mädchen und Jungen in einer Wohngemeinschaft noch einigermaßen akzeptabel, in einer Betreuungsstätte für Babys aber völlig inakzeptabel. Kein/e einzelne/r Betreuer/in kann entsprechende Betreuung, Aufmerksamkeit und Bindungsarbeit für 10 Kleinkinder leisten!

Die Mitglieder des Umsetzungsteams wiesen darauf hin, dass afrikanische Familien häufig zehn Kinder hätten, und stellten sich die Frage, ob dort entsprechende Betreuung sichergestellt sei. Natürlich haben solche Familien Kinder unterschiedlichen Alters, mit unterschiedlichen Fähigkeiten und zwei erwachsenen Betreuern (beispielsweise Vater und Mutter), was einem Schlüssel von 1 : 5 entspricht. Auch ermöglichen die unterschiedlichen Bedürfnisse und Fähigkeiten der altersgemischten Kindergruppe den Eltern eher, jedem Kind jene individuelle Aufmerksamkeit zu schenken, die für dessen Betreuung notwendig ist.

Die Berechnung des Betreuungsschlüssels

Die oben erwähnten Punkte können am besten anhand einer Beispielrechnung zum Schlüssel Personal/Kinder erläutert werden. Jede derartige Berechnung sollte sich lediglich auf jenen Teil des Personals beziehen, welches direkt und persönlich verantwortlich für die Betreuung von Kindern ist. Ausgeschlossen sind jene Personen, die zwar zum Betreuungsumfeld gezählt werden können, aber andere Verantwortlichkeiten haben, wie etwa Köche, Sicherheitspersonal, Lehrer/innen, Krankenschwestern etc. Wir haben das Budget von drei Projekten des Umsetzungsteams analysiert; darunter ein **Übergangsbetreuungszentrum** für ehemalige Kindersoldaten, die **Betreuungseinrichtung** einer Regierung und ein **Gemeindeprojekt** zur Unterstützung älterer Menschen, von denen sich viele um die Betreuung ihrer durch Aids elternlos gewordenen Enkelkinder kümmern.

Innerhalb des **Gemeindeprojekts** ist der Schlüssel Personal/Kinder mit durchschnittlich sechs Kindern je Großeltern(teil) leicht zu berechnen, es ergibt sich ein durchschnittliches Betreuer-Kinder-Verhältnis von 1 : 6. Bekanntermaßen stellen derartige familiäre Betreuungsmodelle andere Anforderungen an den/die Betreuer/in, als das bei Mitarbeiter(inne)n in institutionellen Lösungen der Fall ist. Jedenfalls ähneln die Bedürfnisse dieser Form der Betreuung mehr der elterlichen Betreuung und jegliche Unterstützungsleistung durch externes Personal sollte sich dabei auf Hausbesuche, auf Kurzzeitpflege im Bedarfsfall oder ähnliche häusliche Unterstützungsformen konzentrieren.

Der Betreuer/Kinder-Schlüssel im institutionellen Setting muss hingegen einige Grundregeln berücksichtigen, die Voraussetzung für ein funktionierendes Beschäftigungsverhältnis sind:

- Mitarbeiter/innen im Bereich der Betreuung dürfen an keinem Tag länger als 8 Stunden arbeiten (woraus sich die Notwendigkeit einer 3er-Schicht über 24 Stunden ergibt);
- Betreuer/innen sollten nicht mehr als 40 Stunden pro Woche im Einsatz sein (5- oder 8-Stunden-Schichten über den Zeitraum einer Woche);
- Es muss für jeden Tag berücksichtigt werden, dass einzelne Mitarbeiter/innen auf Urlaub, krank oder auf Fortbildung, etc. sein können.

Die unten stehende Tabelle (Abb. 1) zeigt eine typische Struktur mit drei Schichten am Beispiel des **Übergangsbetreuungszentrums**, wo sechs Jugendbetreuer/innen (Buchstaben A bis F in Abb. 1) für die direkte Betreuung der Kinder verantwortlich sind. Anhand der Aufstellung wird sofort deutlich, dass zu wenig Personal zur Verfügung steht, um durchgehend auch nur zwei Mitarbeiter/innen für jede Schicht zur Verfügung zu haben. Erschwerend kommt hinzu, dass keine Mitarbeiter/innen zur Verfügung stehen, um in Notfällen oder Krisensituationen einzuspringen.

Schicht	MO	DI	MI	DO	FR	SA	SO
07.00 - 15.00 Uhr	A C	A C	A C	A C	A C	B D	B D
15.00 - 23.00 Uhr	B F	B F	B F	D F	D F	D	E
23.00 - 07.00 Uhr	E	E	E	E			

Abb. 1: Best-Practice-Zeitplan für 6 Sozialarbeiter/innen am Beispiel Übergangsbetreuungszentrum

Bei Aufteilung der sechs Betreuer/innen in fünf Schichten pro Woche sieht man deutlich, dass zu jedem Zeitpunkt lediglich ein bis zwei Betreuer/innen Dienst haben, woraus sich bei 200 Kindern im Zentrum im besten Fall ein durchschnittlicher Betreuungsschlüssel von 1 : 133 ergibt! Dieses Verhältnis Personal/Kinder ist völlig unzureichend, um eine Betreuung sicherzustellen, bei der eine gesunde Entwicklung der Kinder sichergestellt ist.

Die gleiche Zeitplan-Technik kann auf die **Betreuungseinrichtung** der Regierung angewendet werden. Dort kümmern sich 12 Betreuungsmitarbeiter/innen um 120 Kinder bis zum Alter von 10 Jahren. Die aktuelle Betreuungsliste umfasst Babys, verlassene, verwaiste oder missbrauchte Kinder - und alle brauchen intensive Betreuung bzw. Betreuung durch Spezialisten. Unter Berücksichtigung der Best-Practice-Prinzipien und einem Zeitplan mit fünf wöchentlichen Schichten für die 12 Mitarbeiter/innen (Buchstaben A-L) zeigt Abb. 2, dass zu jedem Zeitpunkt 2-3 Betreuungsmitarbeiter/innen zur Verfügung stehen. Demnach bewegt sich der Schlüssel Personal/Kinder zwischen 1 : 60 und 1 : 40. Idealerweise sollte das Verhältnis in Hinblick auf Alter und Bedürfnisse der untergebrachten Kinder als absolutes Minimum 1 : 5 betragen.

Schicht	MO	DI	MI	DO	FR	SA	SO
07.00 - 15.00 Uhr	A C H	A C H	A C I	A C J	A C J	B D J	B D J
15.00 - 23.00 Uhr	B F J	B F K	B F K	D F K	D F K	D G K	E G L
23.00 - 07.00 Uhr	E G L	E G L	E G L	E I L	H I	H I	H I

Abb. 2: Best-Practice-Zeitplan für 12 Sozialarbeiter/innen am Beispiel Betreuungseinrichtung

Überlegungen zur Praxis

In der Praxis erfüllen weder das Übergangsbetreuungszentrum noch das Betreuungszentrum die Betreuungsstandards. Beispielsweise gibt es im Übergangszentrum während der Nachtstunden zwischen 17 und 7 Uhr keinen Betreuungsdienst. Zu diesen Zeiten liegt die Betreuungsverantwortung für die Kinder beim Hauswart und beim auf Abruf bereitstehenden Fahrer. Der derzeitige Personalzeitplan im Übergangszentrum sieht ein System mit drei Schichtdiensten vor, bei dem 4 Sozialarbeiter/innen von 8.00 bis 17.00 Uhr im Einsatz sind und 2 an Wochentagen zwischen 7.00 und 18.30 Uhr. Am Wochenende decken 2 Mitarbeiter/innen je einen Tag des Wochenendes (Samstag und Sonntag) ab und erhalten dafür Mitte der Woche Zeitausgleich. Das führt dazu, dass das Betreuungspersonal zu jedem Zeitpunkt während zweier Tage in der Woche um einen Mitarbeiter reduziert wird, woraus sich ein Personal-Kinder-Verhältnis ergibt, das innerhalb eines Tages zwischen 1 : 33 und 1 : 40 variiert und am Wochenende sogar 1 : 200 beträgt! Dies zeigt deutlich, dass das Zentrum außerstande ist, selbst minimale Betreuungs- und Schutzstandards für die Kinder sicherzustellen.

Kostenanalyse

Auf Basis der kritischen Kostenfrage bot der Umsetzungsprozess eine einmalige Möglichkeit, die Kosten der Umsetzung qualitativ hochwertiger Kinderbetreuung zu erforschen. Es zeigte sich, dass die positiven Veränderungen, welche vom Umsetzungsteam vorgenommen wurden, nur geringe bis gar keine höheren Budgetanforderungen für die teilnehmenden Einrichtungen zur Folge hatten. Es ergaben sich jedoch Auswirkungen auf die Zu- und Wiederverteilung der Budgets, was durch die unten stehende vergleichende Kostenanalyse am besten verdeutlicht wird.

Beispiel einer vergleichenden Kostenanalyse

Am Beginn des Umsetzungsprozesses stand für die Teammitglieder zunächst eine Analyse ihrer derzeitigen Praxis in Bezug auf die Qualitätsstandards, ehe sie in einem nächsten Schritt Basisinformationen über die finanziellen Mittel zur Unterstützung von unmittelbaren Kinderbetreuungsaktivitäten sammelten. Dies war insbesondere wichtig, da ein Teil der teilnehmenden Einrichtungen neben Geld für die Unterstützung der Kinderbetreuung auch finanzielle Mittel für eine Reihe anderer Funktionen erhielt.

Gemeinsame Budgetrichtlinien für Kinderbetreuungsprogramme

Gemäß den vom Umsetzungsteam kolportierten Budgets hatten drei Einrichtungen hinsichtlich ihres Budgets und ungeachtet der unterschiedlichen Währungen vergleichbare Kaufkraft und wiesen relativ ähnliche Basispersonalstrukturen auf, wodurch ein realistischer Vergleich möglich wurde. Beim Vergleich der Budgets dieser drei Einrichtungen wurden gemeinsame Komponenten (Personal, persönliches Betreuungsmaterial etc.) festgestellt.

Dennoch hatten aufgrund von unterschiedlichen Organisationsstrukturen nicht alle Einrichtungen identische Budgetkomponenten in Sachen Personal. So wies eine Einrichtung zusätzliche Personalkosten durch die beiden Funktionen eines „Monitoring- und Evaluierungsbeauftragten“ sowie eines „Advocacy- und Informationsagenten“ auf. Deshalb unterscheiden sich die Personalkosten zwischen den drei Einrichtungen erheblich. Zwar zahlt das Gemeinschaftsprojekt kein direktes Gehalt an ältere Betreuer, hat aber Personal, das solche Betreuer sehr wohl direkt unterstützt. Wenn wir außerdem noch die Informationen bezüglich Betreuer-Kinder-Verhältnis aus dem vorhergehenden Kapitel (Abb. 1) berücksichtigen, dann wird deutlich, dass sich hohe Personalkosten nicht direkt auf einen niedrigen Schlüssel Personal/ Betreuer zu Kindern umlegen lassen.

Übergangs-betreuungszentrum	**Betreuungszentrum für Kinder**	**Gemeinschafts-betreuungszentrum**
Programmkoordinator	Programmkoordinator	Programmkoordinator
Mitarbeiter Finanz/Administration		Mitarbeiter Finanz (Konten)
Programmleiter		Programmleiter
Buchhalter		Buchhalter
Fahrer	Fahrer	
Sekretär		
Sozialarbeiter	Sozialarbeiter	Sozialarbeiter
Administrator	Administrator	
	Hausangestellte	
	Sicherheitspersonal	Sicherheit
Andere:	Freiwillige	Freiwillige
Monitoring- und Evaluierungsbeauftragter	Lehrer Arzt/Krankenschwester	
Advocacy- und Informationsagent		
234 GBP/Kind/Jahr	**199 GBP/Kind/Jahr**	**7 GBP/Kind/Jahr**
Betreuungsschlüssel 1 : 133	**Betreuungsschlüssel 1 : 40**	**Betreuungsschlüssel 1 : 6**

Abb. 3: Personalkosten pro Kind und Jahr, in britischen Pfund

Unabhängig von der Zusammensetzung des Personals und den Personalkosten macht es ein ungünstiger Personal-Kinder-Schlüssel den Einrichtungen unmöglich, die notwendige Basisbetreuung und den Schutz der Kinder zu gewährleisten. Ein ähnlicher Vergleich hinsichtlich der von den Einrichtungen zur Verfügung gestellten Unterhaltskosten ergibt pro Kind und Jahr zwischen 30 britischen Pfund im Falle des Gemeinschaftsprojekts und 190 Pfund im Falle der institutionellen Einrichtung (Abb. 4).

Übergangs-betreuungszentrum	**Betreuungszentrum für Kinder**	**Gemeinschafts-betreuungszentrum**
Nahrung Gesundheit/Medizin Wasser, Sanitär Kleidung, Leintücher Lernmaterialien Reparaturen, Instandhaltung **Andere:** Gebrauchsgegenstände für Neugeborene	Nahrung Gesundheit/Medizin Wasser, Sanitär Kleidung, Leintücher Lernmaterialien Reparaturen, Instandhaltung Gebrauchsgegenstände	Nahrung Wasser, Sanitär Kleidung, Leintücher Unterkunft Reparaturen, Instandhaltung **Andere:** Fonds zur Schaffung von Einkommen
47 GBP/Kind/Jahr	**190 GBP/Kind/Jahr**	**30 GBP/Kind/Jahr**

Abb. 4: Von den Einrichtungen zur Verfügung gestellte Unterhaltskosten

Es ist auffällig, dass beim Kostenvergleich jene Einrichtung mit den höchsten Personalaufwendungen aber dem niedrigsten Personal-Kinder-Schlüssel, nämlich 1 : 133, (Abb. 3), auch ähnlich wenig in die Unterhaltskosten (Abb. 4) investiert, zumal diese Einrichtung Kinder direkt betreut.

Wenn die oben angegebenen Kosteneinheiten für Kinderbetreuung pro Kind und Jahr in Verbindung mit den zusätzlichen Kosten für Ausbildung und Administration gesehen werden (Abb. 5), dann liefert uns das eine klare und objektive Basis aufgrund derer Budgetzuwendungen überdacht werden können.

Übergangs-betreuungszentrum	Betreuungszentrum für Kinder	Gemeinschafts-betreuungszentrum
Jährliche Ausgaben **£ 87.268 - 200 Kinder** Personal-Kinder-Schlüssel 1 : 133	**Jährliche Ausgaben** **£ 57.333 - 120 Kinder** Personal-Kinder-Schlüssel 1: 40	**Jährliche Ausgaben** **£ 102.431 - 2.260 Kinder** Personal-Kinder-Schlüssel 1 : 6
Gesamtkosten **436 GBP/Kind/Jahr**	**Gesamtkosten** **478 GBP/Kind/Jahr**	**Gesamtkosten** **45 GBP/Kind/Jahr**
76,4 % Personal 11,5 % persönliche Betreuung 3,4 % Administration 8,7 % Ausbildung	41,6 % Personal 39,7 % persönliche Betreuung 0,4 % Administration 18,3 % Ausbildung	15,6 % Personal 66,7 % persönliche Betreuung 4,4 % Administration 13,3 % Ausbildung

Abb. 5: Jährliche Kosten

Die oben stehende Kostenanalyse berücksichtigt zwar weder Alter noch Fähigkeiten der Kinder, die angebotenen Grundinformationen geben uns aber dennoch Aufschluss darüber, wo Budgetzuteilungen Auswirkung auf die Qualität der Kinderbetreuungsleistung haben, und wo es ganz augenscheinlich Defizite gibt.

Zusammenfassung

Dieser Artikel gibt einen kurzen Überblick über die Arbeit, die über einen Zeitraum von zwei Jahren im Zusammenhang mit der Entwicklung von Qualitätsstandards in der Kinderbetreuung geleistet worden ist. Einzelne Einrichtungen haben viel getan, um ihre eigenen Standards zu verbessern. Auf internationaler Ebene engagieren sich die UNICEF, die ISS (International Social Services), Save the Children und andere Organisationen im Bereich Advocacy, um internationale Standards für Kinder zu schaffen, die ohne ihre Eltern aufwachsen müssen. Als Bestandteil des Starts zur Save the Children "First Resort"-

Serie, die positive Betreuungsoptionen für Kinder unterstützt, skizziert der unten stehende Aufruf zum Handeln eine Reihe von Anstrengungen, die von Regierungen und internationalen Organisationen geleistet werden müssen, um die Bemühungen, die vielen Millionen betroffener Kinder zu erreichen, am Leben zu erhalten.

Aufruf zum Handeln - The First Resort (2005)[3]:

1. Anerkennung von Betreuung und Kinderschutz als grundlegende Aufgabe von Regierungen: Regierungsaufgaben umfassen die Schaffung von rechtlichen Rahmenbedingungen, Entwicklung von Richtlinien, die Zuteilung von Ressourcen, die Koordination zwischen den verschiedenen Regierungsstellen und die Partnerschaft mit Dienstleistern.

2. Unterstützung von Familien und Verbleiben der Kinder in ihren Familien als höchste Priorität: Es bedarf eines strategischen Ansatzes zur Mobilisierung bestehender Ressourcen innerhalb der Gemeinden, diverser Basisdienstleistungen und der Entwicklung spezifischerer Angebote für besonders bedürftige Kinder und Familien.

3. Stärkung der Kinder: Förderung von aktiver Partizipation und Organisation von Jungen und Mädchen in unterschiedlichen Betreuungsfeldern und lokalen Gemeinschaften. Unterstützung von Partnerschaften zwischen Kindern und zentralen Verantwortungsträgern zur Förderung von Kinderbetreuung und -schutz und zur Erweiterung ihrer Chancen, sich zu aktiven und respektierten Bürgern zu entwickeln.

4. Aufbauen auf bestehenden Stärken der Gemeinschaft und Ermutigung zur Innovation: Aufbauend auf existierenden, traditionellen Familien- und Gemeinschaftsstrukturen, die potenziell hohe Betreuungsqualität und Schutz bieten. Mut bei der Schaffung einer Vision dessen, was möglich und erreichbar ist, und Ermutigung zur Innovation durch Lernen von anderen Kontexten.

5. Unterstützung internationaler Standards für Kinder, die ohne ihre Eltern aufwachsen: Es bedarf eines starken Impulses, um sicherzustellen, dass Standards und Praxisanleitungen zu einer verbesserten Praxis führen, und so das Leben von Kindern und Familien verbessern.

[3] Vgl. Tolfree, D. (2005) Facing the Crisis: Supporting Children through Positive Care Options. Save the Children. First Resort Series.

6. Beschleunigung des Deinstitutionalisierungsprozesses: Regierungen haben die ultimative Verantwortung, der Abhängigkeit von institutionellen Betreuungsformen ein Ende zu setzen. Dazu zählt die Schließung unzufriedenstellend operierender Betreuungseinrichtungen; die Förderung von Präventionsarbeit, von familiärer Betreuung und deren Schutz; Kontrolle sowohl der Zahlen als auch der Qualität in Fremdbetreuungseinrichtungen anderer Anbieter; Förderung besserer Alternativen.

7. Öffentliches Bewusstsein schärfen: Vermehrtes Zurückgreifen auf die Medien, um positive Ergebnisse aufzuzeigen, die im familiären und gemeinschaftlichen Betreuungsumfeld erzielt werden, und um auf die Wichtigkeit der Kinderrechte hinzuweisen.

8. Fördervereine ermutigen, auch familiäre Betreuung zu unterstützen: Mittelbeschaffer und Spender mit sozialer Verantwortung müssen ihre Unterstützungsleistung von institutionellen Betreuungsoptionen hin zu einem Engagement für Programme verlagern, die die Integrität der Familie unterstützen und die Entwicklung familiärer Betreuungsformen fördern.

9. Wissen für alle zugänglich machen: Bedarf nach Förderung eines besseren Wissensmanagements, besseren Praxisaustauschs und besserer Informationsweitergabe.

10. Forschungslöcher schließen: Partizipative Forschung mit Kindern ist notwendig, um zu Politik- und Praxisdebatten beizutragen; langfristige Studien, die die Auswirkungen der unterschiedlichen Ansätze auf die Kinder erforschen; ebenso eine detaillierte Analyse der Kosteneffizienz der unterschiedlichen Schutzoptionen.

Wissen umsetzen:
Qualitätsstandards anwenden

Yvonne Kachel

Die Ungeschützten schützen

Stärkenorientierte Planung bei der Betreuung von fremd untergebrachten Kindern und Jugendlichen

Wird ein Kind oder ein/e Jugendliche/r fremd untergebracht, so wird dadurch auch das System der Betreuungsfamilie beeinflusst. Daher ist es wichtig, dass die Sozialarbeiter/innen darauf achten, dass die Stärken des Kindes bzw. des Jugendlichen und die Stärken der Familie vereinbar sind. Diese Überlegungen müssen in einer Weise explizit gemacht werden, dass alle davon profitieren können.

Die Sozialarbeiter/innen unterstützen die Familien darin, die Bedürfnisse des Kindes oder des Jugendlichen wahrzunehmen. Bisher wurden diese Bedürfnisse jedoch oft von den Defiziten ausgehend definiert und somit die Einschränkungen des Kindes hervorgehoben, statt dessen Fähigkeiten und innere Ressourcen in den Mittelpunkt zu stellen.

Ein Kind oder Jugendlicher wird aufgrund eines Rechtssystems fremd untergebracht, das ein Gefährdungspotenzial einschätzen muss. Die fremd unterbringenden Organisationen bieten den Kindern bzw. Jugendlichen Schutz und ein Umfeld, in dem sie sich wohl fühlen können. Eine auf Gesetzen und Beweisen beruhende Praxis ist zwar notwendig, um die Sicherheit eines Kindes bzw. Jugendlichen zu gewährleisten, jedoch wird diese Art der „Risiko-Beurteilung" oft beim Erstellen der Betreuungspläne übernommen.[1] Ein derartiger Zugang dient nicht der Identifizierung der Stärken, Ressourcen und Fähigkeiten des Kindes bzw. Jugendlichen. So zieht sich der defizitorientierte Zugang durch das gesamte System und bleibt weiterhin das grundlegende Planungsinstrument für die Ausarbeitung von Betreuungsplänen.

Eine umfassende, mehrjährige Analyse von Betreuungsplänen in New South Wales, Australien, hat gezeigt, dass sich der Großteil der Pläne tatsächlich auf Defizite konzentriert: auf ein potenzielles Gefährdungsrisiko und auf Defizite, die von der Herkunftsfamilie herrühren. Es werden Strategien entwickelt, um **die Auswirkungen dieser Defizite zu minimieren**, anstatt die **Stärken des Kindes oder jungen Menschen zu maximieren.**

Im Folgenden werden praxisnahe Modelle aufzeigt, die den defizitorientierten Ansatz in Betreuungsplänen und in der konkreten Betreuung neu ausrichten und den Sozialarbeiter(inne)n und den Betreuer(inne)n helfen können, sich an den Stärken zu orientieren, um fremd untergebrachte Kinder oder Jugendliche zu unterstützen.

Defizitorientierter versus stärkenorientierter Ansatz

Bei einer Analyse verschiedener Theorien zu stärkenorientierten Ansätzen muss das Konzept „Stärke" im Kontext der Struktur der Familie, der Organisation oder der Person gesehen werden. So untersuchen zum Beispiel Theorien der Ökologie der Familie die Interaktionen zwischen Kind und Zuhause/Schule/Gemeinde und erklären so die unterschiedlichen Elemente, die die Entwicklung, Belastbarkeit und Stärken des Kindes oder Jugendlichen und der Familie definieren können (Connard/Novick 1996).

Während in der Betreuungsplanung im Fremdunterbringungssystem bisher keine stärkenorientierten Theorien eingesetzt wurden, hat man innerhalb des Kinderschutzes stärkenorientierte Praktiken sehr breit eingesetzt, um Klienten einzubinden und mit den Familien zu arbeiten. Tatsächlich gab es aber immer wieder Diskussionen, ob in diesem Zusammenhang Familienarbeit sinnvoll ist: Eigentlich brauchen die Familien bzw. Klienten selbst Hilfe, um Veränderungsressourcen zu entdecken und zu entwickeln, und sind selten in der Lage, eben diese Ressourcen zur Verfügung zu stellen!

[1] Children and Young Persons (Care and Protection) Act 1998; Abschnitt 23, Teil 2, Berichte, Seite 18.

Es gibt einen Unterschied zwischen einer **stärkenorientierten** und einer **stärkenbezogenen** Vorgehensweise: Die stärkenorientierte Praxis identifiziert die vorhandenen Stärken eines Klienten, in der stärkenbezogenen Praxis identifiziert man mit den Klienten jene Ressourcen, an denen sie arbeiten müssen, um eine Veränderung herbeizuführen. (Barber 2005, S. 10 - 15)

Im Rahmen dieses Artikels gehe ich davon aus, dass der Ansatz „Stärken contra Defizite" auch implizit die Prämisse „Stärken zu fördern, statt Defizite zu quantifizieren" beinhaltet (Utesch).

Der defizitorientierte Zugang beruht auf Risikofaktoren, die betonen, was falsch oder anormal ist. Unter Risikofaktoren werden biologische, psychologische, kognitive oder ökologische Bedingungen verstanden, die die normale Entwicklung eines Kindes oder Jugendlichen einschränken.

Ein stärkenorientierter Zugang betont die Fähigkeiten und inneren Ressourcen, die einem Kind, einem Jugendlichen oder einer Familie helfen, mit dem Leben in ihrer Gemeinde und Gesellschaft zurechtzukommen. Das Wichtigste hierbei ist, dass mittels eines stärkenorientierten Ansatzes aus der Belastbarkeit eines Menschen Nutzen gezogen werden kann. Belastbarkeit kann als die Fähigkeit verstanden werden, Widrigkeiten ins Auge zu sehen, sie zu überwinden und sich sogar von ihnen verändern zu lassen („Resilienz") (Thomas, Chenot, Reifel 2005). Laut anderen Definitionen steht Belastbarkeit für normale Entwicklung unter widrigen Umständen.

Tatsächlich werden Stärken und Belastbarkeit als sich ergänzende Faktoren eingesetzt. Autoren wie zum Beispiel Goldstein (1997) glauben, dass Kinder bzw. Jugendliche widerstandsfähig sind; der stärkenorientierte Ansatz gibt dem/der Sozialarbeiter/in den notwendigen Rahmen, um diese innere Stärke und Widerstandskraft zu identifizieren (Utesch).

Um von einem defizit- zu einem stärkenorientierten Ansatz zu wechseln, bedarf es einer Neuausrichtung des Denkens und der Einsicht, dass ein derartiger Ansatz eine neue Perspektive und eine bessere Basis für die Zukunftsplanung des Kindes oder jungen Menschen bieten kann. Das Umdenken all jener Menschen, die in die Betreuung der Kinder und Jugendlichen eingebunden sind, muss unterstützt werden, z. B. durch entsprechende Trainingsmaterialien. Für Betreuer/innen ist es oft gar nicht einfach, zu unterscheiden, ob das Verhalten eines Kindes Ausdruck einer Schwäche oder einer Stärke ist. Auch die Kultur der jeweiligen Einrichtung wirkt sich auf die Akzeptanz des stärkenorientierten Ansatzes aus.

Stärkenorientierte Zugänge zur Betreuungsplanung in der Fallbesprechung und Betreuung

In New South Wales, Australien, waren mit 30. Juni 2006 insgesamt 10.623 Kinder und Jugendliche in Fremdunterbringung. Mehr als 300 dieser Kinder und Jugendlichen waren wegen ihres auffallenden Verhaltens in einer intensiv unterstützten institutionellen Betreuung bzw. Pflegefamilie untergebracht. Auch die Ausarbeitung von und die Arbeit mit Betreuungsplänen für diese jungen Menschen mit erhöhtem Unterstützungsbedarf ist mit dem hier vorgestellten Modell abgedeckt.

In den Jahren 2004/2005 wurden 25 Falldokumentationen von Jugendlichen mit erhöhtem Unterstützungsbedarf durchgesehen und analysiert. Die jeweils verantwortlichen Leiter/innen wurden gebeten, jene Fälle auszuwählen, die besprochen werden sollten. Sie stellten eine Kurzbeschreibung der Jugendlichen zur Verfügung, die folgende Aspekte beinhalteten: Gründe für die Aufnahme in eine Betreuungseinrichtung, die bisherige Anzahl an Fremdunterbringungen, den gegenwärtigen Ressourceneinsatz, die Geschichte und die gegenwärtigen Probleme. Es wurden zwar einige Akten durchgesehen, jedoch nur, um entscheidende Informationen einzuholen. Dadurch wurde sichergestellt, dass keine Befangenheit bestand oder vorgefasste Meinungen die Fallbesprechungen behinderten.

Allen Fällen gemeinsam war, dass die Kinder bzw. Jugendlichen zwischen 10 und 16 Jahre alt waren, dass sie bereits in mehreren Einrichtungen untergebracht gewesen waren und dass ihr Verhalten als sehr auffällig eingestuft wurde. Sie alle waren in Einrichtungen mit intensiver Betreuung untergebracht, die rund um die Uhr zur Verfügung stand.

Mit den Fallbesprechungen sollte die Annahme des Systems in Frage gestellt werden, dass ein defizitorientierter Ansatz und die Minimierung der Auswirkungen von Defiziten der einzig gangbare Weg in der Fallplanung sei. Dazu wurde ein auf dem stärkenorientierten Ansatz beruhendes Brainstorming-Modell eingesetzt.

Das „Brainstorming-Konzept"

Das englische Oxford-Wörterbuch beschreibt "brainstorm" als "**sudden attack of insanity**", einen plötzlichen Anfall von Wahnsinn. Und vielleicht ist genau das notwendig, um Betreuer/innen, Einrichtungsleiter/innen, Psycholog(inn)en und verschiedene andere an einen Tisch zu bringen und um das Ungleichgewicht zu beseitigen sowie tief verwurzelte Praktiken und Philosophien neu zu entwickeln!

Die Ergebnisse des Brainstormings können sich sehen lassen: Eine Neuorientierung des Betreuungsplans, die Ausarbeitung von Maßnahmen mit zeitlich klar geplanten Aufgaben, eine klare Zuteilung von Ressourcen und die Bewilligung einer weiteren Sitzung, um Fortschritte und die Teilnahme des jungen Menschen anhand des Betreuungsplans zu überprüfen.

Um die Gruppe hinsichtlich der Fallbetreuung zu definieren und neu auszurichten, ist die Rolle des Koordinators von entscheidender Bedeutung. Es macht Sinn, verschiedene Strategien zu kombinieren, wie das unten stehende Beispiel zeigt.

Ablauf einer stärkenorientierten Fallbesprechung

- Der/die Koordinator/in erhält eine Kurzbeschreibung des jungen Menschen, die Faktoren wie Betreuungsgrund, Unterbringungsgeschichte, Geschichte der Herkunftsfamilie und gegenwärtige Probleme beinhaltet.

- Alle mit dem „Fall“ Betrauten (Sozialarbeiter/innen, Psycholog(inn)en, Einrichtungsleiter/innen) müssen an einer zweistündigen Sitzung teilnehmen. Um notwendige Information einzuholen, sind die Akten zugänglich.

- Durch Mitwirkung aller Teilnehmer/innen werden ein physisches, soziales und emotionales Stärkenprofil des jungen Menschen erstellt, das sich sowohl auf seine Vergangenheit wie auch Gegenwart beziehen kann. Jede Person im Raum wird gebeten, eine positive Eigenschaft des jungen Menschen zu beschreiben. Diese kann sich auf das Aussehen, die Lieblingsfarben, die Poster an den Zimmerwänden des jungen Menschen, das Lieblingsfernsehprogramm, das Lieblingsessen, Freizeitaktivitäten, den Modegeschmack oder die Körperpflege beziehen. Oft sind die einzigen Personen, die nichts dazu beitragen können, die Einrichtungsleiter/innen: Sie entscheiden zwar in jedem Fall über die Finanz- und Ressourcenzuteilung, unter Umständen haben sie den „Fall“ aber nie persönlich kennen gelernt.

- Es werden die wichtigen Personen im Leben des jungen Menschen identifiziert. Zu diesen Personen zählen Mitglieder der Kernfamilie und der erweiterten Herkunftsfamilie, ehemalige Betreuer/innen, Jugendbetreuer/innen, Lehrer/-

innen, Sportlehrer/innen oder Nachbarn. Ihre Stärken und ihre Möglichkeiten, dem jungen Menschen Ressourcen und Unterstützung zu bieten, werden diskutiert.

- Aktuelle Probleme, Beziehungen und Stärken werden so lange miteinander in Verbindung gebracht, bis das Hauptaugenmerk bei jenen Lösungen liegt, die sowohl die Stärken des jungen Menschen einbeziehen, als auch die vorhandene Belastbarkeit identifiziert.
- Die Teilnehmer/innen werden darauf hingewiesen, dass die Sitzung maximal zwei Stunden dauern darf. Innerhalb dieser Zeit müssen Entscheidungen getroffen und von der Einrichtungsleitung bewilligt werden.

Die jungen Menschen selbst werden zu diesem Zeitpunkt nicht einbezogen. Einerseits werden sie in den meisten Fällen als zur Teilnahme unfähig beschrieben und die Aufgabe der Sitzung ist es ja, unterschiedliche Strategien zur Bewältigung der Krise und im Umgang mit dem Verhalten des jungen Menschen zu entwickeln. Andererseits soll die Fallbesprechung die Teilnehmer/innen herausfordern, anders über die jungen Menschen zu denken und deren Stärken und Belastbarkeit zu definieren.

Im Anschluss an diese Sitzung ist es Aufgabe des/der Koordinator(in)s ein weiteres Treffen zu organisieren, das im Beisein des jungen Menschen oder eines Vertreters stattfindet.

Beispiele für konkrete Fallbesprechungen:

Suizidgefährdet und kraftlos?

Kurzbeschreibung: Ein junger Mann wird als suizidgefährdet beschrieben, es mangle ihm an jeglichen Stärken. Nachforschungen ergeben, dass der junge Mann stolz auf seinen Kleidungsstil und seine Körperpflege ist. Obwohl er aus der Einrichtung, die für ihn sorgte, davongelaufen ist, kommt er regelmäßig zurück, um sich zu duschen, auszuruhen und saubere Kleidung zu holen.

Frage: Ist der junge Mann tatsächlich suizidgefährdet oder versucht er, mit einem Problem zurande zu kommen, indem er Strategien einsetzt, die die Einrichtung nicht erkannt hat?

Fallbesprechung: Bei der Fallbesprechung nach dem oben vorgestellten Muster kommt zutage, dass der junge Mann einen weit jüngeren Bruder hat, der noch zu Hause bei der Mutter lebt. Der junge Mann hat erfahren, dass seine Mutter Drogen nimmt und sein Bruder gefährdet ist, emotionalen Missbrauch und Vernachlässigung zu erleiden. Der junge Mann läuft aus seiner Einrichtung davon, um nach Hause zu seinem Bruder zurückzukehren und ihn zu schützen. Wird ihm die Situation zu Hause zu viel, kehrt er in die Betreuung zurück, tankt auf und kehrt anschließend wieder zu seiner Herkunftsfamilie zurück.

Eine Analyse dieser Information lässt die Annahme, der junge Mann sei suizidgefährdet, in einem anderen Licht erscheinen. Tatsächlich handelt er verantwortungsbewusst; er hat jedoch seine Betreuer/innen nicht um Hilfe gebeten, seinen Bruder zu schützen.

Trotz oder Selbstschutz?

Kurzbeschreibung: Über einen jungen Mann wird gesagt, dass er extreme Wut gegen seine/n Betreuer/in und seine Herkunftsfamilie hege, weil er fremd untergebracht worden ist. Die ihm angebotene Beratung lehnt er ab, sein Verhalten eskaliert oft. Der junge Mann geht gerne fischen; dieses Privileg wird ihm untersagt, wenn sein Verhalten wieder einmal eskaliert.
Fallbesprechung: Im Rahmen des Informationsaustausches stellt sich heraus, dass der junge Mann eigentlich verschiedene Methoden einsetzt, um sich selbst zu beruhigen. Wenn er zum Beispiel in einer brisanten Situation mit anderen jungen Menschen einfach geht, beschreiben die Betreuer/innen dies als Trotz; der junge Mann macht jedoch einen Spaziergang und kommt dann später ruhiger zurück. Fischen ist für ihn ein weiterer Weg, seine Beherrschung wiederzufinden und brisanten Situationen mit Gewaltpotenzial zu entgehen. Die Selbstbeherrschungstaktiken des jungen Mannes sind falsch interpretiert worden und sein Verhalten ist deshalb eskaliert, weil ihm Privilegien wie das Fischen entzogen worden sind.

Gefährdet oder gelangweilt?

Kurzbeschreibung: Weil ein junger Mann ständig aus seiner Einrichtung wegläuft, wird er als Betreuter mit hohem Risiko angesehen.
Fallbesprechung: Im Rahmen des Brainstorming-Prozesses zeigt sich ein *Verhaltensmuster*: Immer wenn der junge Mann weglaufen will, reizt er die Betreuer/innen, war-

tet auf negative Kommentare und läuft dann davon. Sind weibliche Betreuerinnen zugegen, greift er sie verbal an und droht mit Gewalt.

Ist der junge Mann erst einmal davongelaufen und an seinem Ziel angekommen, ruft er die Einrichtung an, lässt sie wissen, wo er ist und kehrt dann nach ein bis zwei Tagen in seine Wohneinrichtung zurück. Nach zwei bis drei ruhigen Wochen wiederholt sich das Muster.

Eine detaillierte Fallbesprechung ergibt, dass der junge Mann höchst intelligent ist; trotz seiner Fehlzeiten erfüllt er alle schulischen Anforderungen und gilt als guter Schüler. Er wird als talentierter Künstler beschrieben, dessen Interesse aber nicht gefördert wird.

Der stärkenorientierte Ansatz zeigt, dass der junge Mann auf sich selbst achtet. Obwohl er die Betreuer/innen durch sein Davonlaufen „hereinlegt", lässt er sie wissen, wo er ist und wie lange er weg sein wird. Sein Verhalten spiegelt seine Langeweile wider, aber auch seine Fähigkeit, für sich selbst zu sorgen, sich selbst zu organisieren und sich selbst zu schützen, indem er die Einrichtung wissen lässt, wo er sich aufhält.

Der Handlungsplan beinhaltet die Arbeit mit den Mitarbeiter(inne)n: Sie müssen lernen, die Auslöser der Langeweile zu erkennen, und warum der junge Mann Gewaltdrohungen als Instrument einsetzt. Gemeinsam mit ihm muss man den Grund finden, warum er immer wieder das Bedürfnis hat, davonzulaufen.

Wegen seines negativen Verhaltens hat man kein Verständnis für sein künstlerisches Talent und für seine Widerstandsfähigkeit aufbringen können. Es muss im Handlungsplan berücksichtigt werden, wie die Belastbarkeit des jungen Mannes gestärkt und positivere Ventile für seine Langeweile und Mitarbeitermanipulation gefunden werden können.

Ergebnisse des Fallbesprechungsmodells

Das wichtigste Ergebnis des Brainstorming-Prozesses ist eine veränderte Einstellung seitens der Prozessteilnehmer/innen. Wie aus dem Feedback hervorgeht, haben viele Teilnehmer/innen bereits aufgehört, die jungen Menschen in ihrer Ganzheit, in ihrer gesamten Persönlichkeit zu sehen. Da das Verhalten der jungen Menschen zu einseitig von den Schwächen her gesehen wurde, hatten sich die Betreuer/innen auf die Defizite und nicht auf die Stärken konzentriert. Die bei den Fallbesprechungen Anwesenden sind erstaunt, dass mittels eines stärkenorientierten Ansatzes kreativere Lösungen gefunden werden, nicht unbedingt aus einer Krise entstehen müssen.

Ein nicht erwartetes Ergebnis ist, dass jede/r einzelne Teilnehmer/in Informationen bezüglich der jungen Menschen hat, die aber mit den anderen zuvor weder formell noch informell ausgetauscht worden sind.

Obwohl inzwischen viele staatliche und nichtstaatliche Dienstleister für die Dokumentation der Lebensgeschichte fremd untergebrachter Kinder und Jugendlicher "Looking After Children" („Für Kinder sorgen") übernommen haben, wird bei der Dokumentation immer noch mehr den Erfordernissen der Dokumentation selbst Rechnung getragen, statt zu berücksichtigen, welche Informationen für das jetzige und spätere Wohlergehen des Kindes bzw. Jugendlichen wichtig sind. So kann es vorkommen, dass Sozialarbeiter/innen wichtige Informationen haben, die sie aber für die Dokumentation nicht als relevant erachten.

Egal, welches Dokumentationsmodell entwickelt wird, es muss jedenfalls geeignet sein, das Wesen eines Kindes oder jungen Menschen zu erfassen, um Belastbarkeit, Stärken und Verwundbarkeit aufzuzeigen.

Obwohl durch den Einsatz einer stärkenorientierten Fallplanung ein viel klareres Bild von den Stärken und der Belastbarkeit eines fremd untergebrachten Kindes oder Jugendlichen gezeichnet werden kann, ist es trotzdem wichtig, einen neuen kinderschutzrechtlichen Rahmen zu entwickeln. Wie hat der Missbrauch das Kind beeinträchtigt und was hat dem Kind geholfen, den Missbrauch zu überleben? Je nach Perspektive kann ein und dieselbe Fähigkeit ein Risiko oder eine Chance sein.

Wie sich bei der weiteren Anwendung des Fallbesprechungsmodells herausstellte, sind auch Pflegeeltern oft in eine Form der Betreuungsplanung eingebunden, die Defizite statt Stärken betont. Eine auf Defiziten beruhende Planung beeinflusst das Verhalten der Pflegeeltern und zeigt sich darin, wie sie die Kinder und jungen Menschen Tag für Tag betreuen.

Kompetente Betreuung der Pflegefamilien

Wie in vielen westlichen Ländern müssen in Westaustralien immer mehr Kinder und junge Menschen fremd untergebracht werden. Der Bedarf an Pflegefamilien und die Notwendigkeit, Kinder und Jugendliche bei Verwandten unterzubringen, ist gestiegen. Es gibt staatliche wie nicht-staatliche Pflegefamilienorganisationen. In New South

Wales, einer Region mit 5 Millionen Einwohner(inne)n, gibt es verschiedene Programme, Ausbildungen, Unterstützungsangebote und Bewertungsrichtlinien. Jeder Anbieter hat wiederum seine eigenen Kriterien für die Auswahl der Pflegefamilien.

Mit der Einrichtung der Kinderanwaltschaft (Children's Guardian) wurde erreicht, dass durch einen Akkreditierungsprozess die Pflegefamilienorganisationen kontrolliert werden und dass insbesondere das Einhalten der Betreuungsstandards gesichert wird. Die Einführung des Kinderbetreuungs- und Kinderschutzgesetzes untermauert diese Maßnahmen.

In New South Wales wurde jetzt eine Kompetenzbeurteilung für potenzielle Pflegemütter und/oder -väter eingeführt. "Step By Step" - so nennt sich das Beurteilungsinstrument - werden mehrere Interviews mit der gesamten Familie gemacht, auch mit den Kindern. So werden die Kompetenzen der möglichen Pflegeeltern erhoben: ihre Lebenserfahrungen, ihre Bereitschaft, mit Kindern, mit deren Herkunftsfamilien und mit den Sozialarbeiter(inne)n zu kooperieren, ihr Wissen über die Auswirkungen, die Missbrauch auf ein Kind, eine/n Jugendliche/n und in Folge auf deren Betreuungspersonen hat. In den Interviews werden Szenarien verwendet, die diese Themen ansprechen. So wird den Pflegefamilien die Möglichkeit gegeben, ihre Kompetenz im Umgang mit missbrauchten Kindern und Jugendlichen zu zeigen. Der Prozess ist langwierig, er macht aber deutlich, wie Pflegefamilien mit Kindern und jungen Menschen arbeiten und für diese sorgen werden. Die Pflegemütter und/oder -väter müssen eine Ausbildung absolvieren. Sie müssen die Möglichkeit bekommen, Fortbildungen zu besuchen und ihnen muss im Bedarfsfall Unterstützung angeboten werden.

Kompetenzbeurteilungen bieten einen Maßstab dafür, wie Pflegeeltern voraussichtlich auf Situationen reagieren werden. Doch berücksichtigen sie auch, wie Pflegefamilien auf tief greifende Veränderungen in ihrem Familiensystem bzw. den für sie wichtigen Systemen reagieren? Die „Step By Step"-Beurteilungen legen zwar vieles offen, nicht aber die sozialen Probleme, denen Pflegefamilien aufgrund gesellschaftlicher Einflüsse unverschuldet ausgeliefert sind und die verheerende Auswirkungen auf fremd untergebrachte Kinder und Jugendliche haben können.

Familientheorien besagen, dass starke Familien meist sechs ausgeprägte gemeinsame Stärken haben (Defraine 2002):

- gegenseitige Wertschätzung und Zuneigung;
- positive Kommunikation;

- spirituelles Wohlergehen;
- Engagement;
- gemeinsam verbrachte Zeit;
- die Fähigkeit, Stress und Krisen zu meistern.

Zur Entwicklung eines Kindes tragen einerseits die Familien bei, andererseits beeinflusst das Funktionieren der Familie aber auch das Umfeld, in dem das Kind oder der/die Jugendliche lebt, spielt oder arbeitet. Die Wohngemeinde bietet Möglichkeiten und auch Herausforderungen; kommt eine Familie in ihrer Gemeinde gut zurecht, kann sie ein Umfeld schaffen, in dem eine gesunde Kindesentwicklung möglich ist (Connard/Novick 1996).

Eine kleine private Pflegefamilienorganisation ist bei der „Step By Step"-Untersuchung aufgefallen: Sie bietet Pflegebetreuung für junge Menschen zwischen 10 und 16 Jahren mit hohen oder komplexen Bedürfnissen an und berücksichtigt die oben erwähnten Unterstützungsmaßnahmen. Sie bietet den Pflegefamilien im Bedarfsfall rund um die Uhr Telefonkontakt oder Besuche seitens der Sozialarbeiter/innen.

Die Pflegefamilienorganisation befindet sich in einer ländlichen Region in New South Wales, Australien. Viele Pflegefamilien leben in kleinen Dörfern mit 3.000 bis 5.000 Einwohner(inne)n. Dadurch gibt es nur eingeschränkte Möglichkeiten, spezielle Unterstützungsdienste in Anspruch zu nehmen. Die Familien müssen mit den Angeboten der jeweiligen Gemeinde vorlieb nehmen.

Als diese Pflegefamilienorganisation und deren Pflegefamilien mittels eines stärkenorientierten Ansatzes untersucht wurden, zeigten sich folgende Charakteristika bei den Familien, die bei der Betreuung der Pflegekinder durch beständig gute Ergebnisse herausragten:

- Die Verantwortung gegenüber den jungen Menschen wird wahrgenommen, ein stark familienorientierter Hintergrund unterstützt die Fremdunterbringung.
- Im Allgemeinen übernimmt ein Betreuer die Rolle der primären Bezugsperson, der/die von seinem/r Partner/in unterstützt wird. Dadurch entsteht eine natürliche Rollentrennung, die nicht unbedingt an das Geschlecht gebunden ist.
- Auch wenn der junge Mensch seine Grenzen ständig austestet, wird er mit Respekt behandelt.

- Die Pflegeeltern zögern nicht, wenn nötig um Hilfe zu bitten - sei es bei der eigenen Organisation, der Schule, bei anderen Agenturen, Familien oder Freunden. Die Pflegefamilie sucht nach Lösungen, während die ganze Zeit über für den jungen Menschen gesorgt wird.
- Die Pflegefamilien sind aktive Mitglieder ihrer Gemeinden. Der von ihnen betreute junge Mensch wird ermutigt, sich in der Gemeinde einzubringen: bei Sportveranstaltungen, ländlichen Aktivitäten wie Hilfe bei den örtlichen Landwirtschaftsshows, Tierpflege oder spezielle soziale Veranstaltungen etc.

Die Familien sind also aktive Mitglieder ihrer Gemeinden; die jungen Menschen werden sowohl innerhalb der Familie als auch innerhalb der Gemeinde bestärkt. Die Aktivitäten innerhalb und die Positionierung in der Gemeinde ermöglicht es diesen Familien, wiederum von der Gemeinde zu profitieren - nicht nur im physischen Sinne, sondern auch über Beziehungen und soziale Netzwerke.

Weitere Untersuchungen haben jedoch ergeben, dass sich Familien im Laufe der Zeit entwickeln und auf die Anforderungen der Gemeinde und der Gesellschaft reagieren müssen. Zusätzlicher Stress, etwa Jobverlust oder der Austritt aus Gemeindediensten, beeinflusst das Funktionieren der Pflegefamilie und kann auch die Unterbringung eines jungen Menschen in der Pflegefamilie beeinträchtigen. Das gilt natürlich auch für biologische Familien, aber Pflegefamilien sind von vornherein höherem Druck ausgesetzt. Ein stärkenorientierter Ansatz in der Arbeit mit der Pflegefamilie ist gerade auch in solchen Situationen hilfreich und kann die Qualität der Unterbringung junger Menschen erhöhen.

In der Arbeit mit Pflegefamilien, die junge Menschen mit gesteigerten Bedürfnissen betreuen, und in der Beurteilung ihrer Bedürfnisse über einen längeren Zeitraum hat sich herausgestellt, dass viele Familien sich ihrer Stärken nicht bewusst sind und deshalb in widrigen Zeiten nicht bewusst auf diese zurückgreifen können.

Ihre Fähigkeit, zu verstehen, was in Stresszeiten mit der Familienstruktur geschieht, wird unter Umständen durch die Stresssituation selbst eingeschränkt. In der Konsequenz ist die Unterbringung für den fremd untergebrachten jungen Menschen dann oft gefährdet. Wie vorhersehbar, ändert der junge Mensch wegen seiner Unsicherheit sein Verhalten, und genau dieses Verhalten rückt in den Mittelpunkt der Stresssituation. An diesem Punkt gerät die Unterbringung in Gefahr und die Familie zieht sich womöglich aus der Betreuung des jungen Menschen zurück.

Fallstudie

Ein 14-jähriger Bursche, der mehr als 14 Monate bei seiner Pflegefamilie gelebt hat, geht plötzlich nicht mehr zur Schule, stiehlt kleinere Dinge und stiftet zu Hause Unruhe.

Eine Analyse der Umstände ergibt, dass sich die finanzielle Situation der Pflegefamilie verändert hat. Deshalb hat die Pflegemutter, seine primäre Bezugsperson, eine Teilzeitstelle angenommen. Ihr Engagement in der Gemeinde ist wegen ihrer Verpflichtungen zu Hause und in der Arbeit zurückgegangen; die Familie hat begonnen, sich zurückzuziehen. Das hat sich auf ihr „Funktionieren" ausgewirkt, der Junge fühlt sich durch diese Veränderungen bedroht.

Da in dieser Familie mit einem stärkenorientierten Modell gearbeitet wird, erkennt die Familie wie auch der junge Mann, dass sie aus ihrer Interaktion mit der Gemeinde und ihrem sozialen Netzwerk Unterstützung, Aktivität und ein Gefühl der Zugehörigkeit gewonnen haben. Statt sich weiterhin auf das (Fehl-)Verhalten des jungen Mannes zu konzentrieren, kann die Familie ihre Stärken nützen und ihr unterstützendes Gemeindenetzwerk wieder herstellen.

Durch die Beurteilung der Stärken einer Pflegefamilie kann eine „**soziale und emotionale Landkarte**" erstellt werden; diese kann einer Familie helfen, ihre Veränderungen und Reaktionen auf familiäre und gesellschaftliche Anforderungen frühzeitig zu erkennen.

Ein von einem stärkenorientierten Ansatz aus erstellter Betreuungsplan bildet zusammen mit der sozialen und emotionalen Landkarte einen konzeptuellen Rahmen: Pflegefamilien können ihn nützen, um ihr tägliches Leben so zu gestalten, dass sowohl das Kind bzw. der/die Jugendliche als auch die Familie selbst gestärkt und befähigt werden.

Das Modell sieht vor, dass mit der Familie sechs Arbeitstreffen, an dem alle Familienmitglieder teilnehmen, im Wochenabstand vereinbart werden. Dabei werden Ziele gesetzt, die sich aus der Zusammenarbeit der Familie und dem Erkennen der individuellen und familiären Stärken entwickeln. Auch Theorien, wie z. B. multiple Intelligenz oder Familientheorien, können als Instrumente eingesetzt werden, um für die Familie wichtige Bereiche auszuloten: Lernstile, Interesse an bzw. Verbindungen zur Nachbarschaft, der Gemeinde und Schulen etc.

Das Modell ist noch nicht fertig entwickelt. Das Feedback zeigt aber bereits, dass es den Familien zu Einsichten verhilft und ihnen Strategien bietet, die sie in widrigen Situationen verwenden können. Außerdem hilft es ihnen, zu verstehen, wie sie sich als Familie aufgrund der Anforderungen der sich verändernden Gesellschaft selbst verändern. Die Kompetenzbeurteilung von Pflegefamilien und der durchgängige Einsatz einer stärkenorientierten Planung für fremd untergebrachte Kinder und Jugendliche kann den Zusammenbruch der Pflegefamilie abwehren und stärkt die Familien.

Was bringen das Fallbesprechungsmodell und die kompetente Betreuung von Pflegefamilien?

Die zwei hier vorgestellten Modelle wurden in Zusammenarbeit mit Familien, Sozialarbeiter(inne)n und nichtstaatlichen Organisationen entwickelt, die für die Betreuung von jungen Menschen mit gesteigerten Bedürfnissen und schwierigem Verhalten verantwortlich sind.

Stärken fördern und aus bestehenden Belastbarkeitsfaktoren Nutzen ziehen: Die Ergebnisse der beiden, wenn auch noch nicht fertigen Modelle zeigen, dass dies geschieht, wenn die Betreuer/innen und Familien sich auf einen stärkenorientierten Ansatz besinnen.

Wird in der Arbeit mit fremd untergebrachten Kindern und jungen Menschen ein stärkenorientierter Ansatz verwendet, können die Betreuer/innen Betreuungspläne auf Basis einer **Belastbarkeitsstärkung** entwickeln, die Talente, Fähigkeiten und bestehende Belastbarkeit des Kindes oder Jugendlichen berücksichtigt.

Die Entwicklungsbereiche für Kinder und junge Menschen in Fremdunterbringung können wie folgt zusammengefasst werden:

- Bildungsniveau und kognitive Leistung
- Gesundheit und Sicherheit
- Soziale und emotionale Entwicklung
- Unabhängigkeit

Die Ergebnisse in den Bereichen Bildungsniveau, kognitive Leistung und Gesundheit sind messbar; hingegen sind Sicherheit, Unabhängigkeit, emotionale und soziale Entwicklung schwerer fassbar. Wird ein stärkenorientierter Ansatz verwendet, können andere Maßstäbe gefunden werden, zum Beispiel das Funktionieren des Kindes bzw. des/der Jugendlichen in der Pflegefamilie, ihre Beziehung zur Gemeinde, die Entwicklung ihrer Belastbarkeit.

Das Ziel ist es, jene Widrigkeiten zu überwinden, denen sich fremd untergebrachte Kinder und Jugendliche gegenübersehen. Die Praktiker/innen müssen den Zugang zu solchen Möglichkeiten sicherstellen.

Kinder und Jugendliche, die in eine andere Familie als ihre Herkunftsfamilie eingebunden sind und die sich auf sinnvolle Art mit ihrer Wohngemeinde austauschen können, haben die Möglichkeit, ihre Belastbarkeit und ihre Stärken zu entwickeln und gut angepasste Mitglieder der Gesellschaft zu werden.

Literatur

Connard, Christine / *Novick*, Rebecca (1996): The Ecology of the Family, A background Paper for a Family-Centred Approach to Education and Social Service Delivery. Child, Family and Community Program, Northwest Regional Educational Laboratory, Portland Oregon.

Barber, Neil (2005): Risking Optimism: Practitioner adaptations of strength based practice in statutory child protection work. Child Abuse Prevention Newsletter, Australian Institute of Family Studies, National Child Protection Clearing House, Band 13, No, 2005, S. 10-15.

Utesch, William E: From a glass half empty to a glass half full: A review of the transition from Deficit to Strength-Based Approaches. www.foellinger.org (Download: September 2007)

Thomas, M. / *Chenot*, David / *Reifel*, Barbara (2005): A Resilience-Based Model of reunification and re-entry: Implications for out-of-home care services. Families in Society.

Defraine, John (2002): Family Strengths and Universal Values, a Global Perspective. Präsentation des Dokuments anlässlich der "International Family Strengths Conference", Shanghai, China, 13/6/02.

Rosa Heim

Von der Kunst, pädagogisches Geschick zu lehren

Zukunftsweisende Qualitätsmerkmale aufgezeigt am Beispiel der Ausbildung im Colleg für FamilienPädagogik

Das Bild von Kindern und Jugendlichen hat sich in der Postmoderne grundlegend gewandelt. Kinder und Jugendliche werden nicht mehr als Adressaten von erzieherischen Handlungen Erwachsener, sondern als Koproduzenten der sozialen Wirklichkeit wahrgenommen. In kooperativen und kommunikativen Aktivitäten schreiben sie eigenständig der Welt Bedeutungen zu, konstruieren Wissen, gestalten ihre Identität und die Kultur mit. Nicht mehr die Erziehungsbedürftigkeit, sondern die Kompetenz und Eigenständigkeit von Kindern und Jugendlichen stehen im Vordergrund. Diese Betrachtungsweise entlässt Kinder und Jugendliche aus dem Objektstatus von Erziehungshandlungen und versteht sie als einzigartige und individuelle Subjekte. Erzieher/innen sind folglich hauptsächlich als Koproduzenten ihrer Wirklichkeitskonstruktionen zu verstehen.

Die Denkweise der Postmoderne stellt eine große Herausforderung für Ausbildungen im Erziehungsbereich dar. In logischer Konsequenz bedeutet dies ein gravierendes Umdenken für die Gestaltung der Ausbildungsprozesse. Die Vermittlung von entsprechendem Wissen und Handlungsorientierungen genügt nicht, um Profis für Erziehungsprozesse hervorzubringen - auch nicht, wenn in herkömmlichen Ausbildungssystemen immer noch so gelehrt wird. Nach wie vor festigen Bildungseinrichtungen eher den Objekt- als den Subjektstatus der Erzieher/innen selbst, da sie häufig als Objekt von Lernprozessen betrachtet werden. Die postmoderne Sichtweise von erzieherischem Handeln fordert eine Gestaltung von Ausbildungsprozessen ein, die fähige Koproduzent(inn)en für den Erziehungsbereich hervorbringt: Wie ihre Handlungskompetenzen im Feld aufgebaut werden, darf nicht weiterhin dem Zufall überlassen werden. Ausbildungen müssen entwicklungsförderliche Zugänge und Handlungsfähigkeiten garantieren, ohne jedoch den subjektiven „Unikats"-Status zu schmälern.

Viele bemühen sich, bestehende Ausbildungssysteme zu reformieren. Eine gewisse strukturelle Hartnäckigkeit etablierter Bildungssysteme stellt jedoch ein großes Hindernis für diese längst fällig gewordenen Reformbemühungen dar. Der Theorie-Praxis-Bezug wird in den Beiträgen zur Reform der Erzieherausbildung bisher am kritischsten und intensivsten beleuchtet. Die Handlungslogik in der Praxis unterscheidet sich oft grundlegend von der vermittelten Logik in den Ausbildungseinrichtungen. Wie schwierig es ist, Wissen in Können und Theorie in Praxis zu übersetzen, davon können viele Praktiker/innen ein Lied singen: Die Ausbildung hat wenig für die praktische Tätigkeit gebracht, die Praxis ist etwas ganz anderes als die Theorie. Auf schnellstem Weg versucht man, das Gelernte nach der Ausbildungszeit wieder zu vergessen und die eigene Handlungsfähigkeit in der Praxis selbstständig weiterzuentwickeln. Da man auf sich allein gestellt ist, wie man das Handeln in der Praxis konzeptionell absichert, bleibt es auch mehr oder weniger dem Zufall überlassen, wie diese Kompetenzen aufgebaut werden.

Eine weitere zentral diskutierte Fragestellung bezüglich der Ausbildungssysteme von Erzieher(inne)n konzentriert sich auf die Breite der Ausbildung. Auf welche Handlungsfelder soll eine Erzieher/innen-Ausbildung vorbereiten? Soll sie spezialisieren oder einen breiten beruflichen Feldzugang ermöglichen? Für beides gibt es Für und Wider: Während eine auf Breite angelegte Ausbildung meist nicht hinreichend auf die praktischen Anforderungen in den jeweiligen spezifischen Handlungsfeldern vorbereitet, geht eine Schrebergartenmentalität zulasten einer Vielfalt an beruflichen Möglichkeiten für Absolvent(inn)en. So bleibt es dem Zufall überlassen, ob die spezifischen Anforderungen im Feld bewältigt werden können oder ein Transfer in ein verwandtes Berufsfeld gelingt.

Auch die geforderten Zugangsvoraussetzungen werden immer wieder kontrovers diskutiert. Es zeichnet sich eine Tendenz ab, die Bildungsvoraussetzungen von Erzieher(inne)n dem universitären Niveau anzugleichen. Die Sozialisation in Bildungseinrichtungen entfernt jedoch Erzieher/innen eher von den Lebenswelten, die Kindern und Jugendlichen vertraut sind. Folgende Frage mag vielleicht etwas provokant klingen, sie erscheint mir jedoch in diesem Zusammenhang einer Überlegung wert: Kann Sich-Einlassen überhaupt gelernt werden? Erzieher/innen mit höherem Bildungsabschluss haben zwar ein verstärktes Selbstverständnis als Expert(inn)en, sind aber mitunter weniger bereit, sich auch auf einen mühevollen Alltag mit Kindern und Jugendlichen in schwierigen Lebenslagen einzulassen. Erwachsene, die bereits unterschiedliche Lebenswelten kennengelernt haben, zeigen häufig eine höhere Bereitschaft, sich herausfordernden Situationen in der Praxis zu stellen. Es ist daher nachvollziehbar, dass sie von Kindern und Jugendlichen oft als Gegenüber mit höherer Glaubwürdigkeit erlebt werden. Für gelingende Erziehungsprozesse ist das intellektuelle Niveau weniger entscheidend, als dass die Erziehungsperson bereit ist, mit Kindern in einer Sandkiste zu spielen oder mit Jugendlichen auf einem Sportplatz herumzutollen.

Die Frage nach der Professionalisierung von Erzieher(inne)n ist nach wie vor ein brisantes Thema. Vielleicht ist es gerade aufgrund der vielen Ungewissheiten und dem Dickicht sozialer Wirklichkeiten in diesem Bereich nicht gelungen, diesbezüglich eine Eindeutigkeit herzustellen: „Bis heute besteht keine Einigkeit darüber, was Sozialpädagogik eigentlich konkret ist, was sie umgrenzt, inhaltlich und begrifflich fasst oder ausschließt und welches professionstheoretische Verständnis einer modernen Sozialpädagogik angemessen ist“ (Thole/Küster-Schapfl 1997, S. 8).

Auch wenn kein einheitliches Profil einer Erziehungsperson vorliegt, keine eindeutigen Wissensstände für diesen Bereich formuliert sind und die theoretischen Bezugspunkte häufig lediglich für Sprachspiele herangezogen werden, skizziere ich im Folgenden, was einen Profi in diesem Bereich auszeichnet. Ich beziehe mich dabei ausschließlich auf das Profil von Erzieher(inne)n, die Kinder und Jugendliche im Rahmen der Jugendwohlfahrt begleiten, betreuen und ihnen in unterschiedlicher Form einen förderlichen Alltag bieten. Diese Tätigkeit umfasst pädagogisches und alltagspraktisches Handeln in einem mehr oder weniger komplexen Interaktionsfeld. Der Komplexitätsgrad für Erzieher/innen steigt, je mehr Beteiligte in diesem Feld mitwirken, je widersprüchlicher die Erwartungen der Beteiligten sind und je größer die Autonomie im Handlungsfeld ist. Jede Erziehung - ob in einem Heim oder in einer professionellen Familie - ist ganzheitlich, komplex und lässt sich „... nicht durch Begriffe sezieren und in Einzelschritte aufgliedern“ (Kupffer 2003, S. 146). Im Handeln der Erzieher/innen vereinen sich einerseits die Rahmenbedingungen, Strukturen der Arbeit und die Fachlichkeit, andererseits persönliche Bindungs- und Beziehungsfähigkeit, Emotionalität und persönliche Integrität. Sie werden durch ihr Handeln Koproduzenten sozialer Wirklichkeiten von Kindern und Jugendlichen. Somit haben sie auch wesentlichen Einfluss auf deren Lebenswelt und deren Entwicklungsprozesse.

Rahmenbedingungen und Strukturen der Arbeit bleiben in den weiteren Ausführungen unberücksichtigt, gleichwohl sie eine qualifizierte Ausführung der persönlichen Dienstleistung fördern oder hemmen können. Da Erzieher/innen nur mit den Adressat(inn)en die Entwicklungsprozesse gestalten können, ist dafür der Begriff Entwicklungspromotor(inn)en zutreffender.

Kompetenzen von Entwicklungspromotor(inn)en

Im Erziehungsbereich ist die Entwicklung des Kindes und des Jugendlichen primäre Berufsaufgabe. Entwicklung wird hier als die aktive Auseinandersetzung mit sich selbst und der Umwelt, die sich im Verlauf der Lebensspanne verändert, definiert (nach Dreher 2004). Nun stellt sich die Frage, was Entwicklungsprofis mitbringen müssen, um bei Kindern und Jugendlichen aktiv die Auseinandersetzung mit sich selbst und mit ihrer Umwelt fördern zu können? Als Koproduzent der Wirklichkeit von Kindern und Jugendlichen muss das eigene Verhalten die Selbstregulation und -kontrolle unterstützten, die Sicherheit und das Vertrauen fördern sowie den Selbstwert und die Selbstverantwortung des Kindes und Jugendlichen stärken.

Entwicklungsförderliches Handeln regt zu aktiver Auseinandersetzung mit sich selbst und der Umwelt an, zeigt Handlungsspielräume und Grenzen auf, bezieht Kinder und Jugendliche in Entscheidungen ein und erkennt Entwicklungsschritte und

Fortschritte an. All dies fördert bei Kindern und Jugendlichen die Fähigkeit, zu interagieren; das Ergebnis ist Kooperation und aktive Auseinandersetzung mit dem Umfeld. Ausgehend von diesen Überlegungen werden die persönlichen und sozialen Fähigkeiten als zentrale Kompetenzen für Entwicklungspromotor(inn)en definiert. Auch Karin Lauermann (1998) bezieht sich darauf, dass die förderliche Beziehungsgestaltung zum Klienten die zentrale professionelle Kompetenz von Erzieher(inne)n ist:

> *„Gunnar Bernler und Lisbeth Johnsson (1995) sehen das Leitziel sozialberuflicher Ausbildung in der Professionsinitiierung, das heißt in der Grundlegung professioneller Kompetenz. Damit fordern die beiden Autoren, dass die Studierenden in der Ausbildung die für die künftige Berufsausbildung wichtigen Kenntnisse und Fertigkeiten erwerben, die dazu befähigen, die berufliche Beziehung in einer für die Klienten förderlichen Weise zu gestalten" (Lauermann 1998, S. 225).*

Erzieher/innen müssen daher selbst in der Lage sein, ihr Leben bewusst zu gestalten und sich mit der Umwelt aktiv auf einem reifen Niveau auseinanderzusetzen. Diese Kompetenzen beschreiben, wie die Auseinandersetzung mit sich selbst und mit den anderen geführt werden soll. Sie umfassen damit grundsätzliche Zugangsweisen und Haltungen sich selbst und anderen gegenüber. Daher sind wichtige persönliche Kompetenzen für diesen Beruf die Fähigkeit, selbstständig zu handeln, Entscheidungen zu treffen, Probleme zu lösen, die eigenen Gefühlslagen zu regulieren und unangemessenes Verhalten zu revidieren. Im Idealfall sind Entwicklungspromotor(inn)en fähig, zu kommunizieren und zu interagieren, können Vertrauen in Beziehungen fördern, lassen sich engagiert auf die aktuellen Herausforderungen mit Themen und Problemstellungen ihres Gegenübers ein und bringen Toleranz gegenüber andersartigem Verhalten auf.

Während der entwicklungspsychologische Ansatz mehr die Basiskompetenzen von Erziehungspersonen für die Förderung von Entwicklungsprozessen beschreibt, liefern die Autor(inn)en Appel/Stötzel/Schumann (Projektgruppe Wanja) anhand ihrer Differenzierung von pädagogischem Handeln eine weitere Hilfestellung zur Einschätzung der Handlungsfähigkeit im Umgang mit Kindern und Jugendlichen: „Mit dem Begriff pädagogisches Handeln sind all jene Aktivitäten angesprochen, die in direktem Bezug auf und in Interaktion mit den NutzerInnen getätigt werden" (Appel/Stötzel/Schumann 2001, S. 166). Die Art der sozialen Bezugnahme wird durch den Aspekt der

Zielorientierung und der Handlungsstrategie erweitert. Dabei geht es nicht nur darum, die aktive Auseinandersetzung mit sich selbst und mit der Umwelt anzuregen, sondern dieser aktiven Bezugnahme eine richtungweisende Komponente zu geben. Dieser Prozess selbst ist Gegenstand eines sozialen Aushandlungsprozesses, da der Adressat pädagogischer Handlungen gleichermaßen als autonomes Subjekt aktiv Einfluss auf seine Entwicklung und seine jeweilige Situation nimmt.

Die Projektgruppe Wanja hat vier Unteraktivitäten von pädagogischem Handeln herausgefiltert:

- Die Voraussetzung für die Betreuung ist der Aufbau einer Vertrauensbeziehung zu den Kindern und Jugendlichen mit ihren Hoffnungen, Ängsten und Bedürfnissen.
- Durch das Aushandeln von Handlungszielen, Regeln und Verantwortlichkeiten wird in der Interaktion mit den Kindern und Jugendlichen das Zusammenspiel geregelt.
- Das Aushandeln und Entwickeln von Betreuungszielen unter Miteinbezug des Kindes und Jugendlichen entscheidet oftmals über den Erfolg oder Misserfolg einer Betreuung.
- Das Entwickeln von Handlungsstrategien bezieht sich auf die Umsetzung der Ziele.

Die Wirksamkeit von Erzieher(inne)n steigt, je besser es ihnen gelingt, an den Wirklichkeitskonstruktionen der Beteiligten anzuknüpfen, einen Verhandlungsprozess einzuleiten und dadurch die aktive Auseinandersetzung mit dem anderen und der Umwelt zu fördern. Eines der wichtigsten Kennzeichen eines Profis ist daher die Fähigkeit, sich einen Zugang zur Welt des Kindes und Jugendlichen zu erarbeiten: Ist ein/e Entwicklungspromotor/in in der Lage, situationsunangemessene Verhaltensweisen mittels der Rekonstruktion der biografischen Erfahrungen des Kindes oder der/des Jugendlichen in seiner Bedeutung zu entschlüsseln, zu verstehen und anzunehmen? Es geht darum, neue Formen der Auseinandersetzung und Zugangsweisen anzuregen, ohne jedoch dabei zu unter- oder zu überfordern. Das setzt voraus, dass man sich sowohl auf emotionaler als auch auf kognitiver Ebene aufeinander einlässt. Ein gefühlsmäßiges Verstehen unangemessener Verhaltensweisen erleichtert die emotionale Annahme des Gegenübers, Wissensstände fördern hingegen die Nachvollziehbarkeit solcher Verhaltensweisen.

Die Steuerung der Entwicklungsprozesse kann durch unterschiedliche methodische Zugänge unterstützt werden. Wie bereits die Ergebnisse in der Psychotherapieforschung bestätigen, ist auch in Erziehungsprozessen davon auszugehen, dass die unterschiedlichen methodischen Zugänge und Theorien nur einen Teil der Wirksamkeit ausmachen. Viel entscheidender ist die Persönlichkeit des Entwicklungspromotors bzw. der -promotorin und wie er bzw. sie sich mit dem Kind oder Jugendlichen in Beziehung setzen kann. Fachliche Orientierungen und methodische Zugänge sind nur dann wirksam, wenn sich Erziehende diese zu eigen gemacht haben und im Handeln integriert zum Ausdruck bringen.

In Beschreibungen über den Sinn von Professionalisierung bei Erzieher(inne)n verweist Hans Thiersch besonders auf folgenden Aspekt: „Professionalität als Distanz ist eine Voraussetzung dafür, dass nicht Willkür, Einseitigkeit, Befangenheit, sublime Macht und kolonialisierende Projektionen das pädagogische Handeln bestimmen" (Thiersch 1998, S. 266). Professionalität stellt in erster Linie auch einen Schutz für Erzieher/innen vor Gefühlsverstrickungen, Selbstausbeutung und auch vor Burn-out dar, da eigene Bedürfnisse und Grenzen besser beachtet werden. Profis sind sich der persönlichen Kompetenzen bewusst und können auch die Welt des anderen besser von der eigenen Wirklichkeitskonstruktion unterscheiden. Sie kennen ihren eigenen Schatten und bekämpfen diesen nicht im Gegenüber. Es ist ein Zeichen von Professionalität, zu erkennen, wofür man kompetent ist und wofür nicht: Welchen Herausforderungen fühle ich mich gewachsen, welchen nicht? Profis gestehen sich Fehler ein und erkennen die Lernchancen solcher Situationen. Auf diese Weise schaffen sie eine entwicklungsförderliche Fehlerkultur.

Über die Kunst, Ausbildungsprozesse zu gestalten

Einrichtungen im Bildungswesen sind soziale Gebilde und sind daher immer in Hinblick auf die gesellschaftlichen Bedingungen sowie Überzeugungen über Erziehung und Entwicklung von Kindern und Jugendlichen zu reflektieren. Erzieher/innen in Ausbildung sind daher nicht wie passive Empfänger/innen und Reproduzent(inn)en übermittelten Wissens zu behandeln. Im Ausbildungsprozess gilt es, die Person als Koproduzenten sozialer Wirklichkeiten in den Mittelpunkt zu stellen und zu erkennen und zu reflektieren, in welcher Weise ihre Auseinandersetzung mit sich selbst und der Umwelt geschieht. Diese Auseinandersetzung ist auf mehreren Ebenen anzuregen und miteinander zu verknüpfen. Die Säulen der Kompetenzentwicklung beziehen sich vor allem auf drei Bereiche: Praxiserfahrungen, Persönlichkeitsbildung und fachspezifische Bildung. Diese Lernprozesse finden auf allen Ebenen in einem interaktiven und kooperativen Prozess statt. Ihr Ziel ist es, die Ausbildung eigener Fähigkeiten und kreativer Möglichkeiten anzuregen und selbstbestimmtes, eigenständiges Handeln zu fördern. Um den Sinn und die Bedeutung zu verstehen, die Erzieher/innen sozialen Prozessen einräumen, sind die Lernprozesse auf allen Ebenen zu reflektieren. Die subjektiven Lernprozesse können sinnvollerweise nur auf individueller Ebene evaluiert werden, um in Erfahrung zu bringen, wie die Auseinandersetzung damit erfolgte.

Begleitete Praxiserfahrungen

Die Kluft zwischen Praxis und Theorie ist nicht zu überwinden, wenn nicht von den Ausbildungsteilnehmer(inne)n erkannt wird, welchen Nutzen Theorie und Wissen für die Praxis haben und wie umgekehrt die Praxis die Theoriebildung beeinflusst. Die praktischen Erfahrungen im Umgang mit Kindern und Jugendlichen zeigen in der Regel den größten Lerneffekt. Der ganze Mensch ist am Lernen beteiligt, wenn er in Erfahrungen persönlich involviert ist. Seine Handlungsfähigkeit wird in solchen Situationen am deutlichsten erlebbar.

Dem könnte allerdings entgegengehalten werden, dass es für Kinder und Jugendliche eine Zumutung sei, unausgebildete Kräfte auf ihre Welt einwirken zu lassen. Dasselbe gilt allerdings auch für Berufseinsteiger/innen nach herkömmlichen Ausbildungen. Viele erleben sich in der Praxis ganz auf sich selbst gestellt. Diese praktischen Erfahrungen sind daher fachlich zu begleiten, um die Lernprozesse zielgerichtet zu unterstützen. Die Begleitung dient zum einen dazu, die Reflexionsfähigkeit in Bezug auf gemachte Erfahrungen einzuüben, die Interaktions-beziehungen in ihrer Komplexität begreifbarer zu machen, und zum anderen auch dazu, fachliche Orientierungen und Anhaltspunkte für gelingende Zugänge anhand konkreter Erfahrungen weiterzuvermitteln.

Reflexion des persönlichen Entwicklungsprozesses

Initiierte Lernprozesse sind weiters in Bezug auf das Erkennen der eigenen Anteile und auf persönliche Veränderungen zu reflektieren, um die Auseinandersetzung des Individuums mit sich selbst zu fördern. Grundsätzlich baut die Reflexion auf die

Selbstwahrnehmung und das persönliche Erleben auf. Rückmeldungen sind jedoch ein ganz wichtiges Element, um die aktive Auseinandersetzung mit sich selber anzuregen und die eigene Sichtweise zu erweitern. Weiters werden die persönlichen Lernprozesse im Dialog mit den Ausbildungsteilnehmer(inne)n ausgehandelt. Da es in einem dyadischen Setting einfacher ist, sich auf persönliche Entwicklungsprozesse einzulassen, nutzen wir die Instrumente Coaching, Supervision und Ausbildungsbegleitung im Einzelsetting. Auch wenn jede Art individueller Gestaltung von Lernprozessen sehr ressourcenintensiv ist, lohnt es sich doch, da in dieser Form die persönlichen Lernchancen am stärksten intensiviert werden. In einem solchen Setting können die erforderlichen persönlichen Fähigkeiten effektiver trainiert werden, wenn beispielsweise Angst und Unsicherheit die Handlungsfähigkeit blockieren.

Soziales Lernen in der Ausbildungsgruppe

Die Gruppe eignet sich am besten, um soziales Lernen im Rahmen von Ausbildungsprozessen zu fördern. Unterschiedliche Interessen und Bedürfnisse tauchen auf, unterschiedliche Zugänge und Wahrnehmungen werden eingebracht wie auch unterschiedliche Erfahrungswelten und Begegnungsformen im Umgang mit Kindern und Jugendlichen. Innerhalb der Gruppe werden Wahrnehmungen und Erfahrungen des Gegenübers nachvollziehbar und verstehbar gemacht sowie soziale Aushandlungsprozesse erfahren. Für die Förderung von Kompromissfähigkeit sind Gruppenerfahrungen ebenfalls ein wichtiges Erfahrungsfeld. Gleichzeitig wird anhand der Gestaltung der Gruppenprozesse unmittelbar erlebt, wie durch die Gestaltung des Miteinanders gegenseitige Wertschätzung und Vertrauen wachsen können und gegenseitige Unterstützung bei Lernprozessen erfahrbar wird. Eigene Erlebnisweisen innerhalb von Gruppenprozessen können reflektiert und ein konstruktiver Umgang mit Konflikten kann eingeübt werden.

Aktive Auseinandersetzung mit Wissensständen und Theorien

Weiters ist im Rahmen von Ausbildungsprozessen die aktive Auseinandersetzung mit Wissensständen und Theorien, die für Entwicklungspromotor(inn)en notwendig sind, zu fördern. Je intensiver die Eigeninitiative in Bezug auf den Erwerb von Wissensständen stimuliert wird und die Vermittlung an den individuellen Zugängen der Ausbildungsteilnehmer(inne)n und ihren subjektiven Erfahrungen anknüpft, umso nachhaltiger werden die persönlichen Lernerfahrungen sein. Fachspezifisches

Wissen wird gemeinsam erarbeitet, kritisch hinterfragt und mit den Praxiserfahrungen in Bezug gesetzt. Damit steigt die Wahrscheinlichkeit, dass diese Erkenntnisse Einfluss auf die Wirklichkeitskonstruktionen von Erzieher(inne)n gewinnen. Es geht um die Kompetenz, persönliche Erfahrungen mit Hilfe von Theorien und Erklärungsansätzen zu reflektieren und eigene Handlungsstrategien zu entwickeln.

In jüngerer Vergangenheit haben sich viele neue und innovative Formen der Auseinandersetzung mit Wissensständen und fachspezifischen Inhalten entwickelt wie zum Beispiel projektorientierte Formen, fächerübergreifende Zugänge. Im speziellen Setting der Ausbildung von Erzieher(inne)n geht es um eine Annäherung der Lernformen, die auch in der Lebenswelt mit Kindern und Jugendlichen einsetzbar sind. Die Lernprozesse in Bildungseinrichtungen für Erzieher/innen entsprechen aber immer noch nicht der Logik des Alltagslebens: „(...) das Leben in Lernen á 45-Minuten-Einheiten, Tages- und Schuljahresblöcke vorgegeben zergliedert und das dem Wissenskonsum das Wort redet - wie sollen daraus kreative und flexible Mitarbeiter werden?“ (Küppers zitiert nach Lauermann 1998, S. 158).

Lernprozesse orientieren sich an der beruflichen Lebenswelt

Zu Recht werden meines Erachtens die Bildungsprozesse von Erzieher(inne)n kritisch hinterfragt. Bereitet diese Art der Lernprozesse in Ausbildungsinstitutionen hinreichend auf die Anforderungen in der Praxis vor? Von Erzieher(inne)n wird unter anderem Flexibilität, Offenheit und Pragmatik verlangt, um angemessen mit Situationen in der Betreuung von Kindern und Jugendlichen umgehen zu können. Die Beteiligung von Kindern und Jugendlichen ist dabei eine Voraussetzung, da diese für den Erfolg von pädagogischen Prozessen entscheidend sein kann. Die Strukturen der Ausbildungsinstitutionen sind jedoch oft gegensätzlich zu diesen Anforderungen gestaltet: Es gibt kaum Zeit für persönliche Beziehungsgestaltungen, sowohl Strukturen als auch Inhalte sind festgelegt und kaum veränderbar, die Partizipationsmöglichkeiten der Ausbildungsteilnehmer/innen oft begrenzt. Die Bearbeitung der Themen erfolgt in zerstückelten Einheiten, was in der Praxis nicht der Fall ist: Dort tauchen Themen auf und treten erst wieder in den Hintergrund, wenn sie bewältigt wurden. Seminarstrukturen entsprechen dieser Logik eher als Stundeneinheiten.

Auch die Leistungsnachweise der Ausbildungsinstitute haben oft wenig mit einer Evaluierung des pädagogischen Erfolges in der Praxis zu tun. Es würde einhellig als Unsinn betrachtet werden, die Entwicklung eines Kindes oder Jugendlichen in der Praxis mit Noten zu bewerten, da die pädagogischen Prozesse in der Regel in einem interaktiven Prozess evaluiert werden. Da die Ausbildungsinstitute selbst eine Vorbildfunktion für die Gestaltung von entwicklungsförderlichen Rahmenbedingungen von Lern- und Entwicklungsprozessen haben, sollten alle Lernprozesse besser auf das Handlungsfeld abgestimmt werden. Es geht darum, eine stärkere Theorie-Praxis-Verschränkung zu schaffen, selbstbestimmte Lernformen zu fördern und die Partizipation bei der Erarbeitung der Themen zu ermöglichen. Ebenfalls ist es sinnvoll, die Lernprozesse persönlich zu begleiten, zu reflektieren und im Dialog zu evaluieren, eine Feedbackkultur zu etablieren und den Nachweis von Lernerfolgen so praxisnah wie möglich zu gestalten (Falldarstellungen, Referate, Projekte etc.).

Exkurs: Qualitätskriterien - Kompass oder Sackgasse?

Der Diskurs über Qualitätskriterien persönlicher Dienstleistungen bringt zum Ausdruck, dass es ein Bedürfnis nach klaren, einfachen und sicheren Antworten gibt. Es wird nach einer Vereinfachung und Orientierung in einer komplexen sozialen Welt verlangt. Wassilios E. Fthenakis bringt es treffend zum Ausdruck, wenn er schreibt:

> *„Die Definition von Qualität ist ein exklusiver, didaktischer Prozess einer kleinen Gruppe mit dem Anspruch, darüber befinden zu können, was richtig und falsch ist. Es ist kein dialogischer, verhandelter Prozess zwischen allen Parteien. Qualität wird als universelle Wahrheit, kulturfrei und überall anwendbar dargestellt, kurz: Qualität ist ein dekontextualisiertes Konzept" (Fthenakis 2002, S. 9).*

Eine Reduzierung auf ein paar allgemein gültige Kriterien wird der Komplexität des Alltags in einer Einrichtung für Kinder und Jugendliche nicht gerecht. Auch der Umgang mit Unsicherheiten ist ein Wesensmerkmal dieses Feldes. Wer weiß schon, wie sich das Kind entwickeln wird, wie es auf ein Angebot reagiert und was es daraus macht? Da Kinder und Jugendliche Adressaten einer persönlichen Dienstleistung von Er-zieher(inne)n sind, ist die Qualität nicht ohne sie zu definieren. Qualität im pädagogischen Bereich ist daher immer erst kontextabhängig verständlich, wie das folgende Beispiel zeigt: Bringt eine Erziehungsperson aus nachvollziehbaren Gründen zum Ausdruck, dass sie heute nicht wie sonst in der Lage ist, sich auf die Anforderungen mit den Kindern und Jugendlichen einzulassen, kann dies mitunter ein menschliches Vorleben im Umgang mit eigener Befindlichkeit bedeuten. Ist dieses Verhalten allerdings wiederkehrend erlebbar, kann es als mangelndes Einlassen auf Kinder und Jugendliche wahrgenommen werden.

Unabhängig davon erscheinen allerdings Qualitätskriterien erforderlich, um den Handelnden Sicherheit und Orientierung zu geben. Angenommen, es würde die Bewertung von Qualität rein aus der Interaktion abgeleitet werden, unterliegt sie ausschließlich der Subjektivität und Relativität. Auf diese Gefahr verweist bereits Perker (1999) in seiner Definition von Qualität. Er beschreibt die Qualität im Sozialbereich als die Beschaffenheit, Nützlichkeit und Güte einer Handlung oder eines Gegenstandes. Ein rein subjektiver Zugang lässt jedoch alle Interpretationsräume offen und entzieht sich vollständig der objektiven Bewertung professioneller Handlungen. Er verweist bereits auf die Notwendigkeit einer gemeinsamen Orientierung an fachlichen Standards, um aus der Subjektivität auszusteigen. Da in der Praxis ein konfliktbehaftetes Zusammenspiel sowohl durch unterschiedliche Interessen aller Beteiligten bei einer Fremdbetreuung als auch durch unterschiedliche Werte und Interpretationen von Verhaltensweisen gegeben sein kann, stellt die Definition von fachlichen Standards sowie Qualitätskriterien ein Erfordernis und eine Erleichterung für die Handelnden dar. Ein/e Erzieher/in nimmt aufgrund ihrer/seiner Aufgabe als Entwicklungspromotor/in möglicherweise einen anderen Fokus ein als das Kind, der/die Jugendliche, die Eltern, die Institution bzw. das Jugendamt selbst. Eine Definition von Qualitätskriterien löst die unterschiedlichen Wirklichkeitskonstruktionen nicht auf, erleichtert aber die Begründbarkeit von professionellen Handlungen der Erzieher/innen.

Dass sich die Qualität des Handelns nicht objektivieren lässt, betrifft alle persönlichen Dienstleistungen. Seit Beginn der Qualitätsdebatte in den 90er Jahren antworten Einrichtungen im Bereich der Pflege und Erziehung darauf mit qualitätssichernden Maßnahmen. Seither liegen für Erzieher/innen Leistungsbeschreibungen vor, und es werden Vereinbarungen darüber getroffen, wie diese qualitativ und zuverlässig umgesetzt und überprüft werden können. Die Qualitätskriterien versuchen, den Erzieher(inne)n Sicherheit zu geben, um nicht völlig der subjektiven Bewertung der Beteiligten ausgeliefert zu sein. Eine Sackgasse wäre es allerdings, wenn dadurch kontextualisiertes, flexibles und authentisches Handeln von Erzieher(inne)n blockiert würde. Ob im Rahmen eines

Betreuungsverhältnisses die richtigen Dinge getan wurden, kann nur in Bezug auf den Handlungskontext und mithilfe der Koproduzenten eingeschätzt werden. Die Beurteilung des Erfolges selbst wird zu einer sozialen Konstruktion und kann nur im Dialog erfolgen. Betreuungsprozesse sind daher ein dynamischer Prozess, situationsbedingt und nur bedingt planbar.

Ausbildungsinstitutionen haben zu gewährleisten, dass die Interaktionsformen und Handlungsweisen der Erzieher/innen entwicklungsförderlich sind und in professionellen Handlungen auftragsbezogen und wirksam umgesetzt werden können. Sie sind daher dazu aufgefordert, die erforderlichen Wissensbestände und methodischen Zugänge zu vermitteln, sowie die personenbezogenen Qualitäten und die Handlungsfähigkeit im pädagogischen Alltag zu fördern: Die Jugendwohlfahrtsbehörde möchte davon ausgehen können, dass der gesetzliche Auftrag erfüllt werden kann, Kinder und Jugendliche haben ein Recht darauf, jene Entwicklungsbedingungen zu erfahren, die für ihre Weiterentwicklung eine notwendige und hinreichende Voraussetzung darstellen.

Zukunftsweisende Qualitätsmerkmale von Ausbildungsprozessen

Da die Definition von Qualitätskriterien den Kontextbedingungen nicht gerecht wird, wird im Folgenden von Qualitätsmerkmalen gesprochen. Diese sind auf Prozesse bezogen und werden im Dialog evaluiert. Kriterien vermitteln eine scheinbare Objektivität, die es allerdings in Prozessen nicht gibt. Die vorliegenden Qualitätsmerkmale wurden im Rahmen der berufsbegleitenden Ausbildung in Familienpädagogik in Wels/Österreich entwickelt (Colleg für FamilienPädagogik). Dabei handelt es sich um ein ganzheitliches Ausbildungskonzept, das die Ausbildungsprozesse auf mehreren Ebenen aktiv und zielgerichtet fördert. Die Ausbildungsteilnehmer/innen werden dabei als Koproduzenten aller Lernprozesse wahrgenommen.

Unser Blick richtet sich keinesfalls darauf, standardisierte Profis zu produzieren. Unser Ziel ist es, Unikate für den pädagogischen Bereich auszubilden und gleichzeitig ihre Kompetenzen als Entwicklungspromotor(inn)en abzusichern. Wir gehen von den subjektiven Voraussetzungen der Teilnehmer/innen aus, versuchen ihre unterschiedlichen Zugänge, Stärken und Verstehensweisen zu begreifen und diese auch weiterzuentwickeln und gleichzeitig Basiskompetenzen abzusichern. In der Eigenverantwortung der Ausbildungsteilnehmer/innen liegt hingegen die aktive Steuerung des persönlichen Lernprozesses und die Auseinandersetzung mit dem angebotenen Fach- und Erfahrungswissen. Sie erhalten für die Steuerung der persönlichen Lernprozesse einen definierten Entscheidungs- und Handlungsspielraum, innerhalb dessen sie sowohl inhaltliche Schwerpunktsetzungen als auch die Ausbildungsdauer eigenverantwortlich steuern können. Folgende Qualitätsmerkmale sind aus unserer Sicht für die Evaluierung der Qualitäten von Entwicklungspromotor(inn)en relevant.

Aktive und eigenverantwortliche Wahrnehmung der individuellen Lernziele im Rahmen des Ausbildungsprozesses

Gemeinsam mit jedem/r Ausbildungsteilnehmer/in werden individuelle Lernziele nach einer ersten Ausbildungsphase definiert. Die Basis dafür stellen die Erfahrungen in der Praxis, mit dem Praktikumsfeedback und den Wahrnehmungen der Begleitpersonen dar. Eine weitere Grundlage dazu liefert uns ein Entwicklungsassessment vor Aufnahme in den zweiten Teil des Ausbildungsprozesses, in welchem der Umgang mit sich selbst und mit anderen sowie die Reflexionsfähigkeit überprüft werden. Die aktuellen Kompetenzen werden von mehreren Assessor(inn)en in verschiedenen Übungen beobachtet und als Wahrnehmungen im Dialog zurückgespielt. Die persönlichen Lernschritte werden in personenbezogenen Unterstützungsprozessen gefördert und in regelmäßigen Abständen mit der Lehrgangsleitung reflektiert (Zwischenreflexionsgespräche) und transparent gemacht. Mittels Feedback werden Impulse bzw. Interventionen zur Entwicklungsförderung gesetzt. Die Lernerfolge sowie neu auftauchende Lernziele werden schriftlich dokumentiert. Die Form der Auseinandersetzung mit den individuellen Lernzielen zeigt auf, inwieweit der/die Ausbildungsteilnehmer/in bereit ist, sich eigenverantwortlich und aktiv den persönlichen Entwicklungsprozessen zu stellen.

Nachweis über die Absolvierung aller Ausbildungsbestandteile

Ein Qualitätsmerkmal unserer Ausbildung ist, dass ein Nachweis über die Absolvierung aller Bestandteile der Ausbildung vorliegen muss. Ist eine Teilnahme an Ausbildungsangeboten nicht möglich, müssen diese in einer alternativen und adäquaten Form nachgeholt werden: entweder durch eine schriftliche Aufbereitung des Themas, durch ein mündliches Gespräch über die fachlichen Inhalte oder durch die

Teilnahmebestätigung an einem vergleichbaren Seminar. In welcher Form der Nachweis adäquat erfolgen kann, wird gemeinsam mit der Lehrgangsleitung ausgehandelt. Die dahinter liegende Botschaft ist, dass alle vereinbarten Ausbildungsinhalte für den Arbeitsbereich relevant sind.

Verbindliche Kooperationsfähigkeit

Eine wichtige Voraussetzung für das Gelingen von Betreuungsprozessen stellt auch die Fähigkeit dar, eine verbindliche Kooperationsbasis mit allen Beteiligten im Rahmen dieses Ausbildungsprozesses herstellen zu können. Diese Fähigkeit wird anhand des Umgangs mit allen am Ausbildungsprozess beteiligten Kooperationspartner(inne)n deutlich: Inwieweit ist der/die Ausbildungsteilnehmer/in in der Lage, sich in Beziehung zu setzen und eine der Aufgabenstellung entsprechende Beziehung aufzubauen? Anhand der Handlungsweisen im Rahmen des Ausbildungsprozesses wird ihre/seine Kooperationsfähigkeit reflektiert und gemeinsam eingeschätzt.

Transparenz der persönlichen Stärken und Schwächen im Umgang mit sich selbst und anderen

Eine realistische Einschätzung der individuellen Stärken und Schwächen stellt die Basis für eine entwicklungsförderliche Gestaltung pädagogischer Prozesse dar. Wir evaluieren die persönlichen und fachlichen Kompetenzen im Gespräch und dokumentieren diese in Form einer schriftlichen Beschreibung der persönlichen und fachlichen Voraussetzungen für den Betreuungsbereich. Diese Evaluierung erfolgt in zwei Etappen: nach dem ersten Teil der Ausbildung und nach Abschluss aller Ausbildungsbestandteile. Die Basis für diese Form der Evaluierung bildet die Selbstwahrnehmung der Ausbildungsteilnehmer/innen. Die Wahrnehmbarkeit, Nachvollziehbarkeit und Kongruenz ihrer Aussagen wird in einem kommunikativen Prozess mit Personen, die direkt an der Ausbildung beteiligt sind, eingeschätzt und durch Fremdwahrnehmungen erweitert. Diese Einschätzungen sind immer prozesshaft und personenbezogen zu sehen und nur bedingt durch beobachtende Beschreibungen objektivierbar. Wir versuchen, der nicht auszuschließenden Subjektivität mittels Transparenz des Evaluierungsergebnisses zu begegnen.

Wir evaluieren, inwieweit Ausbildungsteilnehmer/innen

- Eigenaktivität in der Auseinandersetzung mit sich selbst und der Umwelt zeigen und Verantwortung dafür übernehmen;

- in der Lage sind, ihre persönlichen Stärken und Schwächen realistisch einzuschätzen und kongruent zu vermitteln;
- ihre eigenen Gefühle steuern und Frustrationen regulieren können;
- Problemlösungs- und Konfliktlösungsverhalten zeigen und Entscheidungen treffen;
- eigene Bedürfnisse, Haltungen und subjektive Erlebnisweisen kommunizieren können;
- sich in ihr Gegenüber einfühlen können und in der Lage sind, deren Perspektive einzunehmen;
- ihre Selbstwirksamkeit erleben können und fähig sind, eigenes Verhalten zu ändern.

Einschätzung von entwicklungsförderlichen Haltungen

Anhand der Reflexion von Praxiserfahrungen (schriftlich und mündlich) werden ebenfalls entwicklungsförderliche Haltungen dem Kind und Jugendlichen gegenüber evaluiert:

- Wird das Kind bedingungslos wertgeschätzt und akzeptiert?
- Wird dem Kind aktives Interesse an seinen Aktivitäten und Erlebnisweisen entgegengebracht?
- Wird dem Kind eine anregungsreiche Umgebung geboten und kann es selbst in Situationen aktiv werden?
- Kann das Kind Routine im Alltag erleben?
- Wird dem Kind Verantwortung übertragen?
- Werden dem Kind angemessene Grenzen gesetzt?
- Werden dem Kind keine vorgefertigten Lösungen angeboten?
- Wird dem Kind zu Erfolgserlebnissen verholfen?
- Wird dem Kind geholfen, eigene Stärken und Schwächen selbst zu erkennen?
- Wird das Kind ermutigt, seine Gefühle und Sichtweise auszudrücken?
- Werden dem Kind Fehler als Feedback und als Lernchance vermittelt?
- Wird das Kind unterstützt, sich selbst Ziele zu setzen, die erreichbar sind?
- Werden realisierbare Erwartungen an das Kind gestellt?

Begründbarkeit und Plausibilität von professionellen Handlungen

Da es keine hinreichend anerkannten Regeln gibt, nach denen in einer bestimmten Ausgangslage eine pädagogische Handlungsweise als richtig und erfolgreich beurteilt werden kann, sind Handlungen unter Einbezug von Fachwissen und theoretischen Konzepten zu begründen und nachvollziehbar zu machen. Von Entwicklungspromotor(inn)en kann erwartet werden, dass sie wissen, was sie tun und warum sie genau diese Hilfestellung bzw. dieses Beziehungsangebot setzen. Die Basis für diese Einschätzung liefert eine differenzierte Beschreibung des pädagogischen Handelns:

- Erfassen der Ausgangslage: Inwieweit gelingt es dem/der Ausbildungsteilnehmer/in die Welt des Kindes oder der/des Jugendlichen sowie die Beziehungsdynamik im Feld zu begreifen und auf dieses Verständnis sein/ihr pädagogisches Handeln aufzubauen?

- Rollenklarheit im Handeln: Welche Klarheit besitzt der/die Ausbildungsteilnehmer/in über seine/ihre Rolle im Betreuungsprozess und wie durchgängig kann dieses Verständnis dem Auftrag entsprechend in Interaktionen umgesetzt und reflektiert werden?

- Beziehungsaufbau: Inwieweit wird durch die Beschreibung der Betreuungsbeziehung deutlich, dass in der Interaktion Vertrauen gefördert werden kann und Sicherheit im Umgang mit den Gefühlen und Bedürfnissen des Kindes vermittelt wird?

- Formulierung angemessener Lernziele: Die aufgrund von Wahrnehmungen und Informationen entstandenen pädagogischen Deutungsmuster müssen ebenso wie die Lernziele, die für die Entwicklung des Kindes oder der/des Jugendlichen abgeleitet werden, transparent gemacht werden.

- Geeignete Handlungsstrategien: Es geht darum, im Umgang mit den Lernzielen entsprechende Methoden und Zugänge aufzuzeigen, damit Handlungsstrategien in Bezug auf ihre Wirkung und ihren Erfolg eingeschätzt werden können.

- Reflexionsfähigkeit: Die Fähigkeit zur Reflexion persönlicher Anteile an sozialen Handlungen ist Voraussetzung für eine angemessene selbstkritische Haltung und Distanz zum sozialen Geschehen. Eine kritische Haltung zu sich selbst ermöglicht, dass eingeschlagene Wege wieder revidiert werden, wenn diese nicht fruchten oder eine Änderung angebracht ist. Damit wird verhindert, dass sich weder starre Muster einbürgern noch dass pädagogisches Handeln willkürlichen Versuchen und Irrtümern unterliegt.

Schlussbetrachtung

Ausbildungsprozesse von Erzieher(inne)n in herkömmlichen Bildungsinstitutionen werden den heutigen Anforderungen in der pädagogischen Praxis wenig gerecht. Geht man vom Bild der Postmoderne aus, sind Erzieher/innen ebenso wie Kinder und Jugendliche selbst Koproduzenten sozialer Prozesse; sie schreiben den Situationen Sinn und Bedeutung zu und richten ihr Handeln darauf aus. In den Ausbildungsinstitutionen wird allerdings nach wie vor so getan, als ob es einfach genüge, entsprechendes Wissen und fachliche Orientierungen zu geben, um den Anforderungen gewachsen zu sein. Wird die postmoderne Betrachtungsweise ernst genommen, so setzt dies allerdings ein radikales Umdenken in der Gestaltung der Ausbildungsprozesse voraus, die den Subjektstatus von Erzieher(inne)n betonen.

Die Prozessinitiierungen beziehen sich in erster Linie auf eine zielorientierte Förderung der aktiven Auseinandersetzung mit sich selbst und mit dem Umfeld von Erzieher(inne)n. Die Strukturen und Rahmenbedingungen der Ausbildung sind dabei der Logik des Berufsfeldes anzunähern. Darauf aufbauend werden zukunftsweisende Schlussfolgerungen für die Gestaltung von Ausbildungsprozessen gezogen.

Um pädagogisches Geschick nicht dem Zufall zu überlassen, haben Ausbildungsinstitute gleichzeitig sicherzustellen, dass die Kompetenzen von Erziehungsprofis hinreichend entwickelt wurden. Da Entwicklung ihr Hauptgegenstand ist, lassen sich Entwicklungspromotor(inn)en selbst am Ende einer Ausbildung weder an einfachen und operationalisierbaren Qualitätskriterien noch an Noten messen. Diese werden der komplexen Wirklichkeit pädagogischen Handelns im Alltag nicht gerecht. Auch das Handeln selbst kann nicht angemessen entkontextualisiert bewertet werden. Da Qualitätsdefinitionen selbst Gegenstand von Wirklichkeitskonstruktionen sind, können diese nur im Dialog festgelegt und reflektiert werden. Konkret wird dies anhand von sechs Qualitätsmerkmalen für die Evaluierung der Kompetenzen von Ausbildungsabsolvent(inn)en im Rahmen des Collegs für FamilienPädagogik aufgezeigt. Die Bewertung der Qualität von persönlichen Dienstleistungen - wie Erziehung eine ist - bleibt daher immer in einer gewissen Subjektivität und Relativität verhaftet. Eine Möglichkeit, dieser Realität Rechnung zu tragen, ist eine gemeinsame Evaluierung der am Ausbildungsprozess beteiligten Personen.

Literatur

Appel, Michael / *Stötzel* Angelika / *Schumann* Michael (2001): Projektgruppe WANJA: Von der Selbstevalutation zum Wirksamkeitsdialog in der kommunalen Jugendhilfe/Jugendarbeit. In: *Schädler*, Johannes / *Schwarte*, Norbert / *Trube*, Achim (Hg.): Der Stand der Kunst. Qualitätsmanagement Sozialer Dienste. Votum Verlag, Münster, S. 148-191.

Dreher, Eva: Unveröffentlichter Vortrag im Colleg für FamilienPädagogik im Jahr 2004.

Fhenakis, Wassilios Emmanuel: Die Ausbildung von Erzieherinnen und Erzieher: Strategiekonzepte zur Weiterbildung von Ausbildungsqualität. Intranetveröffentlichung eines Referates, gehalten im Jahr 2002.

Heim, Rosa / *Posch*, Christian (Hg.) (2003): Familienpädagogik. Familiäre Beziehungen mit Kindern professionell gestalten. Studienverlag, Innsbruck / Wien / München.

Lauermann, Karin (1998): Sozialpädagogische Berufsausbildung. Studienverlag, Innsbruck/Wien/München.

Kupffer, Heinrich (2003): Sozialpädagogik und Familienpädagogik. In: Heim, Rosa / Posch, Christian (Hg.): Familienpädagogik. Familiäre Beziehungen mit Kindern professionell gestalten. Studienverlag, Innsbruck/Wien/München, S. 143152.

Merchel, Joachim (Hg.) (1999): Qualität in der Jugendhilfe. Kriterien und Bewertungsmöglichkeiten. Votum, Münster.

Perker, Peter (1999): Innensteuerung durch Supervision. In: Merchel, Joachim (Hg.) Qualität in der Jugendhilfe. Kriterien und Bewertungsmöglichkeiten. Votum, Münster, S. 312–325.

Projektgruppe WANJA (2000): Handbuch zum Wirksamkeitsdialog in der offenen Kinder- und Jugendarbeit. Votum, Münster.

Thiersch, Hans (1998): Profession und Person. Zur Berufsidentität von SozialpädagogInnen. In: *Böhnisch*, Lothar / *Rudolph*, Martin / *Wolf*, Barbara (Hg.): Jugendarbeit ein Lebensort. Juventa Verlag, Weinheim/München, S. 263–271.

Thole, Werner / *Küster-Schapfel*, Ernst (1997): Sozialpädagogische Profis. Leske & Budrich, Opladen.

von Spiegel, Hiltrud (Hg.) (2000): Jugendarbeit mit Erfolg. Votum, Münster.

Hilweg, Werner

Studium der Psychologie in Wien, Psychotherapeut, Klinischer Psychologe; Qualitätsmanager-sozial; Leiter des Bereichs Qualitätssicherung/SOS-Kinderdorf Hermann-Gmeiner-Akademie; Initiator des Projektes Quality4Children

Posch, Christian

Klinischer Psychologe, Gesundheitspsychologe, Psychotherapeut; Ausbildung als Leichtathletiktrainer, Betriebswirtschaftsausbildung am Management Center in Innsbruck, Qualitätsmanager ISO 9000/02000.
Seit Oktober 1986 beim SOS-Kinderdorf beschäftigt, ab 1988 Leitung des Sozialpädagogischen Instituts. Leiter des Fachbereiches Pädagogik seit dessen Gründung 1993. Zuständig für Programm-, Qualitäts- und Personalentwicklung im SOS-Kinderdorf.
Finder der professionellen FamilienPädagogik, Initiator von www.ju-quest.at. und des Projektes www.quality4children.info.

Borgen, Svein-Even

Abitur an einer technischen Fachschule 1998, seit 2001 bei einer Firma als Tischler angestellt. Er durchlief als Jugendlicher mehrere Stationen der Fremdunterbringung.
Er engagiert sich für Kinder und Jugendliche in Fremdunterbringung, wie z.B. im Rahmen von Quality4Children oder im Rahmen von IFCO. Gemeinsam mit einem Freund startete er 2004 die Initiative BMB (Barnevernsbarnas Møteplass i Bergen) für Kinder und Jugendliche, die entweder in Fremdbetreuung waren bzw. noch sind.

Bürger, Sandra

Derzeit Studium der Betriebswirtschaftslehre an der Universität Innsbruck, lebte von 2002 - 2005 im „Betreuten Wohnen" von SOS Kinderdorf, seit 2006 Mitglied der Steuerungsgruppe Quality4Children.

Cantwell, Nigel

Berater im Bereich Kinderschutz, Genf. Seit Mitte der siebziger Jahre in internationalen NGOs mit Kinderangelegenheiten engagiert, war während des Entwurfsprozesses Koordinator der NGO-Gruppe für Kinderrechte. Von 1994 bis 2003 bei UNICEF, zunächst als hauptberuflicher Berater in Kinderrechtsfragen und später in Mitarbeiterfragen beim UNICEF Innocenti Research Centre in Florenz. Seine wichtigsten Fachgebiete sind Kinder, die ohne Eltern aufwachsen, grenzüberschreitende Adoptionsfragen sowie Jugendrecht. Zurzeit arbeitet er aktiv mit an der Entwicklung des Konzepts der UN-Richtlinien zu alternativer Kinderbetreuung.

Geibel, Rena

Biologie-Studium am Ripon College in Wisconsin (B.A.), Masters of Public Health im Bereich der internationalen Ernährung und Flüchtlingshilfe an der Tulane University's School of Public Health and Tropical Medicine.
Internationale Volksgesundheitsexpertin mit sieben Jahren Erfahrung in Afrika; Ehemalige HIV/AIDS-Beraterin für Save the Children/UK in Ost- und Zentral-/Südafrika. Zurzeit arbeitet sie als unabhängige Beraterin in Nairobi/Kenia.

Germes-Castro, Oscar

Studium der Politikwissenschaft an der Leopold-Franzens Universität Innsbruck. Seit 2005 wissenschaftlicher Mitarbeiter im Bereich Qualitätssicherung der SOS-Kinderdorf Hermann-Gmeiner-Akademie. Schwerpunkte: Storytelling und Entwicklung von Qualitätsstandards, Projektkoordinator von Quality4Children.

Gregorec, Tanja

Studium an der Fakultät für Sozialarbeit an der Universität Ljubljana.
Teilnahme am Forschungs-/Ausbildungsprojekt für Studenten: Roma in Slowenien - Probleme im Bezug auf die gesellschaftliche Integration von Randgruppen.
Beschäftigt bei SEECRAN - South East European Child Rights Action Network - als Informationsbeauftragte.

Heim, Rosa

Klinische Psychologin und Psychotherapeutin, seit 1992 für das SOS-Kinderdorf in verschiedenen Funktionen tätig: als wissenschaftliche Mitarbeiterin im Sozialpädagogischen Institut (Innsbruck/Österreich), als Projektleiterin zur Entwicklung und Umsetzung von Ausbildungsprojekten; seit 1999 Leiterin des Collegs für FamilienPädagogik in Wels/Österreich

Johnson, Helmut

Diplom-Psychologe, im „ersten Psychologenleben" Therapeut, seit 1982 das Fortbildungs-INSTITUT JOHNSON, dort Anbieter von Bildungsmaßnahmen im Bereich der Jugend- und Behindertenhilfe; bekennender Fan der SOS-Kinderdorf-Idee.

Johnson, Ursula

Soziologin M.A., Hauptakteurin bei der Aufzucht von vier Kindern, davon zwei Pflegekinder; heute: Forschung im Bereich interkultureller Identitätsentwicklung.

Kachel, Yvonne

Arbeitete über 20 Jahre im Bereich Kinderschutz und Fremdunterbringung in Australien, verantwortlich für die Unterstützung von mehr als 300 betreuten Kindern sowie für die Beratung von Regierungsinstanzen und NGOs im Bereich der Entwicklung von Kinderprogrammen. Ist heute Gebietsleiterin für ein Ministerium in Tasmanien, dessen Hauptaugenmerk in Bezug auf Kinderschutz vermehrt auf der Entwicklung von präventiven Maßnahmen liegt, um die Kinder in ihren Familien verbleiben zu lassen.

Lerch, Véronique

Beraterin im Liaison & Advocay Office von SOS-Kinderdorf International. Sie hat einen Europäischen Mastertitel in Menschenrechten und Demokratisierung und arbeitete zuvor für verschiedene Staatsorganisationen wie z.B. die Anti-Korruptionsorganisation Transparency International.

Lill-Rastern, Barbara

Psychologin, Sozialforscherin, seit 2001 Mitarbeiterin der SOS-Kinderdorf Hermann-Gmeiner-Akademie mit dem Aufgabenschwerpunkt Konzeption, Begleitung und Beratung von internationalen Forschungsprojekten.

McMillan, Neil

Personaltrainings- und Entwicklungsmanager am Kibble Education & Care Centre in Schottland, dem größten Multi-Servicezentrum für gefährdete Jugendliche in Großbritannien. Arbeitete im Bereich der Kinderbetreuung als Arzt, Manager und Trainer; hatte Forschungsaufträge an schottischen Universitäten, in denen er Kinderbetreuungspraktiken und Gesetze in verschiedenen Teilen Europas evaluierte. Als unabhängiger Kinderschutzberater Zusammenarbeit mit Regierungen auf dem chinesischen Festland, in Ost- und Zentralafrika, Europa, Pakistan und Indonesien. Diese Arbeit umfasste Lehraufträge, Forschung und Veröffentlichungen zum Thema Qualitätsstandards in der Kinderbetreuung.

Pluto, Liane

Magisterstudium Erziehungswissenschaften, Psychologie und Germanistik an der FSU Jena und der Universität Tübingen, 1998 wissenschaftliche Mitarbeiterin am Institut für Erziehungswissenschaften der FSU Jena, Prof. Michael Winkler („Bericht zur Situation der Kinder und den Leistungen der Kinderhilfen in Thüringen"), seit 1998 wissenschaftliche Mitarbeiterin am Deutschen Jugendinstitut e.V., Abteilung Jugend und Jugendhilfe, Lehraufträge an der FH München und der Universität Jena.

Swales, Diane

Ausgebildet im Bereich Sozialarbeit und Feldarbeitstraining in der Sozialarbeit mit dem Schwerpunkt auf anti-diskrimineller und anti-rassistischer Arbeit. Erfahrungen in den Bereichen Management, Programmentwicklung und strategische Beratung sowohl in Großbritannien als auch international. Arbeitete in Afrika und Südost-Asien mit Kindern im Bezug auf Programmentwicklung, Gesetzesreformen, institutionelle Entwicklung und Kinderrechte. Sie leitet zurzeit den Bereich Kinderschutz und Partizipation bei UNICEF, Tanzania.

Wintersperger, Regina

Klinische und Gesundheitspsychologin, Psychotherapeutin und Supervisorin in freier Praxis (Graz/Österreich): lösungsorientierte Kurzzeittherapie und systemische Aufstellungsarbeit (Familienstellen). Im SOS Kinderdorf seit 1983 als Psychologin angestellt.

Wolf, Klaus

Diplomsozialpädagoge; langjährig als pädagogischer Mitarbeiter und Leiter in der Jugendhilfe tätig; Dozent an der Fachhochschule Neubrandenburg, Professor für Sozialpädagogik an der FH Köln, seit 2002 Universitätsprofessor für Sozialpädagogik öffentlicher Erziehung an der Universität Siegen, Forschungsschwerpunkte: Aufwachsen in Pflegefamilien, Interventionen in Familien (Sozialpädagogische Familienhilfe) und Heimerziehung.